U0876081

从阅读走进现实

knowledge-power

knowledge-power

读行者

张宏杰讲
乾隆成败

张宏杰 著

民主与建设出版社 博集天卷 CS-BOOKY

图书在版编目（CIP）数据

张宏杰讲乾隆成败 / 张宏杰著 . — 北京：民主与建设出版社，2014.7

ISBN 978-7-5139-0288-5

Ⅰ . ①张… Ⅱ . ①张… Ⅲ . ①乾隆帝（1711~1799）–生平事迹 Ⅳ . ① K827=49

中国版本图书馆 CIP 数据核字（2014）第 147995 号

出 版 人　许久文
责任编辑　程　旭
监　　制　于向勇
特约编辑　秦　青　付立鹏
封面设计　吕彦秋
内文排版　北京大汉方圆文化发展中心
出版发行　民主与建设出版社
电　　话　（010）59417745　59419770
社　　址　北京市朝阳区曙光西里甲 6 号院时间国际大厦 H 座北楼 306 室
邮　　编　100028
印　　刷　北京天宇万达印刷有限公司
成品尺寸　165mm × 240mm
印　　张　20
字　　数　270 千字
版　　次　2014 年 8 月第 1 版　2014 年 8 月第 1 次印刷
书　　号　ISBN 978-7-5139-0288-5
定　　价　39.80 元

乾隆

目录

乾隆

目 录

目 录

第一讲

一言难尽的乾隆

清朝第六位皇帝乾隆，可以说，是中国读者最熟悉的皇帝之一，大家通过电视、小说，对他已经比较了解了。

但是影视文学作品中的乾隆，和真实的乾隆，反差很大。

比如，在野史传说中，乾隆皇帝沉溺酒色，日日笙歌宴饮。而事实上，乾隆不喜欢喝酒。除了在一些重大庆典场合，他会象征性地喝上那么一口，平时他生活十分节制，基本不饮酒。一个有力的证据是，他一生写了几万首诗，但是从不以“酒”字入诗。你去翻乾隆的诗集，里面没有一个“酒”字。

再比如，许多电视剧里，乾隆都是一个喜欢私访的皇帝，没事就喜欢到胡同里逛逛，体验体验老百姓的生活。有一个传说，是说有一年年三十晚上，乾隆从通州微服私访归来，天色已晚，饥肠辘辘，店铺都关门了，只有一家“王记酒铺”还在营业，乾隆便与随从进店，要了一壶烧酒、几盘烧卖，吃了感觉不错，于是要过纸笔给“王记酒铺”写了三个大字，叫“都一处”。从此“都一处”名声大震，成了京城一个有名的饭店。

事实上这是绝对不可能的。因为清代皇帝特重祖制，他们出门都有一套严密的保安制度。同时，那个时代，一个皇帝如果微服出宫，被人发现了，会被认为是一种极不自重、极不自爱的荒唐举动。乾隆皇帝，是一个特别好面子，特别重视规矩的皇帝，他对自己要求极高，要求自己一举一动都要成为后世帝王的楷模。所以乾隆不可能经常私访。我们退一步说，他即使有过一两次私访，也不可能到处给人题字，暴露自己的身份。

再比如人们津津乐道的刘墉“刘罗锅”的故事。说刘墉是皇太后的干儿子，因此也是乾隆的干兄弟，没事就和乾隆开开玩笑，有的时候还捉弄捉弄乾隆。其实把这样的故事安排在乾隆朝，是特别不合适的。因为乾隆是中国历史上对大臣最为严厉的皇帝之一，他对君臣之分，看得非常重。乾隆朝的大臣，即使贵为大学士，见了皇帝也如同老鼠见了猫，大气都不敢出。三朝老臣张廷玉，那可是乾隆的师傅，就是因为在乾隆面前一句话没有说对，丢官罢职，滚回老家，身败名裂，一生功业毁于一旦。因此乾隆朝的大臣，绝对不敢在皇帝面前炸刺儿。

所以我们通过影视文学作品得来的乾隆印象，大部分是站不住脚的。所以我要为大家讲述一个真实的乾隆形象。我们要侧重分析乾隆的性格与命运，总结乾隆一生的成功与失败。

现在人事部门要是录用一个人的话，会要求他提供一份简历，以便了解他的基本情况。哪些基本情况呢？第一，姓名、曾用名；第二，照片，看看你长什么样；第三，出生年月、家庭背景；第四，主要经历，做过哪些事情，取得过什么主要成绩，等等。

那么接下来，我们就给乾隆制作一张履历表，看看他的基本情况。

乾隆履历表的第一项，姓名、生日。

乾隆皇帝姓爱新觉罗，这是清皇室的姓氏。他本名弘历。这个名字，我们可以讲几句：清朝开始的时候，皇子皇孙起名没有什么规章制度，起得很随便。有的是以排行起名，比如努尔哈赤最小的儿子“费扬古”，这是一个满族名字，什么意思？“老疙瘩”。有的是以动物命名，鼎鼎大名的摄政王多尔衮，这个名字什么意思？“獾”——一种动物。有的是以物品命名，比如努尔哈赤的孙子博洛，什么意思？凉帽——夏天戴的帽子。

还有的是以生理特点起名，贝子傅喇塔，什么意思呢？烂眼边子、烂眼皮。所以入关前，满族贵族起名是很随便的。那么入了关，从康熙朝起，因为受汉文化影响越来越深，康熙就给皇子皇孙起名，定下了规矩。康熙的儿子们，名字的第一个字，必须用胤（yìn）字，第二个字必须有示字旁，所以你看胤禛（zhēn）等人，都是这样。而孙子辈呢，第一个字必须用弘字，第二个要用日字边。弘历的历，繁体字就是日字边的历。那么说到这，我们要介绍一下，满族人的名字，不能像汉族一样，和姓连到一起用。比如我姓张，名宏杰，到哪儿一介绍，我叫张宏杰。而满族人不能这样。比如弘历，不管是自我介绍，还是别人提起他，都只叫他弘历，不可能管他叫爱新觉罗·弘历，满族人历史上从来没这样叫过，不信你去翻所有史籍和档案，都是这样。现在有时候一些满族朋友，递给我名片，一看，什么爱新觉罗·爱国，或者叶赫那拉·美丽，这个其实不是满族的历史习惯。弘历做了皇帝后年号是乾隆，死后庙号叫高宗，谥号叫纯皇帝。所以他的长辈叫他弘历，百姓叫他乾隆，他的后代子孙尊称他为高宗纯皇帝。

他的生日是康熙五十年，也就是公元1711年，阴历八月十三日。从属相上说，乾隆属兔；从星座上来说，他是天秤座。出生地是北京雍和宫，当然关于他的出生地有过争论，这我们以后还会提到。

这是他的姓名和出生日期。

第二项，家庭背景，或者说血统。乾隆的父亲是雍正皇帝，这个我们都知道。乾隆的母亲也是满族人，钮祜禄氏。从血统上来说，他身上有百分之八十一点二五的满族血统、百分之六点二五的蒙古族血统和百分之十二点五的汉族血统。这是怎么算出来的呢？清代第一、第二代皇帝努尔哈赤和皇太极都是血统纯正的满族人，第三代皇帝顺治的生母是蒙古人，也就是史上著名的庄妃，博尔济吉特氏。所以顺治身上，满蒙血统各占百分之五十。康熙的母亲佟佳氏本是汉军旗人，所以康熙身上，有百分之五十的汉族血统，满族和蒙古族血统各为百分之二十五。到了雍正、乾隆两代皇帝，他们的生母皆为纯正的满族人，满族血统的占比就连续上升。所以乾隆皇帝在清代皇帝中，是满族血统较占优势的一位帝王。

履历表的第三项，就要给乾隆贴张照片，看看乾隆的外表到底是什么样。

皇帝是一种非常奇怪的动物，为什么这么说呢？因为他们长得都差不多。从汉代到清代，你看史书上记载皇帝们的长相，无外乎都是“貌奇伟”“龙睛凤目”“日角龙颜”这么几个词，历史书中，皇帝们脸上从来不长麻子，不长粉刺，也不长老年斑。

这是为什么呢？因为描写皇帝的外表，是一件很难的事情。虽然理论上皇帝应该都长得很英俊，而实际上，绝大多数皇帝长相都很平庸。所以为了不犯错误，史官们就用一些格式化的词语，比如“天日之表”之类的，来搪塞一下。

《清史稿》关于乾隆皇帝的外表只战战兢兢地用了四个字：隆准颀（qí）身，翻译成现代汉语，就是高鼻梁大高个儿。而另一个材料，《清高宗实录》中则说得多一点儿，说乾隆长什么样呢？叫“生而神灵，天挺奇表。殊庭方广，隆准颀身，发音铿（kēng）洪，举步岳重，规度恢远，嶷（yí）然拔萃”。（《清高宗实录》）

乾隆皇帝朝服像

这个，说得太抽象了，没有一个具体的词，所以说了半天等于没说。中国历史上，凡是皇帝，必然隆准，也必然颀身，而事实上呢，乾隆身材并不高大。

乾隆晚年，英国有一个叫马戛尔尼的使臣，曾经出访中国。他目测说，乾隆帝身高约五英尺二英寸，换成公制，约一米六。不过这是乾隆八十三岁时的身高，我们知道，人到老年，身材会有点缩水，估计乾隆年轻时比这要高一些。故宫现在还保存着乾隆夏天所穿的一件十二章朝袍，根据这件衣服的长度，我们可以大致推测，乾隆身高是一米六六，比我还矮那么一点点，所以说个子并不太高。

这是身高，那么容貌如何呢？乾隆皇帝酷爱画像，故宫现存的他的画像有一百多张。而且由于乾隆时代已经引进了西洋画法，所以他的肖像画得很逼真。从画像中我们可以看到，乾隆脸庞长方形，或者叫同字形，皮肤白皙，微带红润，眼睛不大，但黑而明亮，炯炯有神，鼻尖稍有点下钩，体态文雅，外表和平。青年时代是一位英俊潇洒的翩翩佳公子，老年时代，则既威严又慈祥。

这是乾隆的外表。

履历表的第四项，也是最重要的一项，就是一生做了什么大事，取得了什么成就。换句话说，就是乾隆皇帝的主要功业和历史地位。

乾隆皇帝之所以在中国历史上如此引人注目，一个主要原因就是他创造了一系列辉煌的统治成绩。那么这些成绩的一个重要表现形式，就是一系列历史纪录。

第一，乾隆朝的人口创了历史纪录。

在清朝以前，中国历朝历代最高人口纪录不过七千万左右。当然，也有历史学家认为，在几个时点上，中国人口曾经短暂地突破过一个亿。在乾隆即位之初的乾隆六年，搞了一次人口普查，人口已经达到一亿四千万。到乾隆六十年，又搞了一次普查，全国人口达到了多少呢？接近三个亿。就是说，乾隆皇帝用五十多年时间，使中国人口翻了整整一番。这是一项了不起的成绩。

第二，乾隆统治时期，中国的经济总量是世界第一。

今天我们特别重视GDP这个衡量综合国力的指标。在乾隆朝，中国的GDP占世界的三分之一。这是什么概念呢？就是比今天美国在世界经济中的占比还要高。当时中国的制造业总产量，是英国的八倍，俄国的六倍。为什么不和美国比呢？因为那时美国刚刚建国，还没什么制造业。20世纪90年代，有一本著名的经济学著作，德国学者弗兰克所著的《白银资本》，其中说，当时的中国，不仅是东亚国际贸易体系的中心，而且在世界经济中也占支配地位。

第三，乾隆时期是清朝版图最大的时期。乾隆二十四年，平定准噶尔之后，国家版图达到了一千四百五十多万平方公里。今天我国领土面积多少呢？大家都知道，九百六十万平方公里。而且乾隆时期，对边疆地区实现了空前有效的、强有力的政治管辖和军事控制，而不是历史上的羁縻，或者说比较松散的控制，这是历朝历代所不能比的。

第四，乾隆朝在文化上也创造了一项无人能超越的纪录。乾隆朝修的《四库全书》，是中国历史上字数最多的一本书。全书近八万卷，一共多少字呢？九亿九千七百万字，是中国历史上最大的一部书。

这四项纪录，无可置疑地说明乾隆皇帝确实是中国历史上成绩最伟大的帝王之一，无论是经济、政治还是军事、文化，乾隆都达到了中国历史的巅峰。他的历史地位，由此可见一斑。

当然，大家对乾隆如此关注，不仅仅是因为他统治成绩出众，同时也因为他本人也是一个非常有特点的皇帝。这些特点，也体现为好多个历史纪录。

第一，他是世界上迄今为止掌握实权时间最长的君王。

乾隆做了六十年皇帝，之后又做了三年多掌握实际权力的太上皇，也就是说，他的实际统治时间是六十三年零四个月，这个长度居世界统治者之首。

有人说，乾隆的年号可没他的爷爷康熙长，应该是康熙的统治时间长吧？没错，康熙的年号是六十一年，乾隆是六十年。但是第一，康熙没做过太上皇；第二，康熙刚登基的时候，才八岁，没有亲政，他的实际统治时间，不过五十五年。

还有人说，法国国王路易十四当了七十二年国王，然而他的情况和康熙很类似，五岁登基，一介童蒙，根本不懂得什么叫作“统治”。他二十二岁才开始亲政，实际掌权时间不过五十年。

那么还有一些知识面更广的读者会说，伊朗国王沙普尔二世统治时间也比乾隆长。没错，沙普尔二世是伊朗萨珊王朝著名的国王，公元309—379年在位，当国王的时间长达七十年。不过他即位的时候啊，年纪就更小了，小到什么程度呢？小到了负数。原来他是上一任国王的遗腹子，他还没出生，父亲就死了，所以贵族们就把王冠放在他母亲的肚皮上，用这种方式给他加了冕。所以他虽然名义统治时间长达七十年，但亲自理政年限不超过六十年。

还有人说，那英国的维多利亚女王呢，她的在位时间可长达六十四年啊，与乾隆皇帝基本一样。我们讲过，我们说的是掌握实权的君主。维多利亚时代，英国已经进入君主立宪时期，所以她不是传统意义上的君主，她的权力与中国帝王根本无法同日而语。

所以，经过古今中外这一圈的比较，我们可以确认，乾隆的实际统治时间，是全世界最长的。

第二，乾隆是世界上最长寿的君王之一。

中国历史上，年龄可考的皇帝一共有五百多名，其中活到七十岁以上的仅有九人，活到八十岁以上的，只有四个人，哪四个人呢？梁武帝、武则天、宋高宗、乾隆四人，乾隆以八十九岁高龄在这四个人中又拔得头筹。所以在中国历史上，乾隆毫无疑问是最长寿的皇帝。

不过，要是放到全世界来说的话，他就要排第二了。因为古埃及法老拉美西斯二世活了整整九十岁，比乾隆多了一岁。所以，我们只能很遗憾地在这个世界最长寿的君王后面，加上“之一”二字。

第三，乾隆是中国历史上唯一一位“身亲七代”的皇帝。什么叫身亲七代呢？就是亲自见到了七代人，往上见过爷爷、父亲，往下，见到了儿子、孙子、曾孙、玄孙，加上自己，一共七代。这个纪录，在历代帝王当中绝对是独一无二、无人能够超越的。不但在皇帝中绝无仅有，就是在普通老百姓家里头也十分罕见。我查了一下中国历史纪录，几千年间，从唐朝钱朗到明代文徵明，只有六个人，曾经做到这一点。

我们今天不是经常会讨论你幸不幸福这个问题吗？如果那个时候有人去采访乾隆皇帝，他的回答一定是很幸福。你看，他长寿，长期掌权，又子孙满堂，这还不幸福吗？事实上除了拥有这几项纪录之外，乾隆身上还有几个别的条件，也是让我们大家都非常羡慕的。

其一，乾隆身体素质非常好。从武的方面说，乾隆身体底子很好，一生身强体壮、体力出众，武功骑射本领高强。从文的方面讲，他智商奇高，读书过目不忘，能读会讲五种语言：满汉蒙维藏。谈到这里，我们不妨再介绍乾隆的另一个小小历史纪录：他是中国历史上产量最高的诗人。一生写了多少首诗呢？四万三千六百三十首。《全唐诗》收了唐朝两千多名诗人的作品，加到一起，是多少呢？也不过四万八千首。乾隆一个人，就顶了唐朝两千个诗人的总量。这是一个很有意思的纪录。

其二，乾隆一生运气极好。他即位的过程非常顺利。因为雍正发明了秘密立储制度，没有人和乾隆争皇位。雍正立了乾隆当继承人之后，又早早死了，让乾隆在二十五岁，也就是最年富力强的时候当上了皇帝。同时乾隆登基的时候，又有一个很好的统治基础。经过康熙和雍正七十年的统治，乾隆登基时，大清朝政治安定，经济平稳，既无内忧，又无外患，政治舞台的所有布景都布置妥当，只等他上演一出辉煌的统治大戏。他的运气非常好。

其三，他结局也很好。人生幸不幸福，结局很重要，特别是政治人物，能不能平安降落，非常重要。很多皇帝都不能善终，我曾经在一本书《坐天下很累》中专门统计过，中国历史上，皇帝的横死率，就是说非正常死亡的比率，是百分之四十四，所以皇帝实际上是一个非常高危的职业。而乾隆在统治六十年之后，又成功地举行了禅位大典，在生前就把皇位传给了自己挑好的接班人嘉庆，传位之后呢，还掌握着实际权力。这个安排，既保证了接班的平稳，又做到了终生保持权力。

中国人衡量幸福，很早以前就有了一套明确的标准。什么标准呢？就是《尚书·洪范》中所说的“五福”。哪五福呢？寿、富、康宁、攸好德、考终命。第一条是长寿，只有活到一定年龄，你才能享受到各种幸福。第二条，富、有钱，你得有起码的经济条件。第三条，康宁，这辈子别遇到什么大灾大难。第四条，攸好德，要有一定的道德追求，不是有句话吗？“清白的良心是最温柔的枕头。”我们后世对乾隆如何评价是另一回事，乾隆自己，认为自己还是有道德追求的。第五条，就是得善终。这五条，乾隆基本都占全了，你说他是不是中国历史上最幸福的皇帝呢？

那么以上，我们讲的都是乾隆的成就，乾隆身上光彩的部分。接下来，我们还要讲一讲乾隆身上的缺点。我们评价一个人，都说“是非功过”。履历表中在个人成绩这栏下面，往往还有一个栏目，叫在工作中犯过哪些错误，受过哪些处分。所以，要讲一讲乾隆的失误，这个简介才算完整。

乾隆的第一个错误，当然是他在晚年骄傲自满，不思进取，贪图享受，带头腐败，导致大清的衰落。

他重用和珅，去给自己搞创收，又拼命让大臣们给自己进贡各种好东西，供他享受。这样呢，就引发了大清政坛全面的贪渎之风，后来更导致了白莲教起义，使大清从极盛，走向了中衰。这是他的第一个重大错误。

乾隆的第二个错误，也是最广为人知的错误，就是文字狱。

乾隆的成就有很多创了历史纪录，那么他的错误，有一些也创了历史纪录。乾隆皇帝是中国历史上制造文字狱最多的一位皇帝。在清朝以前，中国历史上文字狱很少。到了清朝康雍乾三朝，才呈现爆发之势。不过康熙年间，文字狱只发生了不到十起。雍正年间，发生了近二十起。而乾隆年间是多少起呢？一百三十多起。这个数量，远远超过其他皇帝。

乾隆的另一个不光彩的历史纪录，是销毁图书的数量，也创了纪录。我们前面说过，乾隆朝文化上的一大成就是修了《四库全书》。但是事实上，他借着修《四库全书》的机会，也销毁了大量不利于清朝统治的图书，史载乾隆销毁的书籍少说也有六七万卷。就是说，他修成了一部《四库全书》，也烧掉了另一部“四库全书”。那么这是中国历史上最大的文化浩劫之一，这是他的第二个错误。

乾隆的第三个错误，也是最重要的一个错误，是误判世界大势，采取了错误的外交方针。

乾隆生活的时代，正是人类历史发生空前剧烈变化的时代。从物质文明来讲， 1733年，也就是乾隆即位的前两年，英国人凯伊发明了飞梭，揭开了工业革命的序幕。乾隆三十四年（1769年），瓦特发明了蒸汽机，标志着机器化大生产已经开始了。从精神文明上来讲，乾隆十九年（1754年），乾隆四十四岁的时候，卢梭发表了名著《论人类不平等的起源和基础》，在乾隆晚年，乾隆五十四年（1789年），法国爆发资产阶级大革命，发表《人权宣言》，提出了“主权在民”原则，标志着人类精神文明的飞跃式发展。那么1796年，也就是八十五岁的乾隆皇帝禅位给自己的儿子嘉庆之后的第二年，美国总统华盛顿功成身退，拒绝担任第三任总统，从此美国总统连任不能超过一次成为定例。这两位历史巨人对权力的态度，反映了当时清朝和西方政治文明发展的差距。

但是乾隆对西方文明的发展，却毫无所知，也根本不感兴趣。他自信天朝高高在上，无所不有，所以在全球化发展越来越快的时候，他却进一步闭关锁国，把清朝的开放口岸由四个，缩小到广州一口。乾隆晚年，英国派马戛尔尼使团访华，乾隆对他提出来的要与大清建立平等外交关系的要求不屑一顾，说我天朝上国无所不有，你们愿意来做买卖就做，不来拉倒，我们不缺你们那点货物。所以我们说，乾隆落后的外交思路，与后来清王朝的衰败，有着直接的联系。

所以如果单单把乾隆放在中国古代史中，去和其他皇帝相比较，我们可以确认，乾隆确实是一位很伟大的统治者。但是，如果放宽视野，把他放到全世界去比较，我们就会发现，他的统治光辉，立刻暗淡了许多。因为他所处的时代，与秦皇汉武、唐宗宋祖都不同，历史对他提出了新的要求、新的问题，而面对这些问题，他没有给出合格的答案。

讲到这里，乾隆的简历我们就介绍完了。我前面说过，我讲乾隆，重点是分析他的性格和命运，那么最后我们要简要介绍一下乾隆的性格特点。

如果用一个词总结乾隆性格的话，那就是“复杂”。可以说，他是一个拥有多重性格的人，一个非常复杂多变的人。

举一个例子，他有着仁慈善良的一面。雍正在遗诏中称乾隆“秉性仁慈”。小时候家中小猫小狗死亡，他都会哭上半天。史料表明，乾隆一生多次因为灾情而流泪。

有一年，安徽太湖县遇到了灾荒，老百姓在野外，挖到一种叫“黑米”的东西——可能是很多年前的陈化粮，都已经炭化了——就用这个来充饥。乾隆知道后，让地方官把这种黑米呈上一些，他想看看是什么东西。结果送来之后，他自己尝了一下。这个黑米刚刚放进嘴里啊，他的眼泪就下来了，因为这东西太难吃了，根本不能下咽。于是他把剩下的黑米，分给了他的皇子们，让他们了解了解老百姓生活是多么不容易。

所以凡事都很精明的乾隆，独独对救灾过程中的跑冒滴漏“难得糊涂”。发生灾害时，他宁肯地方官报得严重一点儿、夸张一点儿，以防出现救助不力的情况。从这点上看，他是非常仁慈的。

但是他的另一面却是极为残暴。根据《清代文字狱档》记载，乾隆十八年，有一个叫丁文彬的疯子从浙江来到山东孔府，敲开了孔府的大门，说他几天前做了一个奇怪的梦，上天把孔府的两个女儿许配给了他，因此他今天来做上门女婿。孔府的人看他疯疯癫癫，把他送到官府，官员在他身上搜出一本书，上面写着奇怪的年号。他对官员说，他时常听到一个小人，在他耳边说话，说已经命他当了天子，替他起了这些年号。地方官就上报了乾隆。乾隆皇帝看了材料，认为此人是个疯子。然而，乾隆却亲自下指示，将这个疯子推上街头，当着众人的面，凌迟处死，活活剐了三千六百刀。

乾隆这样做，目的就是制造恐怖，恫吓“愚民”，“务必重处，以儆其余”，连疯子说一声想当皇帝，都要被这样严肃处理，那么就起到了非常好的杀一儆百的作用。从这一点看，乾隆又是极为残忍的。

所以，乾隆性格中第一对矛盾，是仁慈与残忍。除了仁慈与残忍外，乾隆性格中冲突的部分还有很多。比如他情商很高，风度翩翩，很善于讨取别人的欢心，常使人感觉“蔼然有春风和气”；他又高己卑人，内心深处很少有瞧得起的人物，施政过程中经常峻烈严酷，刻薄寡恩。他为人节制，生活特别有规律，平生饮酒不过数杯；他又穷奢极欲，花起钱来如沙似海，搞了六次南巡。他早年富于自知之明，谦虚谨慎，把盛世推上了顶峰；晚年却刚愎自用，自我膨胀，听不进任何意见，亲手毁了这个盛世……

我们常说性格决定命运，那么乾隆这样独特的性格究竟是怎么形成的呢？有哪些先天基因，有哪些是后天因素？乾隆的父亲和母亲，遗传给了他哪些与众不同的基因？

第二讲

与众不同的生辰八字

康熙六十一年，也就是公元1722年，阴历三月十二日，这是大清王朝历史上很特殊的一天。

关于某位帝王，最重要的史料通常是他的实录。实录是一朝史官根据原始材料写成的专门记录某位皇帝生平的著作，那么关于乾隆最权威的著作，就是《清高宗实录》。根据这本书的记载，就在这一天，清代最著名的三位皇帝，康熙、雍正、乾隆，头一次聚到了一起。当然了，雍正和乾隆这时还不是皇帝，应该被称作胤禛和弘历。

康熙皇帝

这一天，对中国历史产生了深远的影响。它在一定程度上决定了康熙朝储位斗争的结果，因此也为中国历史上持续最长的盛世——康雍乾盛世，埋下了伏笔。

对于我们讲述的主人公乾隆（当时还叫弘历）来说，这当然更是决定他命运的一天。一个人的命运，受很多因素影响，最重要的因素有四个：出身、天赋、努力和机遇。我们知道，康熙有几十个皇孙，为什么最后偏偏是弘历当了皇帝呢？一个主要原因，就是在这一天，十二岁的弘历得到他一生最重要的一个机遇。

这一天出现的背景，是这样的：

康熙皇帝晚年，情绪非常低落，晚上经常失眠，成天唉声叹气，用我们今天的话来说，就是得了重度抑郁症。为什么呢？因为皇子们的储位之争，搞得老皇帝心力交瘁。因此，这一年的春天，康熙的第四个儿子胤禛对老皇帝说，我的赐园——圆明园里，有几百棵牡丹，都是珍稀品种，现在开得正艳，您不如到那儿看看，换换心情，怎么样？我们都知道北京的圆明园是中国历史上著名的园林，不过，它一开始，只是康熙赐给雍亲王胤禛的一个小花园。后来的圆明园是在这个基础上扩建而成的。

康熙皇帝一听可以赏花，挺高兴，就答应了。

康熙根本没想到，这是胤禛为了夺取皇位，设计的一个步骤。

雍亲王胤禛是一个城府很深的人。表面上，他对皇位没什么兴趣。他喜欢书法，爱读佛经。在其他八个皇子为皇位打破头的时候，他却把自己关在家里，苦练书法，猛读佛经，看上去两耳不闻窗外事，一心只读圣贤经，一派闲云野鹤之姿。所以康熙皇帝，对胤禛很信任。晚年经常到他的花园中去玩。据《清圣祖实录》统计，康熙皇帝晚年，一共到胤禛的圆明园去过十一次。其他皇子很少能享受到这样的恩荣。很显然，这是因为胤禛表面上没什么野心，所以让康熙感到很亲近很放松。当然事实上，正如我们所知道的那样，胤禛对皇位，

雍正皇帝

可谓垂涎三尺，梦寐以求。

康熙皇帝一共生了三十五个儿子，长大成人的有二十个，这二十个人中有九个人，深深卷入到储位斗争之中。在争位的皇子们当中，胤禛看起来本来是最没希望的一个。因为从年龄上来说，他不是最年长的，没有年龄优势；从才干上来说，他为人也很低调，不显山露水，才干并不突出；从个性上来说，他这个人不太喜欢和别人交往，深居简出，独来独往，天马行空，并不是一个特别能团结人，特别有人格魅力的人。

那么，为什么最后胜出的偏偏是他呢？我认为，胤禛在三个方面做得比别人要好。

第一，他隐蔽得最好。胤禛深知要想得到皇位，首先要把自己的野心隐藏起来，不能让康熙觉察到。道理很简单，接班人和在位者的关系是最难相处的。一旦你露出接班的企图，老皇帝肯定会时刻警惕你，你是不是要暗害他啊，是不是要抢班夺权啊？所以胤禛才成天念佛经、练书法，装出一副不求进取的模样。

第二，胤禛也会适度地表现自己的才干。因为你缺乏才干，也接不了班。所以胤禛的原则是不主动表现自己，不抢风头，但是当康熙皇帝偶尔交给他一些任务时，他会完成得很出色。比如有一次，康熙朝的皇太后去世了，康熙把丧事交给胤禛安排，胤禛安排得井井有条，给康熙皇帝留下了很深的印象，让康熙感觉到，这个第四子是有才能的。

第三方面，就是今天他设计的这个步骤。他要用一个特殊的砝码，来打动康熙皇帝。这个砝码，就是我们要讲的主人公——弘历。

康熙皇帝到了圆明园，胤禛把他迎到一座叫牡丹台的大殿里，父子两个人面对怒放的牡丹，把酒临风，聊点与政治无关的家长里短，气氛十分融洽。

聊着聊着，胤禛似乎漫不经心地说了这么一句："您的两个孙子打生下来还没机会见到您呢，今年都十多岁了，您想不想见见？"

有的读者可能不理解，说孙子都长到十多岁了，怎么还没见过祖父呢？其实这在康熙朝一点儿也不奇怪。因为康熙皇帝的孙子实在太多了，一共九十七名，加上孙女，一共二百多人，根本见不过来。所以政务缠身的康熙，在生前只见过二三十个。

听到胤禛这样说，康熙随口答道："好啊！那把他们俩叫出来我看看吧。"

胤禛一听，向里面一招手，从里间屋走进来两个孩子：胤禛的第四子弘历和第五子弘昼，两个人都是十二岁，并非同母所生，年龄只差两个月。

一见到这两个孩子，康熙皇帝不觉就放下了手中的酒杯。

弟弟弘昼没有给皇帝留下太深的印象，但哥哥弘历，按《清高宗实录》中的记载说，却让康熙"见即惊爱"，就是一见就很惊讶和喜爱。康熙发现，这孩子相当与众不同。弘历身材挺拔，皮肤白皙，长得很漂亮。如果用古典小说中的话来形容一下，就是"眼如秋水还清，面如满月犹白"。尤其让康熙注意的是，这孩子的眼睛里，有着一种不同寻常的灵气与沉静。

两个孩子上前，给爷爷行礼。行礼的时候，康熙注意到，弘历一举一动既敏捷得体，又落落大方，丝毫没有这个年龄段的孩子常有的紧张和局促。相比之下呢，他的弟弟弘昼就显得拘束多了。

弘历给了康熙一个非常好的第一印象。康熙皇帝一辈子和各种人打交道，很善于判断一个人有没有才干。《清高宗实录》记载当天的情景说，康熙"偶举《爱莲说》以试，诵解融彻，奖悦弥至"。就是说老皇帝向弘历招招手，说，过来，然后问他，现在在读什么文章啊？弘历说，在读宋代大儒周敦颐的名篇《爱莲说》。康熙说，能背吗？弘历说，能，说完就落落大方地背了一遍，一字不差。康熙很高兴，又问，知道是什么意思吗？弘历说，知道，说完又从头到尾地讲解了一遍，讲得很准确。

康熙十分惊讶，这孩子太聪明了！一个十二岁的孩子，能把这篇文章讲成这样，实在太难得了。没想到我还有这么聪明的一个孙子。在他见过的几十个孙子当中，这个是最出色的！聊了几句天，康熙叫两个孙子也入席一起吃饭。吃完饭，康熙回宫，不过当天晚上康熙却没有睡踏实。他不停地想到这个叫弘历的孩子，感觉在爱新觉罗家族中能出现这样一个孩子，实在是太难得了。第二天一大早，他就派太监来到圆明园。来干什么呢？他命雍亲王胤禛写下弘历的生辰八字，他想亲自看看。

雍亲王胤禛听说康熙想看弘历的八字，非常高兴，立刻亲笔写好，交给太监。太监走了之后，雍亲王自己在心里偷偷大喊一声："耶！成功了！"

什么成功了呢？他设计的这个步骤成功了。

胤禛的这个设计就是，把自己的儿子弘历想办法介绍给康熙皇帝，让康熙和弘历建立起良好的祖孙关系。这个孩子，就将是他争夺皇位的一个重要砝码。为什么呢？我们知道，伟大的政治家思考政治大局，就如同一个高明的棋手下棋一样，他不可能只算一步，肯定要多算几步。所以，康熙要是决定传位给哪个儿子，肯定也会关心一下这个儿子所生的儿子，因为这关系到第三代君主的素质问题。康熙晚年，曾经对太子胤礽两立两废，折腾了好几个来回，一个重要原因，是康熙非常喜欢胤礽的长子弘皙，所以对放不放弃胤礽心里很矛盾。虽然已经不喜欢太子了，但是却觉得这个皇孙是一块很好的做皇帝的材料，那么你要是不传位给太子，这皇孙就做不了皇帝。朝鲜有一本史料，叫《朝鲜李朝实录》，记载了很多清代中朝外交上的事。其中有一则记载说，在康熙晚年，朝鲜使臣出访中国，回国后向朝鲜国王汇报说："皇长孙颇贤，难于废立云。"皇长孙，就是胤礽的儿子弘皙。又说："或云太子之子甚贤，故不忍立他子而尚尔贬处云矣。"也就是说，因为康熙希望这个孙子将来能登上皇位，所以才在废太子问题上迟迟下不了决心。所以皇孙素质如何，对康熙选择皇子是有决定性影响的。

虽然康熙从来没有明确表达过这个想法，但是聪明透顶的胤禛当然清楚父亲的心思，所以他刻意要把弘历介绍给康熙认识。但是胤禛怎么知道康熙肯定就会喜欢弘历呢？如果不喜欢，岂不是给自己减分而不是加分吗？

这就涉及我们前面谈到的决定一个人命运的诸多因素中的另一个——天赋。天赋是一个人成功必不可少的一块基石。弘历之所以被胤禛从六个儿子中选出来介绍给康熙，就是因为他身上有着超常的天赋。胤禛相信，弘历凭着这种超常的天赋肯定能赢得康熙的喜欢。

确实，弘历这个孩子，自幼聪颖异常，读书上非常有天分。登基之后，乾隆曾出了一本诗集，其中一首诗的注解中说："余幼时，日所授书，每易成诵……吾弟和亲王资性稍钝，日课恒落后。先生……复令予加课。"也就是说，他与弟弟弘昼同时开蒙读书，每次背书，他都过目不忘，弟弟却迟迟背不下来。弘历这边都背了三篇文章了，弘昼还在那儿吭哧第一篇呢，老师就给弘历加上三倍的功课。这说明这两兄弟，智商相差很大。

除了读书好，弘历运动天赋也很突出，身体素质绝对一流。小时候学射箭，很快就能射中靶心。第一次学骑马，就一点儿也不害怕。我们知道，满族皇帝非常重视"武功骑射"，弘历骑射功夫不错，读书又好，可以称得上"文武双全"。除此之外，这个孩子天生情商也很高，很有眼力见儿，很会讨人喜欢。性格又很沉稳，不调皮不捣蛋。所以胤禛相信，这个孩子一定能得到康熙的喜爱。

那么胤禛怎么到弘历十二岁才想起来把他介绍给康熙呢？这说来也是一个巧合。乾隆后来在《御制诗全集》的注中回忆了这件事的原委："康熙六十年，予年十一，随皇考（雍正）至山庄内观莲所廊下，皇考命予背诵所读经书，不遗一字。时皇祖（康熙）近侍，皆在旁环听，咸惊颖异。”就是说上一年夏天，胤禛带着弘历在避暑山庄时，闲着没事，考考弘历的功课，让他背诵所读的经书。弘历把一篇很长的文章——大概五千字——一字不差，都背下来了。不光胤禛很惊讶，就连恰巧待在旁边侍候康熙的老太监们也都很惊讶，他们对胤禛说，四爷，皇孙里头，您这个，绝对是第一名，这个孩子太聪明了！太监的这句话点醒了胤禛。所以乾隆在诗注中接着说：“皇考始有心奏皇祖令予随侍学习。”就是胤禛脑筋急转弯，起了把弘历介绍给康熙的念头。这一念头，决定了弘历在十二岁这一年就登上了大清政治舞台。

因此，我们说，一个人成功第一要有机遇，但是机遇是建立在天赋或者说实力的基础上的。弘历就是凭他特殊的天赋，被胤禛挑选出来，成为这出历史大戏中的重要角色。

说到天赋，在传统社会的背景下，弘历还有一个特殊的先天因素，对他的命运产生了影响，那就是生辰八字。我们前面说过，康熙曾经要看弘历的生辰八字。

传统社会中的中国人大多很相信算卦占卜，连康熙也不例外。我们知道，康熙皇帝是中国历史上第一个对西方科学技术很感兴趣的皇帝，但这只是他身上的一个侧面。另一个侧面，他对算卦占卜，也很热衷。清代档案中有这样一个细节。康熙六十年六月，四川总督年羹尧入京办事，康熙命他找京城的算卦先生罗瞎子推算某事。年羹尧听说这个罗瞎子为人四处招摇，且有病在身，就没去找他算。康熙在年羹尧的折子上批了这样一句话：“此人原有不老诚，但占得还算他好。”（《掌故丛编·年羹尧折》）就是说，我知道这个罗瞎子爱吹牛，但是要说算卦的话，他算得还真是准。

可见，康熙是这个罗瞎子的老主顾兼老粉丝。

测生辰八字即是以一个人出生时间的年月日时，来推断人生发展的结果。在今天来看，这当然是无稽之谈。可是，在过去，这个东西往往在偶然中决定了历史之车的走向。乾隆的生辰八字，对他后来成为皇帝，就起了很关键的作用。

1929年，故宫博物院曾经公布了一批内阁大库档案，其中有一件原始文件，就是乾隆的八字，上面还附有康熙六十一年的批语。乾隆八字的内容如下：

辛卯（康熙五十年）

丁酉（八月）

庚午（十三日）

丙子（子时）

批语如下：

此命贵富天然……聪明秀气出众，为人仁孝，学必文武精微。幼岁总见浮灾，并不妨碍。运交十六岁为之得运，该当身健，诸事遂心……命中看得妻星最贤最能，子息极多，寿元高厚……别的不用问。

就是说，按命相理论，乾隆的八字，用术语叫火炼秋金，是天赋极厚的强势命运，有这样八字的人，极为聪明，为人仁孝，文武双全。将来妻子呢，也非常贤惠，命中注定会有很多子嗣。小的时候会有点浮灾，但是并不碍事。十六岁之后，就一切顺利。将来健康长寿，贵不可言。

这么好的生辰八字，会不会是胤禛刻意伪造的呢？当然不会，因为皇帝子孙的出生日期，都是主管皇族事务的宗人府早就记录在案的。这段批语是不是胤禛找人瞎编的呢，这个也不可能，因为中国古代算八字，有一套固定的算法，你找哪个算命先生，看同一个八字，结论都差不多。乾隆这个八字，在传统算命法中，确实是十分难得的大富大贵之命。

这个八字，对乾隆一生的命运产生了决定性影响。《清高宗实录》记载，看过这个八字后，康熙做出了一个非同寻常的决定：将弘历“养育宫中”。

“养育宫中”是什么意思呢，就是把弘历接到皇宫中来，和自己一同生活。这对于康熙的孙子们来讲，是一项极大的恩荣。在弘历之前，九十七个孙子中，只有一个人获得过这个殊荣。是谁呢？我想大家都能猜得到，就是我们讲过的废太子胤礽的长子弘皙，因为康熙原想培养他为第三代君主，所以才把他“养育宫中”。换句话说，只有被康熙列入未来继承人培养计划的人，才会被他接到宫中，进行深入考察。

事情发展到这里，说明胤禛当初的计划，初步成功了。接下来，就要看和祖父一起生活的时候，弘历能否进一步获得祖父的喜爱和肯定。换句话说，弘历能否抓住命运给他的这个特殊的机遇。

康熙六十一年夏天和秋天两个季节， 共五个多月里，弘历陪着爷爷，一起生活在避暑山庄之中，祖孙二人每天形影不离。乾隆后来回忆过当时的情景：“夙夜祗（zhī）随圣祖，绨（tí）几展书，则亲授章句；批章引见，则敬立座侧。至于传餐侍膳，曲承含饴依膝之欢。”（《御制诗全集》注）什么意思呢？读书的时候，康熙亲自给他一句句地讲解。吃饭的时候，祖孙两人坐在一桌，爷爷不断地给孙子夹菜。甚至接见大臣讨论军国大事的时候，康熙也特批弘历可以留在身边。弘历此时总是懂事地“屏息而侍”，安安静静地观察爷爷如何处理国家大事。康熙有时候给别人题字，弘历就跑前跑后，给他磨墨抻纸。可以说，这个乖巧的孙子给康熙的最后岁月带来了很大的快乐，短短半年之中，祖孙两个人建立起了深厚的感情。

《清高宗实录》曾经记载了这样一个细节：康熙六十一年夏，弘历“一日，望见御舟泊晴碧亭畔，闻圣祖呼名，即趋岩壁而下，顾谓勿疾行，恐致蹉跌，爱护殊常。”这年夏天的一个中午，康熙泛舟避暑山庄湖上，弘历正在附近山上玩耍，在山头上，远远望见御舟驶过来，就急急忙忙跑下山来，想跑到爷爷身边去。老皇帝在船上看见了，生怕孙子跌倒，急忙站到船头，冲着弘历大喊："慢点跑，别摔了！"爷爷苍老而焦急的声音深深印在弘历的脑海里，六十年后还回荡在乾隆的耳边，他在一首诗中写道："望见御舟泊亭畔，呼名趋下层岩壁。顾谓勿急恐蹉跌，是即初蒙恩眷日。"就是说，看见我在山上跑，可把祖父急坏了，生怕我摔着。那个时候祖父对我啊，实在是太关爱了。

在这半年之中，弘历不仅凭他的聪明懂事赢得了康熙的喜爱，而且他的运动天分也给康熙留下了深刻的印象。乾隆晚年，在一件谕旨中提到了当年一件事，说："昔年朕随侍皇祖山庄阅射，朕连中五矢，仰蒙天语褒嘉，慈颜大悦，蒙赐黄褂，其时朕年十有二岁。"（《清宫史续编》卷四）就是说康熙亲自教弘历射箭，弘历一下子，嗖嗖嗖，连中五箭，康熙十分高兴，马上赐给他一件黄马褂。现在避暑山庄"澹泊敬诚"殿大门的门壁上，还刻有乾隆的一首诗，诗中有两句说"阅射门前却自思，髫龄自此沐恩慈"，说的就是这件事。

所以康熙打猎时，就总带着弘历。弘历胆子很大，让康熙很满意。不过有一次打猎，却出了点意外。《清高宗实录》记载："（乾隆）木兰从狝（xiǎn），入永安莽喀围场，命侍卫引射熊，取初围获熊兆，甫上马，熊突起，控辔自若。圣祖御枪殪之。"这是这一年八月份，康熙带着弘历到围场打猎。康熙遇到一头大熊，举起火枪，一枪打到大熊肚子上，把大熊打成重伤，倒在地上一动不动了。康熙以为这头大熊已经没什么威胁，就回头对弘历说，你上前补射一箭。为什么呢，康熙想让弘历练练胆量。不知道为什么，弘历平时胆子很大，一听祖父指示就奋勇争先，那一天却像睡着了一样，坐在马上迟迟不动，闭着眼睛在那儿养神。康熙心中有些不高兴，心想，本来这个孩子一直胆子很大，今天怎么突然害怕起来？康熙就喊了一声："弘历，怎么不动？"

弘历听爷爷这样一喊，才像突然醒过神来，睁开眼睛，催动胯下马，正要前进。不料就在这个时候，那头已经倒地很久的大熊猛然一个翻身，像人一样直立起来，嘴里发出一声怒吼，发了疯一样直扑众人而来。在场的所有人一刹那间都惊呆了，不知道怎么办，只有康熙反应及时，举枪便射，子弹从熊的耳朵射入，打入熊的大脑，大熊这才彻底死去。所有人都惊出一身冷汗。

这件事给康熙留下了极深的印象。事后康熙想，幸亏这孩子那天没听命令，要是他一下命令弘历就冲上前去，那说不定就成了大熊的口中之物。为什么平时很勇敢的弘历，那天突然像睡着了似的反应迟钝呢？有点迷信的康熙认为这说明冥冥中有天意，在保佑这个不同寻常的孙子。所以在《清高宗实录》中，接着上一段记载说："事毕，入武帐，顾语温惠皇贵太妃曰：'是命贵重，福将过予。'"就是说，打完猎，回到帐篷里，对随侍的妃子说，这孩子命真贵重，看来这孩子的福气啊，比我还要大。这是什么意思？康熙本身做了六十多年皇帝，比他的福气还要大，这就说明他动了让弘历当隔代接班人的想法。

就在这件事发生之后一周，康熙专门来到了胤禛在承德的赐园——狮子园。在承德，康熙也给每个皇子赐了一个花园。皇帝主动来到皇子的家里，这就很不同寻常了。来到之后，康熙又提出一个大家都没有想到的要求。他指名要看看乾隆的生母。《清高宗实录》卷一记载说："圣祖幸园中进膳，特命孝敬宪皇后率孝圣宪皇后问安拜觐。"就是说，康熙来到赐园里，要求见见弘历的生母。

当时整个雍亲王府的人都很奇怪，不知道老公公为什么指名要见自己的儿媳妇。为什么要见乾隆的母亲呢？因为康熙皇帝很相信算卦相面之类，所以他研究过相面术。如今，对儿子、孙子，他都了解了，他也要了解一下这个儿媳是个什么样的人。因为如果这个孙子当了皇帝，这个儿媳就是皇太后，对政局也会产生影响，所以他要给这个儿媳相个面。

那么，康熙对弘历的母亲印象如何呢？

第三讲

提前接班

乾隆的遗传基因很出色，这对他登上皇位起了决定性的作用。

那么乾隆都继承了哪些家族的优秀基因呢？我们知道一个人的基因，从父亲和母亲那儿各继承百分之五十。首先乾隆智商很高，这一点很像父亲雍正。但是雍正这个人有一个突出的劣势，那就是身体不好。清代前期的四位皇帝武功骑射都很厉害，到雍正这儿就不行了，骑马打猎样样稀松，爱静不爱动，连门都不爱出。康熙六次南巡，雍正一次也没巡过，根据《清世宗实录》记载，甚至连去趟天坛祭天都经常找人代替。而乾隆呢？一生身强体壮，武功骑射本领高强，爱动不爱静，人称“马上天子”。可见乾隆在身体素质这方面的基因，不

乾隆生母孝圣宪皇后

是来自雍正，而是从母亲身上获得的遗传。那么乾隆的母亲究竟是什么样的一个人呢?

讲到这里，我们回过头来，看一看乾隆的出生。根据《清高宗实录》以及清代皇帝的族谱也就是《玉牒》的记载，乾隆出生于康熙五十年，也就是公元1711年阴历八月十三日，出生地在当时的雍亲王府，也就是今天的北京雍和宫。他的母亲，根据《玉牒》记载，是一位满族格格，叫钮祜禄氏。

当然，这是正史的记载。在野史中，关于乾隆的出生，有很多相当离奇的说法，其中最著名的是两个。一个是说，乾隆不是满族人，是汉人陈阁老的儿子。另一个说，乾隆的出生地不是雍和宫，是避暑山庄，他的生母是个汉族宫女。

关于乾隆出身的这个话题，阎崇年先生在《揭秘清宫悬案》中曾经专门讲过，我这里就不再细讲，我只是大致来分析一下刚才说到的这两个传说为什么站不住脚。

第一个传说，说是雍正皇帝在做雍亲王时生了一个女儿，而就在同一天，大臣陈阁老陈世倌家生了个男孩。雍正和老陈家很熟，就让他们把那个男孩抱来看一看。结果，等这个孩子送回去的时候，老陈家人大吃一惊，原来给调了包了：男孩换成了女孩。男孩被雍亲王留了下来，后来就成了乾隆皇帝。

这是根本不可能的。最简单一条，雍正皇帝生育能力很正常，他一生一共生了十个儿子。乾隆出生之前，雍正已经有过了三个儿子，而且这一年他年仅三十四岁，妃子又那么多，想生就自己生呗，干吗非得弄一个汉族孩子来继承大清皇位呢？所以这个传说是站不住脚的。

那么第二个传说，据说雍正有一年陪康熙待在避暑山庄，闲着没事和一个汉族宫女野合，就生了乾隆。这也不可能。乾隆出生于八月十三日，我们知道十月怀胎，那么他就是前一年阴历十一月中旬坐的胎。这就出现了一个问题：清代皇帝为什么要到避暑山庄呢？当然是为了避暑。阴历十一月中旬，就是阳历十二月份，避暑山庄已经天寒地冻，滴水成冰，雍正和康熙不可能还待在那儿，还在冰天雪地里跟宫女野合，那不得冻成冰棍？所以这个传说也是站不住脚的。

那么，为什么关于乾隆的出生会有这么多的传说呢？这只能说明后来社会上很多人对乾隆或者说清王朝不满。在中国历史上，很多皇帝身上都有离奇的传说。比如秦始皇，人们传说他是吕不韦的私生子。关于隋炀帝，人们传说他亲手杀死了自己的父亲隋文帝。关于雍正，人们说他毒杀了康熙。其实，这些传说现在被证明都是编造的。在这些传说的背后，都有深刻的政治原因，这几个皇帝的所作所为，损害了很多人的利益。关于乾隆的这两个传说，有一个共同点，就是都说乾隆的生母是汉族人，这说明什么？说明清代汉族人对被异族统治在心理上难以接受，所以才用戏说乾隆出身这种方式，寻找心理上的平衡。

那么讲清楚了这个问题，回过头来，我们接着讲乾隆真正的生母——钮祜（hù）禄氏。

说到钮祜禄氏这几个字，相信清宫戏看得多的读者会感觉很熟悉。因为清宫戏里经常听到这个姓。比如大贪官和珅，就姓钮祜禄。清朝好几朝的皇后也姓钮祜禄。所以有清一代，“钮祜禄氏”被列为清代“八大家”，是一个不折不扣的名门。

所以我们很多人一听乾隆的生母姓钮祜禄，就说她肯定出身名门。这就错了。我们说的“八大家”之中的“钮祜禄氏”，是指开国元勋额亦都的后代。而乾隆的母亲，并非额亦都的后人。这就好比说在唐代，皇帝姓李，但是并非所有姓李的都和皇帝是一家子。事实上，乾隆母亲所属的这个钮祜禄氏，是个很普通的家族，没出过什么名人。我们查清代《玉牒》会发现，乾隆母亲祖上，社会地位很低。她的祖父，是一介白丁，普通老百姓，一辈子没当过任何官。而她的父亲，也就是乾隆的外祖父凌柱，根据《清列朝后妃传稿》记载："原任四品典仪。"表面看起来，似乎当过相当的官职，但我们仔细分析一下，四品典仪，就是王府中举行各种典礼时喊口号的官，是一个荣誉性的闲职，一般是封赠给后妃家里人的。这说明，这个官不是他自己干出来的，是因为他的女儿成了妃子，他才弄到的。可以说乾隆的姥爷家不过是清朝一户普通的老百姓。

清代皇子娶亲，讲究的是门当户对，雍正怎么会娶了个老百姓的女儿呢？事实上，乾隆的母亲不是被娶进雍亲王府的，最开始她只是雍亲王府里的一个丫鬟，侍候人的。据清代《玉牒》记载，她"年十三赐侍世宗藩邸"。说明白点，就是十三岁这一年，被康熙作为粗使丫头赐给雍正。

那么钮祜禄氏后来怎么就成了妃子呢？史书上关于她从十三岁做粗使丫头到二十岁时生出乾隆，中间这七年，一个字的记载也没有。我们只能大致推测一下。我们推测，刚到雍亲王府的时候，钮祜禄氏不过干些端茶倒水之类的杂活，雍亲王胤禛应该没怎么注意过她。直到康熙四十九年的某一天，无所事事的雍亲王胤禛可能是不经意间突然发现，咦？这个入府六年的小丫头，如今已经长大成人了。十九岁的钮祜禄氏，虽然相貌平平，但是身材高挑，曲线优美，很有点青春光彩。三十三岁的雍亲王一时兴起，和这个十九的丫头就搞了一次一夜情。结果，就生出了乾隆皇帝。

这在当时，并不是十分光彩的行为，所以雍正一直羞于提起这个丫头。事实上就是生了乾隆很多年之后，这个钮祜禄氏还是没什么地位，没有名号，在《玉牒》和《实录》中，一直被记载为格格。很多人一听说"格格"这两个字，就说，那不是公主吗？其实格格在满语里也就是姐姐的意思，并不专指公主。清代有一本朝廷钦定的最权威的满文词典，叫《清文鉴》，其中对格格的解释就是两个字——姐姐。所以格格包括的范围很广，不但公主，甚至连通房大丫头，也叫格格。钮祜禄氏生了乾隆之后，只不过由普通丫头变成了通房大丫头，雍亲王既然没给她什么名分，所以大家只好称她格格。直到雍正元年，雍正做了皇帝后，她才头一次有了名分，被封为熹（xī）妃。

生母地位不高，是乾隆皇帝终生的一个隐痛，因为在传统时代，人们对嫡庶之分看得很重。你看《红楼梦》中，贾环就因为生母赵姨娘是个妾，一直不被别人待见。所以乾隆皇帝一生一直讳言他母亲的出身。

不过，乾隆不知道，他一生福气连连，与生母出身低贱有很大关系。我们讲过，乾隆是中国历史上最幸福的皇帝之一。他之所以能这么幸福，与他母亲提供的遗传基因密切相关。

为什么这么说呢？

首先乾隆之所以能长寿，就是因为他有这样一位母亲。乾隆以前，清代的皇帝平均寿命不太高。从努尔哈赤到雍正，五位皇帝，平均寿命为五十四岁，而乾隆活到八十九岁，比祖先们的平均年龄高出了整整三十五岁。在兄弟们当中，他也是最长寿的。乾隆兄弟一共十人，其他九人和他都不是同母所生。夭折了六个，活了四个，活下来的，除了乾隆，活得最长的也不过六十岁。乾隆皇帝身体素质之好，寿命之长，不光在清朝皇帝中是头一个，在中国历代也是绝无仅有。这说明什么呢，说明乾隆母亲的遗传基因中有长寿因素。乾隆母亲活了整整八十六岁，而且老太太一生身强体壮，特别好动，是中国历史上罕见的特别喜欢旅游的老太后。乾隆登基之后，每次出门，都得带老太太一起走。老太太生前赶上乾隆四次南巡，一次也没落下。除此之外，还曾跟着乾隆三游五台，三登泰山，至于避暑山庄，那更是年年去。老太太去世前一年，八十五岁了，居然还跟着乾隆，登上了泰山山顶，而且一路步履甚健，脚步很稳。乾隆为此专门写了一首诗说："八旬五母仍康步，六十六儿微白头。"（《乾隆御制诗四集》）就是说，我六十六了，头发都白了。我老妈呢，八十五了，身体啊，比我还好，走路噔噔的。

那么我们肯定会问了，乾隆母亲的身体为什么这么好呢？这恰恰因为她是出身平民家庭。本来满族人因为一直生活在白山黑水之中，身体素质都很好，个个下马能种地上马能打仗，一年到头不带感冒的。但是进了北京之后，大部分满洲贵族开始锦衣玉食，衣来伸手饭来张口，身体素质不断下降。你看雍正的其他妃子，都是出身于名门贵族，从小娇生惯养，所以身体不好，生出来的孩子都不结实，风一吹就感冒，一感冒就夭折。而那些下层满族人，没有那么好的生活条件，反而保存了满洲人在白山黑水中陶铸起来的强壮和"皮实"。乾隆的母亲钮祜禄氏，就是因为出身低贱，从小一直干粗活，所以身强体壮，一辈子没闹过什么毛病。

那么显而易见，乾隆皇帝的身体素质遗传自母亲。乾隆天生擅长运动，敏捷性和平衡性极佳，各种兵器都上手很快，武功骑射在清代诸帝中首屈一指。他精力极其充沛，天天日理万机，很少感觉疲倦。这些都是母亲的恩赐。

除了这一点，乾隆的性格也有很多地方像自己的母亲。我们知道雍正皇帝这个人性格有点阴沉，没有什么亲和力。而乾隆呢，却很开朗，很活泼，很善于和别人交往，这一点也是来自自己的母亲。

所以我们说，乾隆身上有三点赢得了祖父的喜爱，一个读书好，一个武功好，一个性格好。这三好之中，起码有两好，来自母亲的遗传。所以乾隆从母亲身上，得到的好处实在是太多了。

不仅是我们现代人，其实古人也是深知遗传的重要性的。古人说父精母血嘛，父母就是孩子的模子。所以在康熙已经相中弘历的时候，还是专门亲自来到雍亲王府，指名要看看乾隆的生母。那么康熙见到乾隆的生母之后，会给出什么样的评价呢？

根据《清高宗实录》记载，当时康熙命令一下，雍亲王胤禛赶紧把钮祜禄氏叫了出来。通房大丫头钮祜禄氏以前从来没机会见到天颜，遇到什么重要场合，都是雍亲王的正福晋出头，她只能在后厨忙乎。这次一听说老皇帝指名要见她，也不知道是怎么回事，匆匆打扮一下，赶紧出来跪在康熙皇帝面前，心里怦怦直打鼓，心想老皇帝这是要干什么呢？《清高宗实录》记载，老皇帝命她抬起头来，上一眼，下一眼，左一眼，右一眼，足足看了半分钟之久，然后说了这么几个字："果是有福之人，有福之人！"

那么钮祜禄氏到底长什么样？为什么康熙连称她是有福之人呢？今天故宫中还保留着一幅画，叫《慈宁燕喜图》，画的是乾隆给他母亲祝寿的情景。画里，老太太方面大耳，看得出年轻时长得不算漂亮，但是很健康，骨骼很粗壮。在这次晋见公公之前，从来没有人说钮祜禄氏长得有什么特点，但是康熙却发现了这个儿媳妇有"异相"。因为她方面大耳，鼻直口方，长得很喜庆，符合中国传统相术中的"福相"标准。

康熙很满意，给儿媳相完面，回避暑山庄去了。雍亲王胤禛心里十分高兴。因为他知道，自己离皇位，又近了一步。

那么，对弘历考察的最后一关也过了。胤禛通过弘历这个砝码来获得皇位的设计，完满地达到了目的。康熙六十一年秋天，康熙皇帝从避暑山庄回到北京，住进了畅春园。一个多月后，十一月十三日，康熙皇帝就突然得病，崩逝于畅春园。胤禛在众多皇位竞争者中成为意外杀出的一匹黑马，获得康熙的临终授命，当上了皇帝。

我们以上所讲的，都是母亲对乾隆的影响。父亲雍正对乾隆的影响又有多大呢？

康熙六十一年十一月二十日，雍正皇帝正式举行即位大典。我们知道，一个国家的最高元首出来之后，还要做一件事，那就是选一个副手或者说"备胎"。比如美国在选举总统的时候，还要选出一个副总统。一旦总统出了事，副总统就可以接班。那么对于传统中国来说，就是要确立一个太子，皇帝一旦有意外，太子就能顶上来。所以古人又称太子为"储君"，储藏起来备用的君主。

所以雍正元年八月十七日，雍正亲书了一道传位诏书，确定了下一代皇帝的名字。不过，和以前不同的是，雍正写好了这道诏书之后，却没有把它公诸天下，而是把它密封到一个小盒里，派一个太监，放到乾清宫“正大光明”匾额之后了。这就是中国历史上一个著名的政治创新：秘密立储。

雍正为什么要秘密立储呢？原因很简单，他是吸取了康熙晚年诸子争立的教训：如果早早公布了哪个孩子是太子，那么这个孩子就容易成为众矢之的，成为别人攻击算计的目标。所以，为了保护太子，雍正才采取这样一个办法。大家一般都会认为，这个办法是雍正首创。没错，在中国历史上，确实是雍正首创，但是在国外，其实古已有之。大家看《旧唐书·波斯传》，上面有一段记载：“其王初嗣位，便密选子才堪承统者，书其名字，封而藏之。王死后，大臣与王之群子共发封而视之。”就是说，波斯国王刚即位，就从儿子中挑一个有才能的，写上他的名字，密封起来。国王死了，大臣与国王的儿子们一同打开密封，确定下一代领导人。可见，与中国唐代同时代的波斯，就已经实行了这个制度。雍正熟读过二十四史，所以我们有理由推测，他是从这段记载中得到的启发。

那么，进行秘密立储，从表面上看，雍正是给全国人民出了个谜语，让大家竞猜谁是下一代君主。不过，这个谜语其实一点儿也不难猜。我们讲过，雍正一生生了十个儿子，六个夭折，长大成人的有四个：弘时、弘历、弘昼、弘瞻。弘时居长，比乾隆大七岁，但是从史书记载来看，雍正一直不喜欢这个孩子。康熙五十九年，康熙皇帝曾经封几个儿子的长子为世子，弘时作为雍正的长子，却没能受封。这说明雍正没有向康熙推荐他。到了雍正五年，雍正又干脆以“年少放纵，行事不谨”（《清皇室四谱》）八个字，把弘时开除出宗籍。几天之后，弘时就莫名其妙地死了，年仅二十四岁。人们推测，他应该是胡作非为太出格，被雍正一怒之下赐死的。

弘时既然不被雍正喜爱，那么雍正即位后，实际上可以选择的孩子只有两个：弘历和弘昼。不是还有一个小儿子弘瞻吗？那是雍正十一年才出生的，雍正立储时还没有这个孩子。我们以前说过，弘历和弘昼天资相差很多，雍正会选择哪个，并不是难题。这是我们说这个谜语不难猜的第一个原因。

第二个原因，是康熙喜欢弘历这个事，大家早就知道了。康熙刚刚去世，弘历将成为再下一代君主的消息，就已经广为人知了。

《朝鲜李朝实录》记载，在康熙去世的第二个月，中国派到朝鲜来宣告这个消息的使臣，和朝鲜官员聊天时说过这样一件事：康熙皇帝在畅春苑病重之时，知道自己这次好不了了，于是召来阁老马齐，对他说："我的第四子胤禛最贤，我死后立为嗣皇。胤禛第二子弘历有英雄气象，必封为太子。"

这说明，康熙指定弘历为隔代太子这个事，在康熙去世的当年就传到了朝鲜。连国外都传遍了，那么在国内当然也一定广为人知，至少在朝廷上，人人都在谈论这件事。

所以雍正登基之后，十二岁的弘历实际上就已经成为皇太子，不过是一个不能公开身份的皇太子。

作为父亲，雍正一生给了乾隆很多珍贵的礼物：

第一，他遗传给了乾隆超高的智商。

第二，雍正把皇位作为遗产，稳妥地交给了乾隆。由于是秘密立储，弘历在做接班人的过程中，没有受到历史上其他太子那样的各种威胁。这是雍正的恩赐。

除了这两项之外，雍正还给了乾隆另一项宝贵的赐予，那就是成功的教育。

从雍正元年开始，弘历就开始作为接班人，被雍正精心培养。

我们纵览中国历史，可以下这样一个结论：弘历的教育，是中国历代皇帝中最为成功的。在即位之后，乾隆在政治生涯中表现出的知识面之广、文化功底之深厚、对中国历史经验之娴熟，是一般帝王所远不能及的。历朝历代皇家都非常重视太子的教育，为什么弘历的教育比一般太子都更成功呢？

我想有三个因素。

第一，是父亲雍正的严格要求。

历代帝王对待太子，方式很不相同。有的人，很早就开始让太子处理政务。比如朱元璋立了朱标为太子之后，命令大臣们凡上给他的奏折，也给太子来一份，而且让太子先拿出处理意见。康熙也是这样，他立了胤礽为太子之后，自己亲征噶尔丹，就让太子坐镇京师，直接处理天下大事。这样做的好处，是让太子早早积累起政治经验，随时能顺利接班。坏处呢，是让太子形成了自己的政治势力，容易对皇权构成威胁。有的大臣一看老皇帝身体不行了，没几天了，就团结在太子周围，不再听皇帝的话。康熙晚年，就出现过这样的事。所以雍正有鉴于此，对自己的皇子管束极严，要求他们只能老老实实待在宫中读书，无事不得外出，更不得结交官员。即使是被秘密立为太子的弘历也是这样，他的唯一任务，就是专心读书，实际政务，一点儿也不许过问。雍正对皇子读书的要求又非常严格，虽然日理万机，还经常跑到书房中，亲自考问孩子们的功课。所以有了这样一个严厉的老爹，你要想不好好学习，那是不可能的。这是第一点。

第二，清代皇室，对皇子的教育，有一整套严密而科学的制度。

入关之后，清皇室对皇子读书立下了规矩。乾隆时期曾经在军机处任职的史学家赵翼在他的笔记《檐曝（pù）杂记》中写过皇子上学的情景：

本朝家法之严，即皇子读书一事，已迥绝千古。余内直时，届早班之期，率以五鼓入，时部院百官未有至者，惟内府苏喇数人往来。黑暗中残睡未醒，时复倚柱假寐，然已隐隐见有白纱灯一点入隆宗门，则皇子进书房也……

就是说，大清皇子读书，要求之严，创了历代之最。说我当初在军机处值早班的时候，早上四点钟就要入宫。这时其他文武百官还没有到，天还一片漆黑。我也没完全睡醒，一边值班，一边靠着柱子打瞌睡。但是这时候你就会看到，有一盏白纱灯，远远地走进隆宗门。这是什么啊？这是太监送皇子们进书房上学。现在的孩子们每天早上七点钟上学，家长们一直在抱怨说太早了，可是清朝皇子，每天早上不到五点就上课了。

早晨五点上学，几点放学呢？下午三点多。每天学习将近十小时。在书房里，也和今天的学校一样，每天都有固定的课程表。每天上午，有两门课，一门是经史，一门是文学。经史就是四书五经、二十四史。作为皇子，不需要参加科举考试，所以用不着学习写八股文。他们接受的教育，更有针对性和实用性，因此他们除了孔孟经典外，更多的是读史，要从历史的兴亡得失中学到经验教训。另一门是文学课，读读唐宋八大家、诗词歌赋等，学习写作文、写诗歌。下午也有两门课，一门是体育课，一门是语言课。体育课有些什么内容呢？一是学习射箭；二是骑马；三是枪械射击，也就是使用鸟枪；四是武术，就是学习南拳北腿、斧钺钩叉等。清代的皇子，都有武术功底，出了很多武功高手。后来的道光皇帝，虽然我们都觉得这个人不怎么样，鸦片战争打败了，但其实他武功不错，还曾经自创刀法，共二百式，叫“二百连环刀法”。下午除了体育课，还有语言课，什么内容呢？学习满语和蒙古语。满语是清代的“国语”，当然要精通。清代号称满蒙一家，和蒙古族关系十分紧密，所以做皇帝你必须得会蒙古语。这些课程的安排文武兼备，种类齐全，科学合理。

皇子们学习的日程安排得很紧，十个小时中间只有两次休息。哪两次呢？辰初二刻，也就是早上七点半，吃早饭。午正，也就是中午十二点，吃午饭。但是每次吃饭不超过半小时。如果吃饭前老师安排背的书没背下来怎么办？不许吃饭，给我接着背。我们今天的学生有寒假暑假，一年有三个月假期，此外还有周末，加起来有小半年时间不用上学。而皇子们呢，一年只有六天假期，哪六天？皇帝生日、正月初一、端午、中秋和皇子本人生日。有人说这不五天吗？皇帝生日放两天，加一起六天。除此之外，即使大年三十，也要上学。所以清代皇子们读书，比今天的学生累多了。

教育抓得这样紧，所以清代皇族，虽然是少数民族，却有着极深的传统文化造诣。清代皇帝的平均文化素质，要强于汉唐宋明的大部分君主。

第三个原因是弘历天资聪颖，读书又非常勤奋。乾隆一生能取得那么多成就，与他超人的勤奋是密不可分的。从六岁开始接受启蒙教育到二十五岁登基，弘历在书房中整整度过了十九年的光阴，每天的学习时间长达十个小时。他深知自己虽然已经被密定为接班人，但是由于是秘密立储，自己这个接班人的地位并不是板上钉钉的，如果自己表现不好，随时有可能被雍正秘密换掉。哪一天，父亲写个新名字，叫太监半夜三更爬到“正大光明”匾后面给换了，那不就抓瞎了吗？那么，既然父亲给皇子们的唯一任务就是读书，弘历唯一能做的事，就是把书读好。乾隆自己说：“已乃精研《易》《春秋》、戴氏礼、宋儒性理诸书，旁及《通鉴纲目》、史汉八家之文，莫不穷其旨趣，探其精蕴。”（《乐善堂全集》）就是说，四书五经，程朱理学，以及《资治通鉴》，二十四史，唐宋八大家，他都熟读了。在整个中国历史上，都很少有皇帝像乾隆这样，在即位前接受了如此长期、严格、系统的教育。这对乾隆的性格也有强大的塑造作用。怎么个塑造作用呢？它培养了乾隆超人一样的毅力。乾隆一生生活非常有规律，有严格的计划性，非常勤奋，每一分钟都不浪费。

出众的天资，使弘历从康熙九十多名孙子中脱颖而出，被隔代指定为继承人。那么严格而系统的教育，则为他打下了坚实的知识基础。可以说，读了十几年书的弘历已经成了一个合格的接班人。但是他还面临着一个关键的问题：什么时候才能接班?

传统时代的政治不搞任期制，接班人什么时候接班，只取决于一件事，那就是老皇帝什么时候死。你看，英国查尔斯王子，从一九四八年一出生，就是接班人，到现在六十五六年了，还没接上班。他母亲伊丽莎白二世今年已经八十七了，身体还非常棒。伊丽莎白的母亲比她还厉害，活了一百零二岁，如果伊丽莎白也活到一百零二，那么查尔斯王子得八十岁才能接上班，你说谁能保证自己能活到八十岁?

弘历也面临着这个问题。他的父亲雍正，四十五岁才接上班。假设雍正能活到八十二岁的话，弘历就得等到整整五十岁才能接上班。这你还不能抱怨。康熙朝的太子，就是因为说了一句话："古今天下，岂有四十年太子乎？"就是说，当太子怎么能一当就四十年呢？这也等得太久了。这句话引起了康熙的怀疑，最后下场很惨。所以乾隆只能等待命运的安排。

然而命运没让弘历等太久，在他二十五岁这一年的秋天，父亲雍正又送给了他第四项恩赐：让他在最佳年龄就接了班。

雍正之死，也是清朝历史上一个著名的悬案。关于雍正之死，有许多传说，最著名的是说他被吕四娘刺杀。这当然只是一个传说而已，有很多漏洞，比如清代皇宫的保卫制度，不可能让任何人潜入乾清宫，这些我们不细讲了。我要说的是，之所以出现这样的传说，是因为雍正的死非常突然，可以说是暴死，所以在民间引起了种种猜测。那么雍正之死，真相到底如何呢?

后来雍正朝的大学士张廷玉在自己的年谱中回忆了那一天的经过。张廷玉是康熙朝的进士、雍正朝的大学士，是雍正最信任的汉族大臣。他晚年在自己的年谱说：

> （雍正十三年）八月二十日，圣躬偶尔违和，犹听政如常。廷玉每日进见，未尝有间。二十二日漏将二鼓，方就寝，忽闻宣召甚急。

就是说，他习惯于早睡早起，因为他身居内阁，必须天天早朝。雍正十三年八月二十二日晚上十点左右，他已经就寝了，突然被一阵急剧的敲门声惊醒。原来是圆明园的太监前来传旨，召他火速入园。

张廷玉赶紧穿好衣服，小跑着奔向圆明园，一边心里直打鼓，说我当官这么多年，从来没有在睡觉的时候被皇帝叫醒过。这是出了什么大事呢？

等来到雍正的寝宫，张廷玉大惊失色，雍正皇帝躺在大床上，已经两目紧闭，呼吸微弱，不认识人了。

张廷玉在年谱中说自己当时“惊骇欲绝”。雍正那一年不过五十七岁，并不算老，而且平日并没有什么大病。前两天，也就是八月二十日，雍正身体确实有些不爽快，不过仍然办事如常。就是今天也仍然能正常地接见大臣，怎么这么快就不行了？

原来，是丹药惹的祸。

雍正皇帝身体一直不太好，又是一个工作狂，成天加班工作，到了五十多岁，就感觉身体有点支撑不住了。雍正对道教很感兴趣，他在后宫之中养了几位道士。道士的任务就是为雍正提炼“仙丹”，让他增强精力、延年益寿。冯尔康等著名历史学家考证确定，原本没有什么致命大病的雍正，因服用了含有剧毒的丹药，提前离开了人世。

皇帝死得如此突然，朝中当然一片混乱。在张廷玉等人被召进圆明园的同时，雍正的两个成年的儿子弘历、弘昼当然早早就已经守在雍正身边了。那么这两个人，谁将是接班人呢？

第四讲
叛逆的继承人

雍正突然去世后，虽然大家都认为很可能是弘历当皇帝，但是必须要找到雍正的遗诏才行。我们都知道，雍正的密诏藏在紫禁城“正大光明”匾额后面，而他死在圆明园，那时候交通不发达，从圆明园回到北京城里，来回要一天多，而国不可一日无君，一天多没有皇帝，这怎么行？这可怎么办呢？

“正大光明”匾额

关键时候，还是老臣张廷玉有办法。张廷玉知道雍正这个人，凡事谨慎，肯定想到了自己可能死在紫禁城外。和我们的想象不同，实际上清代皇帝一年有一多半时间不待在紫禁城，而是待在圆明园和避暑山庄。所以雍正身边，应该随时带着遗诏副本。

在《年谱》中，张廷玉回忆说：

> 廷玉与鄂尔泰告二王诸大臣曰，大行皇帝因传位大事亲书密旨……应急请出以正大统。总管（太监）曰，大行皇帝未曾谕及我辈，不知密旨之所在。廷玉曰……密封之件，谅亦无多，外用黄纸固封，背后写一“封”字者即是此旨。（《张廷玉年谱·雍正十三年》）

就是说，张廷玉告诉在场的人：“大行皇帝（就是刚刚死去的雍正）身上应该有传位密诏副本，现在最紧要的事就是要找到密诏。”于是命令总管太监去找。总管太监说：“这件事皇上没有和我们交代啊，我们不知道密诏放在哪儿啊。”张廷玉说：“别着急，你们就在皇帝身边找，有一个外面用黄纸封着的小盒，背后写一个‘封’字的，应该就是。”

一小会儿，太监果然在雍正身边找到了这样的一个小盒。于是大家打开小盒，里面正是雍正亲笔所书的传位密诏。大家取出遗诏，共同捧到灯下宣读。

雍正的遗诏都写了些什么内容呢？记载于《清世宗实录》的这道遗诏开头就说：

> 皇四子宝亲王弘历，秉性仁慈，居心孝友，圣祖仁皇帝于诸孙之中最为钟爱，抚养宫中，恩逾常格……

后面又说：

> 今既遭大事，著继朕登极，即皇帝位。

就是说康熙当初对弘历很喜爱，弘历这个孩子自身条件也不错，仁慈孝顺，所以我死了，让弘历接班，当皇帝。雍正在遗诏当中郑重其事地讲到康熙养育弘历这个事，公开将康熙喜欢弘历作为传位给他的首要理由。所以我们可以进一步确定，弘历在雍正竞争皇位的过程中，确实起了重要作用。

那么听到了这个遗诏之后，弘历是个什么反应呢？

张廷玉在《年谱》中说："上伏地大恸良久，王大臣等叩头敦劝再三，上始载拜受命。"上就是弘历，雍正一死，弘历事实上就是皇帝了，所以叫上。就是说弘历听到遗诏内容后，马上趴到地上，号啕大哭，大伙儿怎么劝都劝不住。哭了老半天，才爬起来，勉强接受了大家的朝拜。

其实弘历这个哭里，有激动的成分。虽然他早就猜到自己是大清帝国的继承人，但是弘历确实没想到雍正死得这么早、这么突然。父亲雍正虽然身体一般，但没有致命的大病，大家都认为活个七十岁左右很正常，所以弘历早已做好四五十岁接班的准备。没想到父亲五十八（虚）岁就去世了，让自己在二十五（虚）岁就登上了大宝。注意，我们这本书里讲的都是虚岁。

弘历不能不为自己感到庆幸。因为回顾中国历史，在皇帝交接班的时候，通常都是危机重重。比如大清开国以来的五位皇帝，哪个人登上皇位，都不那么顺当。努尔哈赤死后，他的儿子皇太极与代善争过皇位。皇太极死后，弟弟多尔衮与长子豪格都想当皇帝，不相上下。最后六岁的小儿子福临作为一个平衡势力被推上了皇位，这就是顺治皇帝。顺治去世后，年仅八岁的康熙登基，因为不能亲政，造成过很大的政治危机。至于雍正继位，其斗争之惨烈，更是广为人知。所以大清建立以来，只有弘历的继位，光明正大，水到渠成。而且你看弘历这个年龄——二十五岁——是当皇帝的最佳年龄。今天一个人二十五岁，正是研究生刚毕业，开始工作的年龄。人在这个年龄，既有朝气和进取心，又已经完成了系统教育，正是施展才华的大好时机。所以弘历不能不感觉到，命运对自己实在是太慷慨了。

所以弘历有点激动，不过激动不能在这个时候表现出来。作为一个情商极高的人，弘历马上调动起全部精神，投入到“孝子”这个角色的扮演当中。弘历想起了父亲对自己的全部好处，感激和悲痛之情汹涌而至，他“自夜彻昼，号哭不止”，从头一天夜半到第二天太阳落山，哭不停声，水米没打牙，没吃一点儿东西。

中国传统社会，非常讲究礼法。一个人在礼法上表现得怎么样，对父母孝顺不孝顺，葬礼上悲不悲痛，决定着社会上对自己的看法。《清高宗实录》记载，乾隆在这些方面的表现那是无可挑剔。大殓（liàn）之际，就是要把雍正装进棺材的时候，弘历“痛哭失声，擗踊（pǐ yǒng）无数”，（《清高宗实录》）擗，捶胸；踊，顿足。就是说无数次挣扎跳跃，拦着说什么不让人盖上棺材盖。所以大臣们都说，这个新皇帝，真重感情，真孝顺。弘历给满朝大臣留下了一个非常好的第一印象。

雍正十三年八月二十二日晚上开始，弘历成了皇帝，正式开始了他的帝王生涯。虽然乾隆这个年号是第二年才启用，但是我们从现在起，就可以称他为乾隆皇帝。

我们说，乾隆在葬礼上的表现，每个环节都特别到位，可以称得上是一个超级大孝子。孔子说过：“三年无改于父之道，可谓孝矣。”那么按理，这个孝顺的新皇帝会全面继承雍正的既定方针。满朝大臣都这么想。

然而事实的发展却远远出乎人们的预料。

雍正驾崩后第三天，八月二十五日，乾隆就迫不及待发布谕旨，把雍正在宫中养的那些道士，通通赶出了皇宫。我们前面说过，雍正在宫中养了许多道士给他炼丹。

在谕旨中，乾隆说：

> 皇考万几余暇，闻外省有炉火修炼之说，圣心虽知其非，聊欲试观其术，以为游戏消闲之具。因将张太虚、王定乾等数人置于西苑空闲之地。圣心视之如俳（pái）优人等耳，未曾听其一言，未曾用其一药。（《清高宗实录》）

就是说，我父亲闲着没事的时候，听说外面有人会炼丹术，虽然明知这事很荒唐，但是就为了取个乐，找了几个道士，在西苑竖炉炼丹。我父亲不过把这些道士当作排遣取乐的优伶小丑，从来没有听取过他们一句进言，也从来没有吃过他们给的一粒丹药。

什么叫此地无银三百两？这就是。本来大家都不知道雍正是怎么死的，这道谕旨却泄露了秘密，明确告诉大家，雍正就是乱吃丹药死的。

那么乾隆为什么如此迫不及待地来揭父亲的短呢？因为乾隆受的是正统的儒家教育，他对雍正崇拜佛教、道教这种离经叛道的行为，十分反感。我们知道，雍正崇佛崇道，搞得都很离谱。他曾经亲自披上袈裟，冒充大和尚，在宫中举行法会。甚至还亲自撰写了一本叫《拣魔辨异录》的书，专门和和尚们讨论宗教问题。在他的支持下，雍正一朝佛道两教都非常兴旺，佛寺道观到处都是。在正统儒家教育中成长起来的乾隆却认为一名帝王，应该独尊儒教。所以在这道谕旨中，他不光把道士们从宫中赶走，还宣布了一项新政策，那就是今后谁要出家，必须由官方给予度牒，不能你想出家就出家。为什么要宣布这项政策呢？是为了控制和尚和道士数量的增长。

这道谕旨让天下百姓都很惊讶，没想到新皇帝敢这样直接和老皇帝对着干。其实这道谕旨只是开了一个小头，接下来，乾隆和雍正对着干的事，一件接着一件。

雍正时期很受诟病的另一件事是“好祥瑞”。什么叫“祥瑞”呢？就是一些奇怪的自然现象，比如哪块地产出了双头的稻米，天上出现了五星连珠，或者出现了一块五彩祥云。人们说，这些现象，都证明皇帝统治得好，上天通过这种方式对皇帝加以表彰，就相当于给皇帝发奖状。雍正皇帝因为人们都怀疑他这个皇位得的不正，所以拼命大搞祥瑞。《清世宗实录》记载，他在位期间，中国历史上所有的祥瑞品种差不多都出齐了，什么嘉禾、瑞茧、蓍（shī）草、灵芝、麒麟、凤鸟、黄河清、卿云现，一样接一样出现在官员的奏折里。雍正皇帝说，出现这些现象，证明老天爷对自己的统治很满意。这自然是对篡位传闻的一种变相的回应。“如果我是篡位的，上天能支持我吗？”

可是天下人不都是傻子，在聪明人看来，雍正搞这一套太小儿科、太可笑，反而暴露了他的心虚。所以乾隆继位没几天就宣布：“凡庆云、嘉谷一切祥瑞之事，皆不许陈奏。”（《清高宗实录》）我不搞这一套，你们别向我汇报。这相当于当众打了老爹雍正一个响亮的耳光。

当然，赶道士、禁祥瑞，这些还都是小举动。更大的举措，还在后边。

雍正十三年十月八日，就是雍正死后不到两个月，乾隆发出了一道谕旨，震动天下：

> 阿其那（允禩）、塞思黑（允禟）孽由自作，万无可矜，而其子若孙实圣祖仁皇帝之支派也，若俱屏除宗牒之外，与庶民无异。当初办理此事乃诸王大臣再三固请，实非我皇考本意。其作何处理之处，着诸王满汉文武大臣……各抒己见，确议具奏。（《清高宗实录》）

这道谕旨是什么意思呢?

允禩是康熙第八子，非常有才能，曾经积极争夺储位。允禟是康熙第九子，是允禩最得力的助手。这两个人在储位斗争中处处和雍正对着干，所以是雍正最仇恨的敌人，雍正即位后给他们改名叫“阿其那”和“塞思黑”，意思是猪和狗，并把他们关起来秘密处死。这样还不解恨，后来又干脆把他们的子孙后代开除宗籍，不承认他们是皇族。那么讲到这里，可能有的读者有点疑问，原来不是说康熙的儿子名字第一个字是胤字吗？现在怎么变成了允字？很简单，雍正即了位，他的名字胤禛，就成了避讳字，谁的名字里有这两个字，都得改。所以他的兄弟们就把“胤”字改成了“允”字。

乾隆这道谕旨的意思是说，允禩、允禟等人，虽然已经犯了大罪，被我父亲弄死了，但是他们的子孙的血管里流的毕竟还是我们爱新觉罗家族的血。如果把他们开除于宗籍之外，与普通百姓一样，实在不妥。当初之所以处理得这样重，完全是办理这件事的大臣们使的坏、架的火，而非我爹爹雍正的本意。这件事到底如何处理为好呢，请大家各抒已见，拿出一个方案来报给我。

这道谕旨是要给雍正的政敌平反，这是一件非常大的事。我们知道雍正这辈子，最被人诟病的，就是这件事。把康熙的孙子，开除出皇族，让他们衣食无着，没地方吃饭，这确实不利于爱新觉罗家族的形象。所以，乾隆发了这道谕旨，要改正父亲的这个错误。

那么乾隆的旨意一下，大臣们当然知道应该怎么做，他们建议皇帝恢复这些人的宗室身份。不久，允禩、允禟的后代又成了皇族，搬回了王府，过上了贵族生活。当日雍正的另一个直接竞争对手，前十四阿哥允禵，乾隆不光给他放了出来，还赏了他一个公爵，给了他一处很大的府第和一大笔银子，让他安度晚年。

这一重大举动，一下子扫除了皇室王公之中对雍正乾隆这一枝的怨恨之情，举朝上下，对新皇帝的胆魄无不惊讶佩服。

这还没完，不久之后，乾隆又进行了第三项大的政策调整，这就是废除了雍正的“奏开垦”政策。什么叫“奏开垦”呢？原来雍正鼓励各省百姓开荒种地，增加粮食产量。他规定，以各地开荒亩数作为衡量地方官政绩的指标，就是说，哪个省开垦的荒地多，就升哪个省的官。结果可想而知，为了拼政绩，各地官员纷纷虚报开荒数字，本来只开了一千亩，他们报上去一万亩。结果他们升官发财拍拍屁股走人了，但留下的祸乱，却要老百姓负担。为什么呢？新开出了土地，就要纳税。本来有一千亩，却要纳一万亩的税，老百姓能受得了吗？乾隆当皇子的时候，就听到人们对此议论纷纷，所以他即位后马上下诏，“凡造报开垦亩数，务必详加查核……不得丝毫假饰”。就是说，对以前捏报的数字，你给我一一核实，把水分挤掉，减轻老百姓的负担。

我们知道，过去传统政治强调以孝治天下，很少有人刚一登基，就这么迫不及待地和父亲对着干。那么乾隆为什么要这么做呢？

我想，有以下三个原因。

第一个原因，是乾隆内心深处，对父亲有一种强烈的逆反心理，他不喜欢自己的父亲。

乾隆崇拜的是自己的祖父。祖父康熙，在中国历史上，是最有“人情味”的皇帝。康熙不光是有政治手段，而且为人比较宽厚大度。因此当初小弘历从见到爷爷的第一面起，就感觉打里往外地亲。而父亲雍正呢，我们知道这个人个性与康熙几乎截然相反：心胸狭窄、个性强悍、为人刻薄。乾隆在他面前，就像贾宝玉在贾政面前一样，只能感觉到害怕，感觉不到亲切。

另外，我们前面讲过，乾隆能当上皇帝，与祖父直接相关，所以乾隆对他的祖父康熙皇帝的感情，也特别深厚。他十分崇拜这位伟大的祖父，认为康熙皇帝不论是为人还是行政，都是自己的榜样。因此当了皇帝之后，乾隆处处刻意效法康熙：康熙为政不是崇尚宽大吗？乾隆一登基，也宣布要宽大为政。康熙一生是六次南巡，乾隆也六次南巡。康熙晚年举行“千叟（sǒu）宴”，乾隆也举行“千叟宴”。康熙办过博学鸿词科，乾隆也举办博学鸿词科。……康熙年号是六十一年，乾隆则在六十年后，禅位了，不干了，说我的年号不敢超过祖父。所以我们可以说，乾隆对祖父的崇拜，达到了亦步亦趋的程度。更为引人注目的是，乾隆为自己身后选择的陵址，不在父亲雍正的西陵，而是康熙所在的东陵。他死后要与自己的祖父长眠在一起，可见祖孙二人感情是多么深厚。

乾隆六十大寿群叟宴

而对父亲雍正，乾隆却没有太多的感情。尽管葬礼的时候，乾隆对“孝子”这个角色的扮演尽心尽力，但内心深处对父亲一直不是很佩服。

乾隆即位前写过四十卷作文，这些作文中有一篇文章很有意思，叫《宽则得众论》。这是一篇议论文，论述怎么样才能当一位好皇帝。乾隆说，伟大的皇帝第一条标准，应该是宽容大度，“包荒纳垢，宥人细故，成己大德”（《乐善堂全集》），容忍臣子们的小小缺点，这样才能赢得人心。否则，你一天到晚急吼吼的，总挑别人毛病，看谁也不顺眼，大臣们也不佩服你。

这话说的是什么意思呢？这是在隐晦地批评雍正皇帝。父亲雍正对兄弟们那样残酷，对官员们那样苛刻，大家都有微词。弘历对朝政不敢直接发表评论，但是心中并非没有自己的想法。这种想法隐晦地表现出来，就是这篇《宽则得众论》。他一接班就反雍正之道而行之，说明他对雍正，多年来内心已经积累了很多不满。这是第一个原因。

第二个原因，是乾隆非常想成为中国历史上最成功、最伟大的皇帝。

我们说过，乾隆读书的时候系统地研究过中国历史上所有著名的帝王。乾隆在作文中还曾经给他们搞了一份排行榜。乾隆心高气盛，“睥睨千古，无足当意者”，认为大部分皇帝都不怎么样。在他眼中，几百个皇帝里最成功的是三个：汉文帝、唐太宗和宋仁宗。然而汉文帝虽贤明，却不善于挑选人才；宋仁宗虽然仁慈，能力却有所不足；令他真正佩服的，只有唐太宗一个人。他说，唐太宗是“三代以下特出之贤君”，也就是秦始皇建立皇帝制度之后最伟大的皇帝。他说唐太宗这个人虚心待物，“损己益人，爱民从谏，躬行仁义……君臣相得……用致贞观之盛。令德善政，不可殚述。”（《乐善堂全集》）就是说，唐太宗这个人，谦虚、克己、仁义，能够听取不同意见，善于团结大臣，所以才创造了贞观盛世。因此在登上帝位前，乾隆就把唐太宗树为自己的楷模。唐太宗施政的特点是什么呢？宽厚、开明。所以乾隆也要做一个宽厚开明的皇帝。

第三个原因，也是最现实、最主要的原因，是要笼络人心。新君上任，最主要的任务是什么啊？是争取大家对自己的支持。那么要有效赢得人心，最直接的手段无疑是搞一些措施，让大家都尝到甜头，得到眼前利益。

所以，乾隆实际上是有计划地针对每一个社会阶层，都给了一些好处。

第一个，是针对皇族。就像我们前面所说的，乾隆把那些被押的皇族都放了出来，让那些受到打击的皇族获得新生。这个举动很容易地赢得了皇族的一致支持。

第二个，要赢得老百姓的支持。民为邦本，所以赢得他们的好感非常重要。除了上面我们讲的“罢开垦”外，乾隆还采取了更有力的一项普惠措施，那就是减免税赋。《清高宗实录》记载，即位之后，乾隆一查账本，发现国库存银不少，就下了一道命令，天下老百姓在雍正十二年以前所欠的所有赋税，都一概免单了，一风吹，不用交了。这是一项货真价实的惠民措施。交不起赋税的都是什么人？都是穷苦的人，所以这一下子就减轻了底层贫困百姓的生活负担。所以，罢开垦和免欠税，就很轻易地赢得了广大老百姓的热烈拥护。

争取完皇族和老百姓，还有一个非常重要的阶层需要争取，那就是官僚阶层。当皇帝当然离不开官员，所以乾隆又用宽仁政策，来争取官僚集团对自己的效忠。

雍正时期的君臣关系，是什么关系？猫鼠关系。雍正见到大臣，总是板着个脸，好像大家都欠他几百吊钱。大臣们一见到雍正皇帝就害怕。而新皇帝乾隆，看上去却是温文尔雅，总是笑眯眯的，对人非常有礼貌。他十分尊重父皇时期的老臣，见到他们总是叫他们“先生”，或者叫“爱卿”，从来不直呼其名。凡有自己拿不准的事，总是向老臣虚心请教。他效仿祖父，宽大待人，愿意帮官员解决困难。雍正时期，反贪扩大化，把许多只贪污了几瓶墨水几张信纸的官员也抓起来，很多官员被他罚得倾家荡产，比如《红楼梦》作者曹雪芹的父亲曹頫（fǔ），就是因为任上有亏空，被抄家入狱。乾隆从“宽则得众”的原则出发，下令甄别历年的亏空案，“其情罪有一线可宽者，悉予豁免，即已经入官之房产，未曾变价者，亦令该管衙门查奏给还”。凡情有可原的，都宽大处理，放出去。罚款交不上的，也一律不要了，房子被没收的，还把房子发回去。曹頫就是雍正十三年年底乾隆上任后，给放出来的，还没赔完的三百零二两银子，也不要了，乾隆还拨了一个院子给他一家子住。乾隆即位头几年，从轻处理的官员有两千一百多名。（《清高宗实录》）

乾隆的这些措施，一下子就赢得了官僚阶层的欢心。雍正统治时期，官员们上班时成天提心吊胆。这下，紧张了十三年的心终于放下来了。

如果说雍正统治时期如同一个严酷的冬天，乾隆即位，大家都感觉春风拂面，春天来了。《啸亭杂录》说乾隆“凡事皆以宽大为政……万民欢悦，颂声如雷”。就是说，乾隆一举一动，都以宽大为原则，因此天下万民都很欢迎他，对他颂声不绝，江南还出现了一首歌谣，叫“乾隆宝，增寿考；乾隆钱，万万年”，这是什么意思啊，就是希望乾隆永远统治下去。

乾隆的天下，就这样初步坐稳了。所以我们说，赢得人心，是乾隆实行新政的主要原因。

肯定有人说，乾隆这样一上任，就全面否定自己的父亲，太不孝了，不厚道。确实，如果我们仅从父子关系的角度来讲，这些措施确实让雍正的在天之灵很难堪。但是如果我们从整个国家和历史的角度来看，乾隆的这些做法是非常有道理的。甚至我们可以从这里引申出一个政治规律，就是大清王朝之所以能够出现康雍乾盛世，一个重要的原因，就是清代中前期统治者敢于大幅度地否定前人，调整前代的统治政策。

为什么这么说呢？因为任何一个皇帝，不管他多么英明伟大，统治时间久了，肯定都会积累很多弊端。中国有句俗话，叫自己的刀难削自己的把，一个人很难彻底发现和解决自己造成的问题，所以就需要别人来纠正。

我们先来看康熙皇帝。我们说过康熙为人宽大，但是凡事都有两面，任何优点再前进一步，就成了缺点，康熙晚年，宽大成了宽纵。再加上老皇帝因为太子的事耗尽了心血，所以没心思严格要求官员，因此官僚队伍就开始大面积地贪污腐败，朝廷政治纪律废弛，社会乱象层出不穷，大清王朝迅速进入下行曲线。

在这种情况下，如果下一代皇帝是一个性格软弱、没什么主意的人，那么大清必然就要进入乱世，这在历史上已经有过无数的先例。幸运的是，康熙选择了雍正这么一个眼里揉不得沙子的性格刚强的人。雍正大刀阔斧地进行改革，厉行惩办贪污腐败，解决了大清王朝政治深层的一些弊端，让盛世得以持续。

然而，就像我们刚才所说的，优点前进一步，就是缺点。雍正的缺点，就是他为政过于严猛。凡事过犹不及，雍正惩贪过于严厉，动不动就抄家罚银，使无数官员倾家荡产。他又过于追求政绩，有些措施比如奏开垦，就给百姓增加了很多负担。可以说，社会各阶层，对雍正政策的承受能力，已经到了极限。

所以雍正死后，乾隆明智地选择了宽仁政策。乾隆认为，父亲已经严了十三年了，把大清社会的各种弊端清除得差不多了，已经没有进一步实行高压统治的必要。这个时候采取宽仁之治，既不必担心政治失控，又可享受百姓的感恩戴德，何乐而不为?

事实上在乾隆之后，也曾经一度出现康熙晚年同样的情况，就是说乾隆晚年又一次陷入宽纵，导致腐败横行。乾隆的接班人嘉庆在老皇帝死后仅仅三天，就把他的宠臣和珅抓了起来，一度使大清朝政出现了一点儿起色。不过历史从来不会简单地重复。嘉庆的失败就在于他抓了和珅之后，没有勇气继续纠正乾隆的其他错误，对乾隆反叛得不够彻底，大部分政策还是延续老办法，结果大清走上了中衰之路。这个我们以后还会讲到。

因此，一个国家的发展，不可能是一帆风顺，不可能笔直地走在正路上。向左偏一下，向右偏一下，这是正常现象。问题是，偏得太厉害了，就得有机会把它纠正过来。清朝中期的政治能够平稳发展，就得益于这种不断的纠偏。这就需要统治者有勇气、有魄力。其实西方的选举政治，也是这么个理，通过政党轮替来对错误政策进行纠正。

那么，除了翻父亲的案，乾隆还有什么新的统治策略吗?

第五讲

大权独揽

乾隆即位后，行宽大之政，有的人甚至都觉得乾隆仁慈得有点过分了。比如当时在北京的一位朝鲜使臣就说："新主政令无大疵，或以柔弱为病。"（《朝鲜李朝实录》）就是说，新皇帝没什么大毛病，就是有一个缺点：太柔弱了，太好说话了。你当一把手，得有点霸气，这个皇帝，没什么霸气。其实，朝鲜使臣看走眼了。乾隆不是没有霸气。乾隆的霸气，正是隐藏在他柔弱的外表之下。他表面上和大家都客客气气，对谁都笑眯眯的，实际上，一上任，他就悄悄地拧紧了大清统治机器上的每一颗螺丝钉。

首先是严防太后干政。我们前面讲过，康熙曾经给乾隆的生母钮祜禄氏相过一次面，当面说她是"有福之人"。康熙简直是一个预言家，这四个字——"有福之人"，很快就应验了。在康熙说完这句话之后第二年，钮祜禄氏就一下子从一个通房大丫头成了皇妃。因为第二年雍正当了皇帝，她被封为熹妃。几年之后，又成了熹贵妃，在后宫中，地位仅次于皇后，一人之下，万人之上，再也不用到后厨忙乎去了。乾隆即位之后，她又成了皇帝的亲妈，当朝太后，乾隆给她上了个尊号"崇庆皇太后"。你看，短短十几年间，钮祜禄氏就从一个通房大丫头变成天底下最尊贵、最有地位的女人，确实是有福之人。

过去中国讲究的是“以孝治天下”，乾隆就是天下第一大孝子。乾隆和他的母亲，感情非常好。当了皇帝之后，虽然日理万机，但是乾隆只要一有空，就跑到母亲跟前去请安，陪母亲说说话、吃吃饭、散散步。每次出巡，到哪儿旅游，都带着老太太。

人们都说乾隆爱花钱，其实刚登基的时候，乾隆比较注意节俭，不怎么往自己身上花钱。但是他可舍得给老太后花钱了。乾隆六年，太后过五十大寿，坐着轿子从圆明园返回紫禁城。乾隆专门组织了几千名六十岁以上的老人，跪在路边迎接，手里举着鲜花，喊“太后万岁，太后万年”，讨老太后的欢心。那么你不能让人家白跪，得给这些人赏钱。根据《清高宗实录》记载，一天下来，光赏赐这些老人，就花了十万八千七百两白银，还有七万匹绸缎。清代中期，白银购买力很高，一两白银，大约相当于今天三百元人民币。这些钱和绸缎，相当于五千三百多万元人民币，半个亿。组织个欢迎队伍，就花了半个亿，你说整个生日得花多少钱？光花钱还不能表达自己的孝心，每次老太后过生日，乾隆都要亲自画上几幅画、写上几幅字，作为寿礼送给母亲。“哎，这是我亲手写的，更有意义。”这还不够，《清高宗实录》还说：“凡遇万寿大典，必躬自起舞，以申爱敬。”就是说，每年生日宴会上，跟老太太吃饭，乾隆都要跑到老太太桌前，给太后跳上一段舞，表示庆祝。跳的什么舞，骑马舞还是牧羊舞？史书上没有记载。不过给老太后跳舞的皇帝历史上肯定不多见。所以史书上称乾隆是“纯孝”，就是没法儿比他再孝顺了。这天下第一大孝子，乾隆做得很到位。但他对待老太后，可不光有孝顺的一面。他还有另一面，就是严加防备的一面。雍正十三年八月二十六日，也就是即位后的第四天，乾隆就发布了一道谕旨，什么内容呢？告诫宫中的太监和宫女：

> 凡国家政事，关系重大，不许闻风妄行传说，恐皇太后闻之心烦。……设或妄传至皇太后前，向朕说知其事，如合皇考之

心，朕自然遵行；若少有违……重劳皇太后圣心，于事无益。嗣后……背法之人……定行正法。（《清高宗实录》）

这段话是什么意思呢？就是说，虽然我对皇太后这么孝顺，皇宫里面的事，都让皇太后当家，但是皇宫外面的事，紫禁城这道宫墙外头的事情，谁也不许向老太后说。要不然，皇太后要是对我有所指示，说某某省有某件事你应该这么做，你说我是听是不听？要是太后说的合理，我当然得听。要是说得不妥，我就没法儿办，结果我尴尬，太后也不高兴。所以你们太监宫女，谁敢向太后讲宫外面的事情，我知道了，一定要严肃处理，绝不放过。

这话说明白点，就是要对老太后搞信息封锁，让太后与政治绝缘。这就说明，乾隆在对太后极尽孝心的同时，也在高度防备太后有干预朝政的任何可能。所以作为政治家的乾隆，绝不是一个单纯的孝子。

那么乾隆为什么要这么做呢？他要防范中国历史上一种常见的政治弊端，叫后妃干政。中国历史上，出现过无数次的后妃干政，其中仅高峰就有过二次。第一次是汉朝。西汉，刘邦的皇后吕后开了后妃干政的先河，到了东汉，就出现了六位太后先后干政，结果搞得朝政一塌糊涂。第二次高峰是唐朝。这个大家可能更了解一些。唐代的武则天、韦皇后、安乐公主、上官婉儿，都是著名的政治女性。当然除了武则天，其他人大多数下场不太好。《唐史》上记载了三十六个后妃，有十五个是非正常死亡，因为干政，被杀了。宋代是妇女干政的另一个小高峰，《宋史·后妃传》共记载了后妃五十五人，其中有十一个人被废、被杀，绝大多数也是因为干政。所以总的来说，除了武则天之外，历代后妃干政，成功的不多。现在因为大家都对武则天比较熟悉，就觉得女人当皇帝是不是都能跟武则天一样呢？其实不是。为什么呢？因为在过去，妇女受教育水平很低，很多人是文盲，又缺乏政治经验，连县长和省长谁大都不知道，你说能管好国家吗？所以她们掌了权之后，经常是一通胡搞，关键位置，都用自己的娘家人，不管这些人有没有才能，这样很容易把朝政搞得乱七八糟。因此明末清初著名思想家王夫之得出一个结论，说“母后临朝，未有不乱者”。（《读通鉴论》）这话说得有点绝对，但是大部分情况是这样。

我们说过，乾隆皇帝即位前，熟读史书，系统地总结过传统政治的规律。乾隆很清楚，皇太后也许本身并没有干政之心，但是很多人都琢磨着要借皇太后的门路办事，所以一旦开了先例，就不好办了。所以他才要防微杜渐，发布了那样一道谕旨，让皇太后和政治绝缘。

事实证明乾隆很有先见之明。虽然他已经采取了预防措施，但还是和皇太后发生了一次不愉快。有一次，乾隆到皇太后面前请安，母子两个人闲聊天，皇太后就说，我听说顺天府东面，有一座庙，很灵验，老百姓到那求儿求女，有求必应。不过现在年久失修，快塌了，你能不能拨点钱修修啊？乾隆一听，当时满面笑容，答应下来：“好好好，我马上修马上修。”但是一出太后的宫门，乾隆马上说，你把太后的总管太监叫出来，太监来了，乾隆叫他们跪在地上，指着鼻子，痛骂了一顿，问他们，谁叫你们多嘴多舌？谁叫你们传闲话？如果不是你们传闲话，皇太后怎么知道顺天府那儿有个庙？以后再传闲话，看我不杀了你们的头！事后，乾隆还为这件事专门写了一道圣旨，记进档案里。圣旨说:“几曾见宁寿宫太后当日令圣祖修盖多少庙宇？朕礼隆养尊，宫闱以内事务，一切仰承懿旨，岂有以顺从盖庙修寺为尽孝之理？”就是说你们什么时候见到康熙朝的太后让康熙皇帝修庙来着？我孝顺皇太后，宫中的事，一概让太后做主，这还不够吗？宫外的事，皇太后绝不能干预。乾隆还说：“嗣后如遇此等事务……朕断不轻恕。”（《清高宗实录》）。就是说以后你们要是再发生这样的事，我可就不饶你们了。

按理说，拨几两银子修一下旧庙，花不了几个钱。乾隆为什么还要如此小题大做呢？这道圣旨，表面上是颁给太监的，实际上是颁给老太后的。意思是，妈啊，你可长点记性吧，以后这样的事，你别管啦。我们说，乾隆这个人情商很高，他的情商主要就是遗传自母亲。老太后是个聪明人，一点就透，看到这件谕旨，就长了记性，以后再也不敢让乾隆修这个做那个了。所以终乾隆朝一世，没有发生过后妃干政的事。

那么，我们不是说乾隆性格宽厚吗？为什么乾隆连自己的亲生母亲也这样防范呢？难道是他内心深处有着极强的权力欲和控制欲吗？并非如此。讲到这里，我们要介绍，除了“宽严相济”的“中道政治”之外，乾隆登上皇位之后的第二个执政原则，就是“大权独揽”。

中国传统政治，与西方希腊罗马政治传统不同，有它自身的规律性。它的第一个特点是高度集权，定于一尊，只能有一个最高权威。打个比方，我们经常看《动物世界》，大猩猩群里头，老首领不行了，就会发生一场争斗，要打出一个新首领来。出来一个有绝对权威的，劲比别人都大的首领，这个群体就能太平，在他的领导下众猩猩好好找食，没事相互抓抓虱子，很和谐，很稳定。但是要是有几个猩猩一直在那儿不分高下，出不来一个绝对的首领，这个群体就成天乱作一团。同理，在中国传统政治中，只能有一个权力中心，而不能出现多个中心。如果出现多个中心，下头就不知道听谁的，各种势力就要杀成一团。所以乾隆不能让太后成为另一个权力中心。

中国传统政治的另一个特点，是讲究等级制。不同社会等级的人，要安于自己的地位，不能以下犯上。打个简单的比方，动物世界中的狼群就是一个等级社会，吃肉的时候，哪头狼先吃，哪头狼后吃，都有明确的顺序。集权政治也是这样，它必须建立在严格的君君臣臣父父子子的等级秩序之上，如果秩序乱了，那么政治就会发生动荡。

所以皇帝就是狼群中的头狼，它必须强壮有力，控制住其他的狼。遇到一块肥肉，它必须首先叼在嘴里，紧紧咬住，自己先吃，不许别人乱抢，这样狼群才能安安静静按地位高低依次进食。

所以传统政治的第一条要求是统治者必须“大权独揽”。用文言文讲，叫“乾纲独断”，就是把最高权力掌握在自己手里，绝不跟别人分享。所以乾隆皇帝说：“盖权者，上之所操，不可太阿倒持。”权力这个东西，必须掌握在上级手里，不能被下级夺去。他又说：“乾纲独断，乃本朝家法。”就是说，所有大事，都必须由皇帝亲自决断，这是我大清政治的优良传统。（《清高宗实录》）

但是，要做到大权独揽，哪有那么容易。权力，是天下最让人垂涎的东西，一旦尝到了权力的滋味，每个人都不愿意放手。所以才有一句话：“皇帝轮流做，明年到我家。”在传统社会，每个人都想做皇帝。乾隆苦读历史，他总结出，历代对皇权构成威胁的，通常是那么几类人：

第一类是我们刚说过的后妃外戚，皇帝的亲妈干妈大姑二姨，她们很容易干政。

第二类就是皇族，皇帝的兄弟和子侄们。他们身上流的，也都是开国皇帝的血，凭什么你当皇帝不让我当啊？因此很多皇族都不太安分，对皇位跃跃欲试。

第三类是太监。你别看太监地位低下，他们和皇帝的关系特别亲密，所以也很容易染指最高权力。几乎历代都有太监之祸。

第四类是权臣。如果皇帝很软弱而大臣却很能干，大权就很容易落入大臣手中，这就是权臣干政。明代的张居正和清代的鳌拜，就是有名的权臣。

第五类是朋党。官员们各立山头，彼此争斗，谁也不听皇帝的，也很让皇帝头疼。比如明朝的东林党和阉党，就制造了著名的朋党之争。

所以乾隆即位后，就有计划、有步骤地，一个个解决以上这些势力，保证他们不对皇权构成威胁。

我们刚才讲了他的第一步，防止后妃干政。接下来再看看他的第二步，如何防止皇族，具体地说，是兄弟们干政的。

我们以前讲过，乾隆兄弟一共十人，其中六个夭折了，活到成年的只有四个人：弘时、乾隆、弘昼、弘瞻。弘时因为与雍正发生过激烈冲突，早就被雍正削籍处死。所以乾隆登基之时，兄弟中只剩下弘昼和弘瞻两个弟弟。

我们讲到过，乾隆与弘昼同岁，两个人从小一起长大。那时候家中没别的小孩，就他们俩，吃饭睡觉做游戏都在一起，成天一起捉迷藏抓蚂蚁，好得和一个人似的。所以乾隆在诗文中多次说，他们兄弟感情好："（弘昼）与吾自孩提以至于今，且孺且耽，怡怡如也。""吾二人者……相得无间，如是者垂二十年。"（《乐善堂全集定本》）就是说我们兄弟俩从小长到大，相亲相爱，一直都很开心，近二十年间，没闹过任何矛盾。

乾隆这个人是个完美主义者，什么都想十全十美。他既想在皇太后面前做一个"孝子"，也想在弟弟面前做一个仁爱的"皇帝哥哥"，这样，就能以一个高大完美的形象，被载入史书。但是，要做到这一点，实在太难了。因为你一旦当上皇帝了，你和兄弟的感情马上就变质。怎么变质了呢？君臣之分就会压倒兄弟之情，提防之意就会盖过亲爱之心。

乾隆对兄弟，有一个原则，就是生活上待遇从优，政治上控制从严。平时，对两个弟弟在花钱上，非常大方，他"将宪皇所遗雍邸旧赀全赐之"，把父亲雍正以前雍亲王府里的金银财宝都给了弟弟们，自己一分不要。当然，他富有四海，也用不着。平时没事，经常问弟弟们，你们看上什么了？看上哪个豪宅了，我赐给你。虽然当了皇帝，但是见到兄弟，仍然很亲热，很和蔼，从来不摆皇帝的架子。清代著名的笔记《啸亭杂录》说："上即位后，优待和、果二王（即弘昼、弘瞻），每陪膳赐宴，赋诗饮酒，殆无虚日。"就是说，经常和兄弟们一起吃饭、一起写诗、一起玩，很开心。

但是有一点，政治权力，乾隆却丝毫不让兄弟们染指，不让他们管什么事。给你们钱，随便花，想掌权，没门。

这是因为乾隆吸取了清代前期历史的教训。皇族干政这个弊端，清代比别的朝代厉害。因为清朝建立的过程，靠的就是家族的力量。打仗亲兄弟，上阵父子兵，从努尔哈赤到皇太极，打天下的时候，兄弟子侄都出了大力。杨家将说七狼八虎，努尔哈赤的儿子们，也个个如狼似虎，领兵打仗，为大清江山，立下了汗马功劳，所以也就形成了清代初期亲贵手握重权的政治传统。清代立国以来，皇族内部几乎每一代都有严重斗争。在关外努尔哈赤和舒尔哈齐、褚英兄弟父子之间发生过火并，皇太极与三大贝勒发生过激烈的冲突。进关后，顺治与多尔衮之间，雍正兄弟之间，发生过激烈斗争。所以刚刚登上皇位的乾隆，就做出一个长远的决定，他要彻底改变清王朝的贵族政治传统，把任何皇族人物都排斥在权力核心之外。你只要是皇族，是王爷，别管你多能干，都别想掌握大权。

但是，这个事，好决定，不好执行。为什么？因为原来皇族都掌权，到你乾隆这里就不掌了，哪有那么容易啊。何况，天潢贵胄，因为从小娇生惯养，往往都脾气不好，不那么听话。比如弟弟弘昼，从小就性子很暴，盛气凌人。有一次，他和军机大臣讷亲在一块儿商量个什么事情，因为讷亲不同意他的意见，他竟然当众把讷亲按在地上，抡起拳头揍了一顿。所以你让他在乾隆当了皇帝后就安安分分、老老实实的，不太容易。

乾隆当了皇帝之后，弘昼特别不适应。原来他和乾隆，没大没小，经常一起开玩笑，没事你捅咕我一下，我捅咕你一下，弘昼不高兴了还和哥哥耍一下小性子。现在不行了，哥哥一下子成了遥不可攀的“上位”，他呢，见了哥哥必须毕恭毕敬，行臣子之礼，一时半会儿还习惯不了，所以他经常忘了自己的身份。《清史稿·弘昼列传》说：

尝监试八旗子弟于正大光明殿，日晡，弘昼请上退食，上未许。弘昼遽曰：“上疑吾买嘱士子耶？”明日，弘昼入谢，上曰："使昨答一语，汝齑粉矣！"

《清史稿》是民国期间修的《清史》的未定稿，因为后来定稿一直没出来，所以《清史稿》实际上就是最权威的官修正史了。所以这个故事是可信的。就是说，有一次，朝廷举行八旗子弟考试，乾隆让弘昼和他一同监考。考着考着，吃饭时间到了，弘昼对哥哥说，你去吃饭吧，这里有我就行了。乾隆害怕八旗子弟们胆子大，有人打小抄，所以坐那儿没动。弘昼见他的话不好使，不高兴了，对乾隆发脾气说："到饭点了，你赶紧吃饭去。怎么的，你难道连我也不相信吗？怕我被他们买通了吗？快走！"

兄弟之间说这样的话，那当然十分正常。但是在传统时代，臣子对皇帝这样说话，就已经可以砍头了。这叫"大不敬"。好在乾隆涵养极好，听了这话，一言不发，抬起屁股，乖乖回宫去了。

皇帝这一走，别人赶紧上前提醒说，王爷，您怎么能这么和皇上说话呢，这可叫大不敬啊。弘昼才明白过味来，哎呀，可不是吗？第二天，他见到乾隆，赶紧请罪。乾隆板着脸对他说："昨天，如果我答复一句，咱俩要是顶撞起来，你这脑袋已经不在脖子上搁着了。今后你要谨慎，不要再说这种话了，知道不？"弘昼听哥哥这么一说，这才知道昨天哥哥已经动了杀心了！吓得冷汗直流。

所以，为了防止兄弟们不老实，乾隆没事就对他们敲打敲打，让他们时时刻刻记清君臣名分，防止他们起非分之心。有一次，弘昼和另一位弟弟弘瞻一起来到宫中，给皇太后请安。母子几个人在那儿闲聊天，场合很放松，弘昼和弘瞻就往太后身边蹭了蹭，膝盖跪在了太后座位边上的一张藤席的沿上。这本来不是个什么事，乾隆却抓住这个事，大发雷霆，小题大做，说两个兄弟不守规矩，犯了大错。原来这张藤席，是乾隆平日给太后请安时跪的地方。乾隆说这张席子本来是我跪的，是天子之席，你们怎么敢跪？你们也想当皇帝吗？所以说他们"仪节僭（jiàn）妄"，说他们

"于皇太后前跪坐无状"。因为这一点点小事，弘昼被罚俸三年，三年的工资，不发了。（《清高宗实录》）

所以弘昼活得非常郁闷。虽然身为御弟，表面上非常荣光，但实际上，却低人一等。为什么这么说呢？别人，只要有才能，都能当官，都能掌权，把才华发挥出来。只有他，虽然精力充沛，也不乏才干，却一生不可能干什么正事，活着的任务就是"混吃等死"。你说悲惨不悲惨？经过乾隆几次教训，弘昼越来越灰心，把自己关在王府里头当宅男，终日无所事事，醉生梦死。宅男当久了，就渐渐发展得有点心理变态了。怎么变态了呢？《清史稿·弘昼列传》说："好言丧礼……尝手订丧仪，坐庭际，使家人祭奠哀泣，岸然饮啖以为乐。"就是说他在府里，把家人召集到一起，常玩一种游戏，什么游戏？演习自己的葬礼。他闲着没事，叫人在院子里摆上一张高桌，自己装成死人，坐在贡桌上，让别人在自己面前摆上各种贡品，猪头水果之类，然后让他们跪在自己面前哭。他坐在那儿，一边吃着供品，一边观赏大伙的哭相，给大家评出一二三等奖，看谁哭得好、哭得悲痛、哭得好听，一等奖赏十两银子，二等五两银子。成天就这么玩，一直玩到六十岁老死了，算是落了个善终。

乾隆的另一个弟弟弘瞻可就没这么幸运了。弘瞻是雍正死前两年才出生的，比乾隆小很多，小了整整二十三岁。乾隆对这个和自己儿子一样大的弟弟从小也很关照，给了他不少钱。但是弘瞻长大后，也是富贵公子的脾气，不太懂事。有一年，圆明园失火了，各个王爷一听到消息，都赶紧跑来救火。弘瞻住的地方离圆明园最近，到得却是最晚。到了之后，别人忙着救火，他却在那儿和皇子们嘻嘻哈哈，抱着膀子看热闹，完全不把救火当回事。乾隆看见了，虽然当时没有发火，心里却很不痛快。过了不久呢，就发生了那次给太后请安跪错了席子的事。乾隆不是罚了弘昼三年俸禄吗？对弘瞻处理更重。他被乾隆诸罪并罚，革去亲王爵位，降为贝勒，解去一切差事，永远停俸，再也不给你开工资了。

这个处罚是很重的，就差驱逐出皇族变成平民了。所以这个处理，让弘瞻精神上很受刺激。弘瞻从小娇生惯养，身体底子本来就薄，受到这么大的刺激，就生了重病。请了很多大夫也治不好，眼看着就奄奄一息了。乾隆没想到这一处理，后果这么重，也有点后悔，就亲自坐着轿，跑到弘瞻府里去看望。《清史稿》说："病笃，上往抚视。弘瞻于卧榻间叩首引咎，上执其手，痛曰：'以汝年少，故稍加拂拭，何愧恧（nǜ）若此？'"弘瞻一看皇帝哥哥来了，想到上次就是头没磕好，惹了那么大的祸，这次虽然已经病得不行了，但是一看到皇帝，还是条件反射式地就要给皇帝磕头。因为身体太虚弱，挣扎了半天，也没能坐起来，只好窝在被子里，把脑袋使劲往枕头上叩，嘴里还呜拉呜拉地说话，也说不清楚，意思是说我再也不敢了再也不敢了。乾隆一看，也很难过，也不禁哇哇哭了，拉着弘瞻的手，说，我因为你年纪小，不懂事，所以想给你点教训，没打算真把你怎么样，没想到你却成了这个样子！唉，哥哥对不住你啊！乾隆就在床前宣布，马上封弘瞻为郡王，工资都给你补发，别记恨哥哥啊，别难过啊！但是这番话，已经晚了，乾隆回宫之后第三天，传来消息，弘瞻死了，年仅三十二岁。（《清高宗实录》）

所以在皇帝家里，天家骨肉相处，很难。乾隆对弟弟就算是好的了，还处理成这个样子。在别的朝代，皇帝杀兄弟的事，经常发生。这是因为什么啊？因为亲情里夹杂了权力因素，就变质了。

对自己的兄弟都这么严厉，那对自己的叔叔大爷侄子们，乾隆当然就更不客气了。乾隆立下了规矩，从他这一朝起，王爷宗室不进军机处。我们知道，军机处从雍正年间起，成了清朝最有权力的机构。乾隆却规定，不管你多么有才华，只要你是王爷贝勒，就别想进军机处。从此形成了亲王宗室不入军机处的制度，这个制度历经乾嘉道咸四朝一百二十多年，直到慈禧时期，这个规矩才被打破，恭亲王奕䜣进了军机处。

为了彻底贯彻禁止亲贵干政的原则，乾隆不单单是牺牲过亲情，还牺牲过友情。

乾隆在青年时代，有一个最好的朋友，也是他最好的同学。谁呢？就是《红楼梦》的作者曹雪芹的亲表哥，叫福彭。他是清初八大铁帽子王之一——努尔哈赤的孙子岳托的后代，世袭平郡王。熟悉红学的朋友都知道，他就是《红楼梦》中北静王水溶的原型，不是有一回，叫“贾宝玉路谒北静王”吗？

《红楼梦》中水溶温文尔雅，很有风度，生活中的福彭也是这样。福彭从小非常聪明，康熙很喜欢他，就把他带到宫中读书。我们以前讲过，带进皇宫读书，这对于康熙的亲孙子来说，都是非常难得的恩遇，何况像福彭这样远支的皇族。除了康熙，雍正也很喜欢福彭。我们知道清代皇子读书有伴读之制，因此乾隆上学之时，雍正又亲自挑选福彭做了乾隆的同学。乾隆和他做了六年同学，关系特别好、特别铁，乾隆非常欣赏他的才华，把他称为“知音”。所以我们说，康熙、雍正、乾隆，这三代皇帝，对这个福彭都是青眼有加，可见这个福彭，确实有点天才。这个人不仅读书好，政治才能也非常突出，所以在雍正十一年年仅二十五岁时，雍正就让他进了军机处，成为清朝最年轻的一位军机大臣。后来清军与准噶尔作战大败，急需一位大将去收拾残局。满朝文武雍正都没看上，单单看上了二十五岁的福彭，命他为定边大将军，驰往边关。可见此人是一个难得的文武全才。

福彭到边关去打仗，乾隆特别想念他，在分手一年后，还曾写了这样一首诗：

> 夜凉霜簟好安眠，芭蕉响滴残梦醒。
> 醒后悠悠动远思，思在龙堆连霜岭。
> 如心居士(按：福彭之别号)在军营，年来王事劳驰骋。
> 即此清凉夜雨秋，行帐残灯悬耿耿。
> …………

听到外面下起了雨，雨打在芭蕉上，惊醒了我，半夜里我又想起了你。在边关那么冷的地方，一定很辛苦啊，我能想象你的行营帐篷里，也悬着一盏孤灯。你是不是也对着孤灯在怀念我呢？

从这些赠诗中，可见弘历与福彭同学六载，感情是多么深厚。这种友谊，是乾隆做皇子，还没有权力时建立的，是一种非常纯粹的友谊。

福彭这么有才华，和乾隆又这么好，那么乾隆继位之后，肯定会非常倚重这位老同学吧？所有的人都这样想，福彭也摩拳擦掌，打算大干一场。

一开始乾隆也有过这样的打算，准备让福彭做首席军机大臣。但是我们说过，乾隆即位不久，就做出了结束宗室干政习惯的决定。这就要把所有的亲王、郡王排斥于权力中枢之外，福彭身为郡王，虽然他是远支皇族，但命运也因此发生了意外的转折。终乾隆一世，没安排福彭当什么大官，只是让他管管正黄旗、正白旗事务，当时八旗已经没什么具体事了，所以这只是虚职，相当于给他安排到妇联之类的群众团体，做个名誉主席，主要是养老。

在传统社会，凡是有点才干的男人，都想参与政治，都想当官，因为这是最能体现男人才华的地方，学而优则仕嘛。可惜乾隆政治原则已定，福彭只好成了他最好的朋友政治改革的牺牲品，断送了一生前程。乾隆十三年（1748年）十一月，福彭因为一身才干得不到施展，在郁郁寡欢中一病而死，年仅四十岁。乾隆闻讯很难过，特意下旨称："朕心深为轸（zhěn）悼。特遣大阿哥携茶酒往奠，并辍朝二日。"（《清高宗实录》）就是说，派皇长子亲自去祭奠，他自己呢，辍朝二日，两天不上朝，关起门来，缅怀一下这个老同学。这是特殊的礼遇，说明乾隆对这位老同学心中存有一丝难言的歉疚。

后妃、兄弟、皇族之外，太监也是需要严密防范的政治势力，因为中国历史上太监乱政的事太多了，所以历代皇帝都想了很多办法，来限制太监。比如朱元璋就规定太监不许识字，还在宫内立了个铁牌，让后代皇帝记住，不许太监干政。

在中国历史上，乾隆也是防范太监干政最成功的皇帝之一。

乾隆的第一个办法是完善制度。乾隆总结了历代的管理经验，编纂了一部“宫廷法典”——《钦定宫中现行则例》，对太监的管理做了严格而细致的规定。太监在皇帝面前说话声音稍微高点，扫地的动静大了点，值班晚到一分钟，就得按地下，打板子。

乾隆的第二个办法是给太监们集体改了姓。《清稗类钞》说：“乾隆初年，奏事太监为秦、赵、高三姓，盖高宗借此三字以自儆也。”就是说他刚即位的时候，就把眼前的太监都给改姓了，改成秦、赵、高三姓。为什么改成这三个姓呢？因为这三个字合起来，就是“秦赵高”三字，就是秦朝那个有名的坏太监赵高，这样可以提醒他保持警惕，不重用太监。不过这个办法后来没有被其他皇帝坚持下来，所以慈禧的时候才有了安德海、李莲英。

第三是对于太监干政的苗头，一旦发现，就严厉打击。乾隆三十九年，奏事处太监高云把一张任免官员的档案，偷偷给一位大臣看了。乾隆知道后，毫不犹豫，立刻把高云推出去，凌迟处死。与此事相关的官员，一律免职。所以由于时刻提防，坚持不懈，终乾隆六十年，始终没有出现太监之祸。

对后妃、对皇族、对太监，乾隆都采取了有力的防范措施。为了权力，乾隆不光是牺牲了亲情，还牺牲了友情。那么除了这几类人之外，还有一个更为重要的群体——官员。做皇帝，离不开官员。乾隆是如何防范官员侵夺他权力的呢？

第六讲

驾驭大臣的手段

乾隆对中国历史上几种威胁皇权的势力，都采取了有力的防范措施。那么，接下来，他还要对付一个更有威胁的群体——官员。

皇帝办事，可以不用自己家里人，可以不用太监，却不能不用官员。所以如何管理官员，可以说是一个皇帝一生都要面对的问题。根据统计，乾隆年间，全国大约有两万名文官、七万名武官。要管理这么大的臣僚队伍，对任何一个皇帝来说，都是很大的挑战。熟读经史的乾隆深知，在官员之中，最需要防范的就是两类人——权臣和佞臣。

君臣关系，一直是中国传统政治游戏中的主要矛盾。从表面上看，君臣关系很简单，不是有句话叫“君叫臣死，臣不得不死”吗？但是事实上，中国历史上，经常出现的是君叫臣死，臣先把君弄死。皇帝是一个非正常死亡率很高的职业。有人统计过，中国历代王朝，包括大一统的王朝，以及那些偏安小王朝，一共有帝王六百一十一人，其中，非正常死亡的二百七十二人，非正常死亡率为百分之四十四，远高于其他职业，所以当皇帝不那么好玩。历史上有很多皇帝，都是被大臣杀掉的。咱们就举一个例子，五代的开国皇帝朱温，这个人在做大臣的时候，杀掉了唐昭宗、唐哀帝两位皇帝，然后他自己也被儿子朱友珪杀掉了。然后这个朱友珪做了皇帝，又被自己的大臣杀掉了。所以高层政治游戏中，杀皇帝，是一个很常见的游戏环节。

除了被大臣杀掉，被大臣架空的皇帝更多。我们说了，乾隆要防范的第一个重点是“权臣”。皇帝比较弱势的时候，权力必然会被大臣夺去，所以中国历史上有许多权臣。比如东晋著名的书法家王羲之他叔叔——王导，就是著名的权臣。他是丞相。《世说新语》说：“元帝正会，引王丞相登御床，王公固辞，中宗（元帝）引之弥苦。”什么意思，就是说，晋元帝上朝，一定要拉着丞相王导一起坐在宝座上。王导不干，晋元帝拉着他的手不敢放，你不坐，我也不敢坐下。王导的势力就有这么大。权臣当朝，有可能是好事。比如诸葛亮，我们就可以说他是权臣，但是他忠心耿耿，所以对皇帝没有根本性的威胁。但更多的情况下权臣当道是坏事，容易引发朝政混乱，比如曹操，他实际上也是权臣，结果夺取了汉家天下。

所以做一个成功的皇帝，避免皇权旁落，第一条，你要掌握“御臣术”，就是驾驭大臣的技术。乾隆继位时二十五岁，在当皇帝以前，只是一个学生，没担任过任何职务，没有任何政治经验。在中国历史上，这算是“主少国疑”了。满朝大臣，平均年龄比他要年长很多，都已经在宦海惊涛中摸爬滚打了多年，政治经验要比乾隆丰富很多。特别是经过雍正十三年的高压统治，很多人都变成了滚刀肉、老油条。那么，乾隆要怎么驾驭这些大臣呢?

虽然年轻，但乾隆心里很有底，因为他对自己先天的智商和后天接受的帝王教育很有信心。继位之后，他采取了这样几个办法。

第一，宣布了“乾纲独断”的政治原则，要把决策权牢牢把握在自己手里。

我们说过，乾隆是受正统儒家教育长大的，因此他很尊崇程朱理学，很崇拜宋代著名理学家程颐，将程颐的话句句奉为真理。但是程颐有一句话，乾隆却坚决反对。哪一句呢？程颐说，“天下治乱系宰相”，就是说，天下安危，关键在宰相一个人。乾隆认为这句话大错而特错，专门写了篇文章来批驳程颐。乾隆说，天下是皇帝的，所以天下治乱，只能由皇帝负责。“使为宰相者居然以天下之治乱为己任，而目无其君，此尤大不可也。”（《乾隆御制诗文全集》）就是说，你一个宰相，居然敢以天下为己任，你这不是目无尊长、大逆不道吗！

那么乾隆为什么对这句话这么敏感呢？因为君权与臣权，特别是宰相之权，历来是一对矛盾。中国历史上，臣权特别是相权，对皇帝一直有一定的制约作用。我们知道，汉朝的时候，汉哀帝不喜欢女人，喜欢美男子，著名的典故“断袖之癖”就是从他这儿出来的。据《汉书》记载，汉哀帝的伴侣，是美男董贤。两个人感情太好了，早晨，汉哀帝要起床，一看，睡衣的袖子让董贤压着了，汉哀帝不想弄醒董贤，怎么办？要过一把刀，咔，把袖子割断了，所以叫“断袖之癖”。汉哀帝在生活中，大臣们进贡来各种生活物品，他给董贤用最好的，他自己用次品。有一回，满朝大臣在一起吃饭，汉哀帝喝了点酒，一激动，对董贤说：“吾欲法尧禅舜，何如？”就是说，亲爱的啊，我实在想不出怎么对你再好了，要不我这个天下啊，给你吧。吓得满朝大臣们目瞪口呆。因为汉哀帝和他感情太好了，就下诏，要封董贤为侯。但是这个时候，当一个皇帝胡作非为，相权就起作用了。当时的丞相王嘉说，这个董贤，对国家没什么贡献，凭什么就封侯？拒不执行，把皇帝上的诏书给退回去了。可见，丞相是很有权力的，有时候是可以不听皇帝的话的。一直到宋朝的时候，还是这样。宋真宗很喜欢一个姓刘的妃子，感情很好，要封她为贵妃，写了个亲笔诏书，让一个使者，拿给宰相李沆（hàng）去执行，李沆一看，说，刘妃为贵妃？这不行，这个刘妃资历太浅，你让她当贵妃，不符合后宫规矩。说着，从烛台上拔下一支蜡烛，当着使者的面，把皇帝亲手所写的诏书，烧掉了。使者回去一汇报，宋真宗一听，也没办法，宰相说得在理啊，那就这样吧，这事就作罢了。（《宋史·李沆传》）所以相权的一大作用，是可以约束君权，让皇帝少犯错误。当然也有很多时候，相权和君权会发生冲突，这是因为丞相和皇帝政治思路不一样，想不到一块儿去。就好比一个公司，CEO和董事长对公司的发展思路不同，相持不下，这种情况下，强势的丞相就容易成为权臣。

那么，传统权力的本质是不断地扩张自己，不论皇帝还是宰相，都想自己说了算，所以皇权和相权就不停地发生冲突。中国历史上那个雄才大略的皇帝——汉武帝，一共在位五十四年，用了几位宰相呢？十三位。走马灯似的换，平均每个宰相，只当了四年。这十三位宰相，有六个，近一半是被杀或者自杀的。明朝开国皇帝朱元璋也接连杀宰相，杀了李善长，又杀了胡惟庸，为什么呢？因为宰相不听话，太有性格，太有主见。所以中国传统政治史上的一个规律，就是历代以来，君权不断扩大，相权不断缩小。汉朝的时候，皇帝想不管事，丞相一个人可以把所有事都办了。唐朝的时候，设了中书、门下、尚书三个省，三个省的长官，共同当丞相，这样就分散了丞相的权力。“省”这个字，最开始指的是中央部门，到现在日本还这样用，比如日本的防卫省，就是国防部。到了明朝朱元璋的时候，干脆不用丞相了，皇帝一个人当董事长兼CEO。那么皇帝忙不过来怎么办啊，实行内阁制，用几个大秘书，也就是大学士来帮忙。不过大学士的权力对皇帝仍然有一定的牵制作用，皇帝仍然嫌碍事，所以清朝雍正就设立了军机处，军政大事，直接由皇帝自己处理，军机大臣只是给皇帝跑跑腿办办事，没有任何决策权，所以皇权到此就没有任何阻碍了。在中国历史上，这种臣权和君权的互相消长，从皇帝见宰相的礼仪上可以看出来。汉朝的时候，宰相上朝，皇帝得站起来。宋朝以前，丞相在皇帝面前，都坐着聊天，所以叫“三公坐而论道”。但是到了宋朝，就把那个座位给撤掉了，不管什么大臣，哪怕丞相，你在皇帝面前都得站着。到了明朝，从朱元璋开始，更厉害了，所有大臣，都只能跪在皇帝面前聊天，皇帝看你跪的时间太长了，才会给你一个小马扎，让你坐一会儿。到了清朝，连小马扎都不给了，不管聊多长时间，都得跪着。所以清朝大臣见皇帝的时候，有一个必备的工具，腿上都得绑一个特别厚的护膝，要不然非得跪出毛病来不可。

所以中国传统政治的集权倾向，到了清代，可以说是登峰造极了。清代皇帝最推崇的政治风格就是“乾纲独断”，一个人决断，不能被群臣的意见所左右。乾隆说：“乾纲独断，乃本朝家法。”（《清高宗实录》）就是说，所有大事，都必须由皇帝亲自决断，这是我大清的优良传统。他还说：“我朝纲纪肃清，皇祖、皇考至朕躬，百余年来，皆亲揽庶务，大权在握，威福之柄，皆不下移，实无大臣敢于操窃。”（《清高宗实录》）就是说，大清政治纪律之严明，历朝不能比，原因就是皇帝们能把握住大权，不让大权旁落。所以乾隆一上台，就宣布要把“乾纲独断”这一政治传统发扬光大。为了防止权臣出现，他把一切决策权，都抓在自己手里。所以他一登基，凭一己之独断，不和任何大臣商量，就把父亲的那么多措施给推翻了。而且一旦朝廷上有反对的声音，他立马痛下杀手，杀鸡儆猴。比如最典型的一个例子：

乾隆元年，雍正重用的一个大臣王士俊一看乾隆总在那儿翻雍正的案，他就给雍正打抱不平，上了一个折子说：“近日条陈，惟在翻驳前案，甚有对众扬言，只须将世宗时事翻案，即系好条陈之说。”什么意思，就是你一上台，你看看大臣们上的折子，都是什么内容啊，都是在翻你老爹的案，甚至有的人，上了折子后，对众扬言说，现在你只要翻老皇帝的案，新皇帝肯定说这是好条陈。（《清高宗实录》）王士俊这显然是借“有人”之口，指责乾隆翻案。乾隆怎么办的？很好办。推行新政，必须有人祭旗，王士俊正好撞到枪口上。乾隆痛骂王士俊是“佥（qiān）邪小人”，“将悖理之言，妄行陈奏”，开始给他判了个斩决，就是死刑立刻执行。王士俊当然罪不至死，乾隆就是要杀一儆百。后来王士俊认罪态度很好，乾隆从宽发落，把他免死赶回老家。乾隆杀手一下，反对声立刻停止了。这就是“乾纲独断”，什么事，我一个人说了算，你反对？小心掉脑袋。

所以我们可以大致打一个比方，如果说，汉朝，皇帝掌握百分之六十的决策权，丞相掌握百分之四十；到了宋朝，皇帝掌握百分之七十，丞相掌握百分之三十；明朝，皇帝掌握百分之八十，大臣掌握百分之二十；那么到乾隆一朝，皇帝掌握着百分之九十五的决策权，大臣们几乎没有发言权。皇帝虽然经常让王公大臣就某件事拿出处理意见，但是只是作为决策的参考而已。制度上，清朝大臣们只剩下执行的权力。这种情况下，就难出现权臣。

所以乾隆朝的政治，有一个特点，那就是只有明君而没有名臣，所有的聚光灯都打在乾隆一个人身上，其他人只能生活在乾隆的阴影里。这是一个很特别的现象。因为一般中国历史上，伟大的君主身边总是会有那么几位名臣，特别是盛世之君，比如唐太宗李世民，身边文有魏徵、房玄龄，武有尉迟恭、程咬金。乾隆虽然是盛世，但是纵观乾隆一朝，一共六十多年，比较有名的大臣只有三个，前期是张廷玉。他靠什么出的名？其实就是靠给皇帝当秘书当得好，会速记，把皇帝说的话记得准，仅此而已。所以他的功绩，和其他朝代的名臣没法儿比。那么后期，我们知道，一个叫和珅，是因为贪污出的名。另一个呢，叫纪晓岚，那是文学侍从之臣，有点文字技巧而已。乾隆朝也没出过什么有名的武将，因为凡是打仗，乾隆习惯亲自遥控指挥，他对别人，都不放心。那么乾隆朝，可以说是中国历史上君权最大、臣权最小的时期。权臣出现的所有可能，都被他扼杀了。

乾隆这种大权独揽的做法，有什么利弊呢？

乾隆的这种执政风格，从好的方面说，当然是可以防止权臣出现，有利于迅速决策，集中权力办大事，不至于各部门长时间扯皮。从长远看，从普遍情况看，这种把君权推向极致的做法，抑制了大臣们的政治参与热情，让他们只会跑腿办事，对国家缺乏责任感。所以如果皇帝雄才大略，当然国家就治理得井井有条。但一旦遇到平庸的皇帝，这个国家就容易一团糟。

乾隆的这种执政风格，对清代政治风气产生了深刻影响。乾隆朝大学士张廷玉，有一句政治名言，是什么呢？“万言万当，不如一默。”说一万句，都对了，也不如一句不说。在皇帝面前，少说话，少建议，皇帝说什么，你记下来，传达下去，就完事了。在乾隆之后，嘉庆道光年间，大臣中最流行的做官秘诀是什么？是“多磕头，少说话”。这句话是大学士曹振镛说的。曹振镛教育他的门生说，皇帝问什么，你们就只管往地下碰头就行了，应该碰头的地方万万不可忘记不碰；就是不该碰的地方，你多碰头总是没有处分的。大臣们不敢拿主意，皇帝自己又没有主意，大家都不作为。所以晚清时代，国势衰弱，任人欺凌，就与雍正乾隆奠定的这种政治风气直接相关。

以上是我们讲的，乾隆即位后为防范权臣，确立的一个政治原则，乾纲独断。

那么乾隆的第二个办法，是沿用前朝老臣，不急于打造自己的班底。

那么，乾纲独断，也不是说不要大臣了。乾纲独断垄断了决策权，但是执行，还是要依靠大臣们。

俗话说，“一朝天子一朝臣”，每个新皇帝上任，一般都会罢黜一批老臣，提拔一批自己的人，因为老班子往往不听指挥。乾隆却没有这样做。为什么呢？原因有两个，一个我们以前讲过，雍正严密防范皇子们结交大臣，干预政务，所以乾隆在做皇子的时候，根本不认识什么大臣。另一个，雍正留给乾隆的这个班底，以鄂尔泰和张廷玉为首，经过雍正多年的调教，既有很强的执行力，又比较老实听话。所以乾隆就明智地沿用父亲留给自己的班底，而没有另起炉灶。就是说，雍正时期的两位宠臣——鄂尔泰和张廷玉，仍然是乾隆初年最重要的两位大臣。张廷玉我们以前介绍过，这里再简单介绍一下鄂尔泰。鄂尔泰是满族人，举人出身，在康熙朝一直不得志，四十多岁了还是一个小官，本来觉得自己这辈子没什么希望了，没想到，到了雍正朝受到雍正的赏识，被任命为云贵总督、保和殿大学士，后来又任首席军机大臣。他和张廷玉，一满一汉，是雍正朝的两位最重要的大臣。乾隆上任之后呢，也十分尊重这两个人，继续对他们委以重任。乾隆以前没有处理过实际政务，所以他很谦虚，很有自知之明，从来不会不懂装懂，凡有自己拿不准的事，无不向他们虚心请教。乾隆二年，皇帝特封这两个人为伯爵。这可是一件非同寻常的事情，因为有清一代，以前还从来没有文臣被封为伯爵。公侯伯子男，这是传统时代的五等爵位，伯爵是很高的爵位了，清朝官员不是实行九品制吗？从高到低一共九品，那么伯爵是几品呢？伯爵以上的爵位，包括伯爵，都是“超品”，就是比所有的品级都高。“超品”的爵位一般都是赐给有功的大将的，所以乾隆这是开了一个特例。

那么有人要问了，前面，您不是说乾隆要防范权臣吗？如此重用鄂尔泰和张廷玉，不怕他们成为权臣吗。不会，因为经过雍正的严厉管教，雍正朝的高级大臣都能认清君臣之分，不敢有非分之想。所以乾隆即位初期，对他们放手任用。

乾隆这样做的好处，一是雍正的那套班底，本来以为自己要被新皇帝换掉的，没想到新皇帝这样重用自己，当然感激涕零，更加卖命地为新皇帝工作，指哪儿打哪儿；二是这样做可以保证官僚队伍的稳定和团结，有利于各项政策的顺利执行。

以上这是第二条，沿用老班底。

第三，冷静观察，不断敲打，严防被臣下欺骗。

二十五岁的乾隆坐上了皇帝的宝座。一坐上这个宝座，乾隆发现，围绕着他的，都是一张张恭顺的笑脸。无论他说了什么，做了什么，听到的都是大家的欢呼和赞美。哪怕他打了个喷嚏，都会有人说，哎呀，您这个喷嚏打得太响了，一般人打不了这么响。一个不够老练的统治者，在这种情况下，很容易头昏眼花，丧失警惕。但是乾隆并没有这样。在他六十年的执政生涯当中，乾隆头脑中一直紧绷着一根弦，那就是严防被臣下欺骗。这是为什么呢？

这就涉及中国历史上一类常见的大臣——佞臣。什么是佞臣呢？佞，就是巧言谄媚，所谓佞臣，就是善于讨好和敢于欺骗皇帝的大臣。

那么在清代中期，我们会发现佞臣特别多。为什么呢？因为明朝和清朝，大力加强了君主专制，皇帝希望大臣们只当听话的奴才，而不能有自己的主见。佞臣的特点就是没什么自尊心。他们不关心谁当皇帝，谁当皇帝我都是打工的。我关心的，就是如何钻你皇帝的空子，占你的便宜，给我自己捞最大的好处。在没有利益驱动，当官的本身弄不到什么好处的时候，他们执行皇帝的政策，被动应付，推一推动一动。而一旦他们发现皇帝的命令有什么空子，就会拼命把经往歪里念，想方设法捞钱。乾隆深知，他身边的这些大臣，虽然表面上对他都唯唯诺诺、毕恭毕敬，其实心里，都在研究皇帝的心理。有好多人，都琢磨着怎么趁皇帝心情好的时候讨点赏，怎么样趁皇帝心情不好的时候给别人进点谗言。所以如果皇帝精明厉害，这些佞臣就会对皇帝百依百顺、百般讨好；但一旦看出皇帝不那么厉害，有什么破绽，那么就会把皇帝骗得一溜一溜的。不是有一个笑话吗？说是有一次，清朝的道光皇帝跟当朝大学士聊闲天，皇上问，你早上一般都吃什么早点啊？大学士说，我很简朴，就吃三个荷包蛋。道光一听，大吃一惊，啊？你太富了，居然吃三个荷包蛋！你家富到什么程度啊？为什么呢？因为内务府告诉道光，鸡蛋一个值三十两白银。三个鸡蛋，一天吃掉九十两，那能不让他吓着吗？

乾隆通读历史，当然深知佞臣的危害。大臣欺骗皇上，最大的危害是让皇帝掌握不到真实情况，因此做出错误的判断。比如鸦片战争期间，道光皇帝之所以决策时一错再错，一个主要原因，就是前线的大臣，一个接一个欺骗他。比如1840年5月，靖逆将军奕山在广州，曾经和英军打过一次仗。事后他向道光汇报说，清军烧毁了英国大型战舰二艘，中小型战舰二十多艘，英军“被击及溺水死者不计其数”。道光皇帝一听乐坏了，下令继续进攻。那么事实如何呢？我们今天查英国军官的回忆录和英国政府档案的记载，当天英国军舰，没有一艘被击沉，英国军队也没死一个人。相反，英国人击毁了中国一个炮台，击沉了清军的四十三艘战船。所以如果说小事上欺骗一下皇帝危害可能还不严重，那么军国大事上也欺瞒皇上，那可就有亡国的危险了。因此从坐在宝座上的第一天起，乾隆就把眼睛睁得大大的，观察着官僚系统的每一个表现。一旦发现谁敢于欺瞒皇帝，他都会严厉打击，绝不手软。

乾隆四年，发生了这样一件事。这一年，太庙需要修理。太庙是供奉皇帝祖宗牌位的地方，很重要，要定期修理。建筑工程，由工部负责。工部在修理的头一天，就上了个折子，说先要修理太庙里面的路灯，要领三百两银子。

区区三百两银子，对皇帝来说，简直不算是个钱。不料乾隆皇帝心特别细，看到三百两这个数字，乾隆有点疑问。简单修几个路灯，能用得了三百两吗？乾隆就用朱笔批了一句，此灯不过小小粘补，岂至用银如此之多？

工部在皇家工程中贪污银子，已经轻车熟路了，多支个百十两银子，不当回事，他们回奏说，这是预支的银子，将来修完了，余下的银子会再交回来。他们想，皇帝日理万机，这么一对付就能过去了。

不料这个回复，却让乾隆大发雷霆。第二天，乾隆降下谕旨，说，据他所知，以前修建工程的惯例，都是先估后领，用多少领多少，修完后，剩下的银子，从来没有交回来的。他昨天派人查了一下工部的档案，没发现一笔交还的记录。这就说明工部官员在骗皇帝。乾隆说：“该堂官等竟以朕为不谙事务……任意饰词朦混，甚属乖谬。”你们以为我什么都不懂，好糊弄，是吧？你们想错了。

就因为这几百两银子的小事，乾隆小题大做，杀一儆百，对整个工部衙门的大臣都给予了严厉处分。从尚书来保到侍郎阿克敦再到那些司员，或被降级，或被罚俸。这样大面积的处罚，在清朝历史上很少发生。满朝大臣都吓得瑟瑟发抖，没想到这个年轻皇帝，这么精明，这么厉害。

这是记载于《清高宗实录》的一件事。

清代史官，修撰过一本政治语录，叫《大清十朝圣训》，其中记载了这样一件事。有一次，一位巡抚给乾隆写了份奏折，汇报了地方上发现的一件坏事。汇报完了，在奏折结尾，这位巡抚加了这样一句："正在缮疏间，据两司道府揭报前来，与臣所访无异。"也就是说，我正在写报告，正好布政使和按察使两个人的汇报到了，他们所说的，和我所了解的一样。

乾隆看到这儿，不觉一笑。他一眼就看出巡抚这句话背后是怎么个心思：如果巡抚自己向皇帝汇报这件坏事，巡抚固然是立了功了，但是同为大吏的布政使和按察使，却有了失察的嫌疑。为什么人家发现了这件坏事，而你们没有发现？所以，这位巡抚笔头一转，这样一提，说我刚写完，他们俩也向我汇报了，这样既保住了自己首先发现的头功，又为布政使和按察使推卸了失察的责任。你看，做大臣，得需要多么有技巧。不过，这些技巧到乾隆这儿，就不好使了。乾隆挥笔，在奏折上批道："或千百中偶有一二，安得事事如此？"就是说，这种事，千百件中或者有一两次巧合，怎么到你这里，总是这么巧？

所以乾隆皇帝的智商、情商，确实比一般皇帝要高。那些让其他皇帝看起来头晕眼花的官场诡计，逃不过乾隆的法眼。几次交锋之后，皇帝的精明就给大臣们留下了深刻的印象，甚至搞得大臣们吃不消了。有一次乾隆向大臣们征求意见，说你们讲讲，我有什么缺点啊？有一个叫储麟趾的人，居然给乾隆提了这样一条意见："愚臣管窥蠡测，以为自古人主患不明，惟皇上患明之太过；自古人主患不断，惟皇上患断之太

速。”（《清史稿》）

什么意思呢？皇上，您太精明了，做事脑子转得太快了，我们跟不上啊。自古以来啊，别的朝代都愁皇帝不精明，到您这儿啊，我们都愁您太精明了。别的朝代都愁皇帝优柔寡断，我们愁你处理事情，速度太快了，我们反应不过来啊！

居然还有这样给皇帝提意见的。当然这有拍马屁之嫌，但确实从一个侧面说明了乾隆这个皇帝不好对付。这样，朝中的大臣们就小心谨慎，不敢胡作非为了。

通过大权独揽，垄断决策权，乾隆就基本上防止了出现权臣的可能。通过时刻提高警惕，让大臣们不敢欺骗自己，乾隆也最大限度地防止了佞臣对朝政的干扰，保证下情能够准确上达。所以继后妃、皇族、太监之后，乾隆有效防范了中国历史上另一类威胁皇权的势力——权臣和佞臣。那么，以前我们所说的五种威胁，还剩下一种，那就是朋党。

所谓朋党，用通俗的话讲，就是山头。大臣跟皇帝没法儿单打独斗，但是，当这些大臣分成山头，团结起来之后，就不好办了。同一个山头的大臣们相互通风报信，协调行动，一起骗皇上，皇帝就很难应付了。两个山头的大臣相互掐，皇帝也不容易管，这就是我们说的威胁皇权的第五个力量——朋党。乾隆即位之初，朝中就出现了朋党的苗头。

我们知道乾隆的父亲雍正，为人非常严厉，雍正朝政治纪律很严明，那么乾隆朝怎么会出现朋党呢？

前面我们讲，乾隆为了政治平稳过渡，重用鄂尔泰和张廷玉这两位雍正留下的老臣，但是鄂尔泰和张廷玉这两个人，一满一汉，势均力敌，双峰并峙。一般来讲，同行都相互排斥。各个领域最顶尖的那几个人之间总是很难搞好团结，这是一个规律。鄂尔泰与张廷玉二人地位相当，性格不同，彼此长期不和。张廷玉在康熙年间就中了进士，当上了副部长，资历很深，所以他看不起后来居上的鄂尔泰。而鄂尔泰这个人天生性格张扬傲慢，自视很高，在内阁中排名又在张廷玉之前，所以他也不买张廷玉的账。两个人关系十分冷淡，《啸亭杂录》说，“同事十余年，往往竟日不交一语”。就是说，在一个办公室里办公，一整天谁也不说一句话。两个人心里显然都有点芥蒂。在这种情况下，虽然他们俩并不想植党，但是大臣们却把他们当成了山头。满族大臣一般都投奔鄂尔泰门下，汉族大臣渐渐聚集在张廷玉门下，两派相互攻击，朋党的雏形，就这样出现了。

相对于后妃、皇族、太监、权臣和佞臣，朋党是一个更难处理的问题。所以乾隆即位之初，对这两大朋党采取了平衡政策，然后等待时机再解决这个问题。那么，什么时候等到了时机呢？乾隆十三年。为什么是乾隆十三年呢？因为乾隆十三年，后宫中出了一件大事，不但对乾隆的私生活产生了严重影响，也引发了政局的剧烈动荡。

第七讲

皇帝的爱情

乾隆初政，行宽仁之治，然而从乾隆十三年开始，乾隆的执政风格却一变而为严厉苛刻，满脸杀气。那么，这一年到底出了什么大事呢？根据史书记载，这件大事是，乾隆的皇后富察氏去世。

在中国历史上，讲皇帝，就必然要讲到后宫。皇帝的感情世界，对他的政治生活，有着至关重要的影响。有的是好的影响。比如明朝的明孝宗，是中国历史上唯一一个实行一夫一妻制的皇帝，他一辈子只娶了一个人——张皇后，两个人感情非常好，别的女人，他连看都不看一眼。感情生活很幸福，他在政治生活中，心态也很开明，所以他统治时期，人们称为“弘治中兴”。也有不好的影响。比如唐玄宗和杨贵妃爱得死去活来，就重用杨贵妃的娘家人，后来就出现了安史之乱。所以皇帝的爱情，与一个国家的命运，经常是息息相关的。那么，乾隆的爱情生活，是怎么样的呢？在影视文学作品中，乾隆通常都是一个风流天子的形象，那么真实的乾隆果然是这样吗？

根据历史档案记载，乾隆的后宫中，有名号的后妃，一共四十人。他先后有过三位皇后，其中最重要的，当然是他的结发妻子，第一个皇后富察氏。历朝历代因为种种原因，很少有皇帝能真正和皇后做到鹣鲽情深，然而乾隆和这位结发妻子的感情却做到了始终如一。

根据史书记载，孝贤皇后富察氏是一位名门之女。“富察”是满洲八大姓之一，她的家世很显赫。富察氏嫁给乾隆的时候，年方十六，那时，乾隆也才十七岁，还没当皇帝，所以富察氏当初是作为福晋嫁给乾隆的。

孝贤皇后朝服像

我们知道，雍正那时候已经把乾隆预定为未来的皇帝，所以给乾隆选福晋，其实就是为大清挑选未来的皇后，雍正当然要煞费苦心。除了名门之外，还有一个条件，那就是要漂亮。富察氏长什么样呢？现在故宫中，保存着著名西洋画师郎世宁画的油画大像。从这张画像上我们可以看出，富察氏皮肤白皙，面庞清秀，五官端正。虽然算不上倾国倾城，但也可称得上很漂亮。画像上的她神态温婉，目光清澈。虽然已经贵为皇后，却毫无居高临下的骄矜之气，可以看出，她有很好的风度和修养。

除了出身名门、长相姣好之外，富察氏还是一个非常聪明、非常贤惠、非常有人格魅力的女人。

富察氏的魅力表现在三个方面。第一个方面，是她多侧面的性格。

《清史稿》中记载，富察氏虽然是大家闺秀出身，但是却从来不爱在自己的脸上精耕细作，也很厌恶金银珠宝之类的恶俗装饰。她做了十三年皇后，每天素面朝天，不怎么化妆，穿衣戴帽都很简单。用《清史稿》原话来说，就是“以通草绒花为饰，不御珠翠”。就是戴一点儿天然的花草，但是不戴珍珠翡翠。

漂亮对男人的征服是一时的，性格对男人的吸引才是永久的。富察氏的性格是多侧面的。她既有精明的一面，又有天真的一面；既有温柔的一面，又有活泼的一面；她为人既识大体，又善于经营细节。当乾隆忙着处理政务的时候，富察氏就以自己的精明，把后宫管理得井井有条，让皇帝不操心；当乾隆遇到什么不顺利，情绪烦躁的时候，富察氏就如同一朵解语花一样，马上能感受他情绪的变化，轻声细语地陪皇帝聊天，让乾隆的情绪很快得到调整；当乾隆工作累了想放松一下的时候，富察氏又能展现自己特别活泼开朗的一面，展现自己的体育天赋，陪着他玩，两个人在承德的围场上纵马奔驰，富察氏和乾隆可以疯玩上一整天。乾隆本身是一个复杂的男人，他所期待的，绝不仅仅是一位听话的、顺从的女人，他需要的，也是一位和他一样多侧面的、立体的、有深度的女人。那么可以说，富察氏就是这样的女人。这是第一点，多侧面的性格。

第二个方面，富察氏非常善于理解乾隆的精神世界。有一年秋天，乾隆带着皇后在避暑山庄打猎。乾隆无意间和富察氏聊起来，说当年祖宗们在关外之时，艰难创业，衣服袖子上，用鹿尾巴绒毛缘个边就算很好的装饰了，哪像今天这些八旗子弟，你看看，镶金戴银，铺张浪费，骄奢淫逸得都没边了。皇帝顺口说了这么几句话，富察氏却记在心里。回到北京后，富察氏特意让人找来鹿尾绒毛，亲手做了一个鹿尾毛缘边的小荷包送给乾隆，意思是与他共勉，不忘满洲俭朴本色。乾隆非常喜欢这个荷包，终生把它带在身边。所以富察氏与乾隆是能在各个层面——不仅是物质生活层面，也包括精神生活层面——进行交流的。这很重要。

第三个方面，富察氏更是一个会关心人的女人。对于乾隆的生活起居，富察氏关心备至，事必躬亲。有一次乾隆身上长了个疖子，医生说，一百天之内，需要天天换药。富察氏怕宫女手重，把乾隆弄疼了，特意把自己的被子搬到乾隆寝宫的侧室，每天亲自给乾隆换药，一直坚持了三个

多月，直到乾隆完全康复，才回到本宫。（《清史稿·后妃传》）

当然，最能体现皇后贤惠的，就是她对待皇太后的态度了。我们以前讲过，皇太后出身很低微，一开始不过是个粗使丫头。后来虽然成了老太后，但每天仍然是大说大笑的，不改普通劳动人民的本色。而皇后出身名门，行不动裙笑不露齿，可以说这娘俩气质完全不同，相处起来应该很有点难度。可是富察氏从心里把婆婆当成亲妈，对太后关心照顾无微不至。正因为皇太后出身低微，所以她在太后面前特别注重礼貌，遇到太后吃饭什么的，她都亲自侍候，不让宫女们伸手。老太后闹病，皇后衣不解带，成宿成宿地在跟前伺候。谁也想不到大家闺秀出身的皇后能吃得了这份苦，所以后宫上下都对她特别佩服。因此，婆媳关系也处得异常融洽，老太太一天也离不了这个儿媳妇。我们说过，乾隆是个非常孝顺的儿子，所以富察氏在这一点上，让乾隆非常满意。

在茫茫人海中，找到自己真正满意的另一半，对每个人来说，都是一个小概率事件。所以只能是“得之我幸，不得我命”，即使对于皇帝来说，也是如此。乾隆是个非常幸运的皇帝。如果说乾隆是人中之龙，那么富察氏就是人中之凤。乾隆自命不凡，对别人总是有很多挑剔，然而对这个结发妻子，几乎挑不出任何毛病。

所以乾隆当了皇帝之后，按照礼制，三宫六院，娶了许多妃子，但这些妃子，谁也没能动摇皇后在乾隆心中的特殊地位。我们说，女人不经老，在富察氏容貌一天天褪色的同时，这些新进宫的妃子，如同一朵朵含苞带露的鲜花，竞相绽放。然而乾隆和皇后的感情，并没有随着时间的流逝而日渐淡薄，相反却是一天比一天深厚。为什么呢？因为皇后身上的魅力，就像一坛酒一样，岁月越久，这坛酒就变得越醇香。乾隆刚刚登基那些年，忙于处理国务，而富察氏就是乾隆的大后方、大本营。皇后的温柔、持重、不急不躁，就像一块贴身的玉石一样，时刻调适着乾隆的政治体温。所以，我们说，乾隆初政时期，政治风格是开朗、宽大、仁慈，这与他感情生活的幸福是分不开的。一个人幸福的时候，对别人，也总是能更宽容。所以与皇后共同生活的时光，对乾隆来说，那是阳光灿烂的日子。

从以上我们所说的来看，乾隆与皇后的关系，实在是太完美了。古今中外，很少有这样完美的夫妻关系。然而，“天道忌全”，天下没有十全十美的事物。什么事凡是特别完美，总会有特别令人遗憾的另一面紧紧相随。

传统时代，特别重视子嗣。特别是一个女人，只有生了儿子，终身才算有所依靠。雍正八年，乾隆和富察氏结婚三年后，富察氏给乾隆生了第一个儿子。这当然是一件特大喜事，雍正盼嫡长孙已经盼了两年多了，所以非常高兴，亲自给这个孩子起名叫永琏。琏，是宗庙中重要的祭器，那么这个“琏”字，实际上就寓意着希望这个孩子将来继承大统。这个孩子从小特别聪明，特别懂事，特别惹人喜爱，乾隆说他是“为人聪明贵重，气宇不凡”。（《清高宗实录》）

所以乾隆当了皇帝之后，就迫不及待地秘密立储，在乾隆元年把六岁的永琏秘密立为太子。儿子成了太子，富察氏当然也非常高兴，终身有靠了，所以到这个时候，乾隆和富察氏的感情，也达到了幸福的高峰。

然而，人的命运有一个规律，一旦谁感觉自己太幸福了，谁向世界得意忘形地炫耀自己的幸福了，那么灭顶之灾就会从背后突然袭来。就在初登皇位的乾隆通过早早立储向世界宣告了他的幸福之后不久，乾隆三年九月，年仅九岁的嫡子永琏病了。一开始不过是感冒，几天之后却病情转重，很快就去世了。

这可完全是一个晴天霹雳。培养了九年的孩子去世了，我们可以想象这件事对富察氏和乾隆的打击有多大。富察氏因此大病了一场，几天之内，就形销骨立，瘦得脱了像。乾隆当然十分担心，天天跑过来探视。然而富察氏的与众不同之处也就在这样的时候体现出来了：在乾隆面前，富察氏很少流露内心的悲伤，不像别人那样哭哭啼啼，相反，她没话找话，和皇帝聊东聊西，想要来分散乾隆的注意力，减轻乾隆内心的痛苦。乾隆对皇后，真是越来越佩服。

永琏去世后，乾隆对富察氏也更加关心，与她同寝的次数比以前更多了。因为乾隆很清楚，只有让皇后再生一个儿子，才是对皇后的最大安慰。然而，由于生了一场大病，体气变更，身体不好，一转眼七年过去了，皇后仍然没能怀上孕。

好不容易到了第七年头上，时来运转，乾隆十一年，富察氏又生下了一个儿子。虽然此时乾隆和别的妃子已经有了好几个儿子，但是这个孩子一出生，乾隆就特别喜爱。也许是出于父亲的偏心，他觉得这个孩子是他所有儿子中最漂亮最聪明最可爱的一个，怎么看怎么喜欢。乾隆说他“性成夙慧，歧嶷表异，出自正嫡，聪颖殊常”。（《清高宗实录》）就是说，又聪明又漂亮，太惹人爱了。

富察氏当然和乾隆一样高兴。她生怕这个孩子再出意外，几乎把全部心血，都放在他身上，那真是含在嘴里怕化了，捧在手里怕摔了。乾隆也一样，每天一下朝，就赶紧跑到皇后宫中，夫妇俩一起逗孩子玩。这是乾隆一天中最快乐的时光。然而，清代婴儿死亡率极高，乾隆十二年大年三十，年仅两岁的这个嫡子出了天花，又去世了。

这个打击，对乾隆和皇后来讲，都太沉重了。乾隆还好说，毕竟有好几个儿子了，但是这时候，皇后已经三十六岁，已经过了女人最佳生育年龄，以后再生孩子可能就难了。所以乾隆一方面为自己难过，另一方面更担心皇后受得了受不了。好在皇后这次没有像上一次那么大病一场。她默默地把悲伤藏在心中，表现得异常冷静坚强。在皇子的葬礼举行过后，她就像平常一样，一如既往，恢复了平静。皇后的坚强，让乾隆非常惊讶，因此也对她更加敬重了。

就在嫡子去世后两个月，乾隆十三年年初，三十八岁的乾隆要开始他即位之后的第一次东巡，到曲阜拜祭至圣先师孔子了。这个日程表是头一年六月份就确定了的。乾隆即位十二年以来，由于统治方法比较得当，所以政治平稳，社会各个方面都呈现向上的势头，可以说是天下初步大治。因此乾隆踌躇满志，感觉自己可以出巡一下，视察一下自己的国土，检阅一下自己的统治成绩。再次经历了丧子之痛的乾隆很想带着皇后一起东巡，一个是想让皇后共同分享事业成功的喜悦，另一个是让皇后也散散心。因为乾隆心里很清楚，皇后虽然表面上很坚强，但内心所受的伤痛哪有那么容易平复啊！所以他想让皇后和他一起出门。然而在出发前一个月，钦天监的官员向乾隆陈奏："客星见离宫，占属中宫有眚（shěng）。"（《清高宗实录》）

钦天监是负责观察天象的机构，还负责择定日程占卜凶吉。"客星"就是一颗不常见的星星。"离宫"，是天上名为离宫的六颗星。钦天监是说，一颗忽明忽暗的所谓"客星"突然出现在离宫六星之中，这预示中宫皇后将有灾祸。

传统时代的人，大多有点迷信。乾隆看了这个汇报，一开始也有点害怕，但是转念一想，这个大难不是已经应验了吗？"新丧爱子"，刚刚死了儿子，这还不算是大难吗？那么以后应该没什么厄运了。

所以乾隆十三年二月，乾隆就带着皇后和皇太后上路了。一上了路，乾隆就感觉带着皇后出门这个决定非常正确。早春二月，春风浩荡，一大家子人一起出门旅游，心情都很好。皇后也很开心，和乾隆一起高高兴兴陪着太后登上了泰山山顶。

不过乐极生悲，下了泰山，回到济南，皇后就感冒了，开始持续发烧。在济南待了好几天也没好。返程日期已到了，乾隆想让皇后在济南养好病再走，但是富察氏说，我在这里不走，你和文武百官都在这里陪着我，这怎么行，再说，也给地方上增加负担啊。还是回北京，北京医疗好，回去再好好调治吧。乾隆一听，也在理，就只好启程北返了。三月十一日，皇帝皇后一行从德州坐上了船，沿着运河返回北京。坐上船，乾隆长出了一口气，因为船上就不再颠簸了，比较平稳，有利于皇后养病，所以乾隆坐在窗口前，望着河畔的春色，打算作上一首诗。不料就在这个时候，太监跑过来了，说皇后感觉不舒服，您过去看看。

乾隆赶紧跑到皇后的船上，一看，皇后脸色苍白，浑身冰冷，已经昏迷了，乾隆紧紧抓着皇后已经冰冷的手，但是已经很难再握住皇后的生命了。到了当天晚上，富察氏就去世了。《清高宗实录》记载，十一日，“驾至德州登舟。亥刻，皇后崩。”

乾隆皇帝当然五内俱摧，他当天晚上就起草了一道谕旨，第二天发布全国。乾隆说，皇后如果继续在济南养病，也许就没事了，但是皇后一生凡事都为别人着想，“诚恐久驻劳众”，怕再待久了给地方增加负担，耽误国家政事，所以急着回京，不幸于路上仙逝。乾隆说，皇后“二十二年以来……孝奉圣母，事朕尽礼，待下极仁，此亦宫中府中所尽知者……永失内佐，痛何忍言！”就是说，皇后二十二年来，对太后，对我，对下人，都非常好，无可挑剔。她突然去世，我的悲痛，你们可以想见。所以要隆重办理皇后的丧事。三月二十二日，乾隆发布谕旨，给皇后加谥号，叫“孝贤”，这是所有皇后谥号中最好的一个。所以后来人们都称富察氏为孝贤皇后。

孝贤皇后的去世，对乾隆个人及乾隆一朝的政治都产生了非常大的影响。

首先，当然是对乾隆感情上，造成了严重的打击。

皇后去世，乾隆心里，当然痛断肝肠。当天夜里，他忙完了皇后的丧事，一夜没睡着。天快亮的时候，他向太监要过纸笔，写下一首挽诗：

恩情廿二载，内治十三年。
忽作春风梦，偏于旅岸边。
圣慈深忆孝，宫壸（kǔn）尽钦贤。
忍诵关雎什，朱琴已断弦。

什么意思呢？就是说，我们夫妻恩爱二十二载，你治理后宫一共十三年。这一切突然都化成春风一梦，飘散于运河的河岸边。皇太后平日总称赞你的孝顺，嫔妃也无人不佩服你的明贤。我从此不忍再读诗经中的《关雎篇》，因为我的朱琴，已经断弦。

从皇后去世那一天开始，乾隆的人生，就陷入无穷无尽的悲痛之中。结发二十二年来，他和皇后已经如同两棵相互依靠交织成长的大树，你中有我，我中有你，彼此已经成了对方的一部分。皇后去世，乾隆就感觉自己身体的一半，也已经死了。皇后去世后的头半年，乾隆一直都睡不踏实，他动不动就觉得皇后还在身边，夜里经常惊醒。伺候乾隆的老太监注意到，皇后死后，乾隆的精神状态变得有点不正常，用今天的话来说，就是“无目的活动”增多，就是走到某张桌子前，却想不起来自己到这儿是想干什么。工作没什么效率，刚刚说过的话，马上忘得一干二净。每天不停地发火，冲谁都发火，情绪特别恶劣。

就在这个时期，乾隆作了很多诗。只有写诗，能让他缓解一下情绪。我们提到过一个历史纪录：乾隆是中国历史上产量最高的诗人，一生作了四万三千多首诗。由于诗写得太多太滥，乾隆的大部分作品，其实都很平庸，或者说只不过是“分行的日记”。不过，在这四万多首平庸的诗作当中，有一百多首诗，写得非常好，情真意切。这一百多首有一个共同的特点，都是悼念富察皇后的。

富察氏刚去世那一段时间，乾隆几乎天天梦到皇后，醒来后有时就把梦中的情景写到诗里。比如我们来看下面一首：

其来不告去无词，两字平安报我知。

只有叮咛思圣母，更教顾复惜诸儿。

醒看泪雨犹沾枕，静觉悲风乍拂帷。

…………

（《乾隆御制诗二集》）

什么意思呢？意思是说，有一天晚上，乾隆梦到了死去的皇后。皇后说，我来这儿啊，只是要告诉你，我在那个世界里，过得很平安，你放心。另外，我还想看看，我的婆婆和宫中这些孩子现在怎么样，我对他们啊，还是不放心。打听完家里的情况，皇后就悄悄消失了。一觉醒来，乾隆的眼泪已经湿透了枕巾。窗外风吹帘栊的声音，更衬托出子夜时分皇宫内院的寂寞和悲凉……

你看，这首诗，写得很真挚很朴实。这诗呢，不像是一位后宫有三千粉黛的皇帝所作的，更像一个普通的丈夫，向妻子所做的告白。

长春宫是皇后的寝宫，乾隆命令，长春宫的所有陈设，都要保留原样，一点儿也不得变动。每年皇后的忌辰，乾隆都要到这里凭吊，在椅子上，一坐就是半天。这种做法乾隆坚持了四十多年，直到退位。

皇后去世时所乘的船，叫青雀舫，这是皇后最后生活过的地方。乾隆说，要把这艘船运进北京城，留作纪念。大臣们一听，都吓傻了，因为这艘船体积非常庞大，要是按今天的吨位，排水量上千吨，这怎么运啊。乾隆说我不管，你们给我想办法，我一定要保留这条船。最后，还是礼部尚书海望，想出了一个方法，他命人在北京城墙两面，搭起长长的木架子，上面铺设木头轨道，轨道上满铺新鲜的菜叶，作为润滑剂，几千名工人一起使劲推扶拉拽，好不容易，才把这条大船运进了城内。乾隆就用这样的方式，把孝贤皇后用过的一切东西，都保留起来。

第二点，还造成了乾隆与新皇后的不和。

富察氏去世之后，后宫不能没有皇后啊，所以在老太后的多次催促之下，乾隆十五年，又册立了另一位妃子乌拉那拉氏为皇后。乌拉那拉氏是乾隆做皇子时就娶的侧福晋，所以论资排辈，乾隆选中了她。

然而，对于那拉氏，乾隆一直找不到感觉。虽然此人也端庄秀美，出身名门，但是乾隆对她就是培养不起对富察氏一样的爱意，一看到那拉氏，就想起富察氏，就感觉那拉氏这儿也不如富察氏，那儿也不如富察氏，所以对那拉氏一直很冷淡，有时一整天不和她说一句话。那拉氏也很委屈啊，这皇后做得还有什么劲，经常一个人躲到角落里哭泣。有时候乾隆看到了，也感觉很对不起这个新皇后。

乾隆十六年三月，在富察氏去世三周年忌日，乾隆写了一首诗，分析自己为什么不爱新皇后：

独旦歌来三忌周，心惊岁月信如流。

…………

岂必新琴终不及，究输旧剑久相投。

…………

就是说，时光迅速，一转眼孝贤皇后去世已经三年了。难道是新皇后真的处处不如旧皇后吗？也不见得，其实主要是因为我与孝贤的恩情年深日久，其他人实在无法代替。

确实，富察氏在乾隆心目中，是任何人都无法取代的。法国作家圣埃克苏佩里有一本很有名的小说叫《小王子》，里面的小王子爱上了一朵玫瑰。在小王子眼里，这朵玫瑰是独一无二，天下最美丽的。当然事实上，在别的地方，这样的玫瑰遍地都是。但是在小王子眼里，他的这朵玫瑰，是天底下任何玫瑰都不能取代的，因为它是他见到的第一朵玫瑰，也是他亲手浇灌长大的。

那么富察氏，就是乾隆的第一朵玫瑰，因此也是唯一的一朵玫瑰。第一次永远是最美好的，因为它不可复制。对乾隆来说，富察氏是他的初恋，和富察氏在一起的一切的一切，都是永远难以磨灭、忘却的记忆。虽然有了新皇后，虽然后来他又有了很多新妃子，但是对谁，他也找不到对孝贤的那种感觉。所以虽然乾隆也总劝自己对新皇后好点，无奈真情不能勉强，这个新皇后始终是有名无实，得不到乾隆的恩爱。一直到乾隆三十年，一直备受冷落而心情抑郁的皇后在南巡路上，终于与乾隆发生了一次激烈的冲突，皇后当众剪去自己的头发，声明想去做尼姑，说我这样活着，还不如尼姑。乾隆大怒，把皇后打入冷宫。从此以后，乾隆再也没有立过皇后。有人说你不是说乾隆有三位皇后吗？第三位皇后，是嘉庆皇帝的生母，是死后追封的。这是孝贤去世对乾隆影响的第二点。

第三点则是私生活上的放纵。

从乾隆对孝贤皇后的感情来看，乾隆是一个很专一、很重情义、很重礼法的人。然而，乾隆的后宫还有另外一面，那就是放纵和恣肆的一面。不过，他的放纵和恣肆，与他的专一，正是相辅相成，互为因果的。

我们前面讲过，乾隆的后妃，仅有名号的，就多达四十位。这个数字，如果放到其他朝代，可能不算多，可是在清朝皇帝中，已经是第二多了，第一多的是康熙皇帝，六十七个。孝贤皇后在的时候乾隆在私生活上一直很节制、很守礼法。然而，孝贤去世后，乾隆内心感觉特别空虚，就纳了许多妃子。不管是谁，只要看中了，就想法娶进宫中来。乾隆的这些妃子，从出身来讲，有大家闺秀，也有普通人家的女儿，甚至还有犯了罪的犯官女儿。从民族来讲，有满族，有汉族，有蒙古族，还有回族。可以说，五花八门。从这点上说，乾隆中年之后，是一位比较放纵自己私生活的皇帝。

乾隆后宫突破礼法的一个重要表现，就是出现了汉人之女。清代后妃制度规定，不能选汉人女子为妃。当然，清代祖制所说的汉人，不包括汉军八旗，汉军八旗被列为旗人。但是清代档案明确显示，乾隆娶过江南汉人的女儿，这是违反祖制的。我们先来看《宫中档》的这个乾隆四十三年的朱批奏折：

有明贵人之兄陈济自扬州来京，具呈恳求当差。看来此人系不安分之人。

这说明乾隆四十三年时，宫中有一个明贵人，姓陈，是扬州人。另外，根据同一份清宫档案，乾隆当时还有一个姓陆的常在，是苏州人。也就是说，乾隆的后妃当中，至少有两个人，是江南的汉人。那么，这两个人，是怎么违反祖制进的宫呢？

我们说，孝贤皇后死后，乾隆开始用私生活的放纵来填补精神上的空虚。现在有一个词，叫“中年沦陷”，就是说一个人到了中年之后，就会放弃很多青年时代的理想和原则，因为意识到生命已经过半，时间已经不多，就开始寻求刺激。乾隆一定程度上也是这样。他从乾隆二十二年的第二次南巡开始，就在出巡的路上不断地猎艳。

从康熙朝起，皇帝巡幸各地，地方上和皇帝关系特别近的大员，有时会向皇帝偷偷进献美女，供皇帝享用。康熙皇帝身边的大臣李光地在自己的笔记《榕村语录续集》中就披露过这样一件事，说是康熙巡幸山西，山西巡抚噶礼向康熙进献了四名美女。那么据此推测，乾隆南巡过程中，应该也会有地方大员向他进献美女。所以我推测这两位汉妃，很可能是在乾隆南巡过程中，陪伴乾隆，被乾隆相中了，带回了北京的。那么这样不是就破坏制度了吗？乾隆自有办法变通，他可以命这两位妃子的家族入旗，就是变成汉军旗人，这样就算不违祖制了。

当然，乾隆后妃当中，最富于传奇色彩的，应该是那个“香妃”。人们传说，香妃是西域著名的美女，浑身散发着天然的异香。乾隆慕她的美名，把她纳入宫中。还特别建了一座宝月楼，也就是今天中南海的新华门，供她居住。当然，今天我们梳理历史资料，已经弄明白，所谓香妃，就是《清皇室四谱》中记载的“容妃”，维吾尔族，姓和卓氏，是维吾尔上层贵族之女，她是乾隆二十五年平定准噶尔后入宫的。宝月楼是什么时候修的呢？修建于乾隆二十三年，所以说宝月楼不是因为香妃所修。在容妃生前，没有人管她叫过香妃，说她身有异香什么的，那纯粹是后人编出来的。她只是民族比较特殊，其他方面并没有特别特殊的地方。事实上，连那张著名的香妃像，是不是香妃本人，也大成问题。因为这张像，是1915年当时的故宫古物陈列所在从避暑山庄运来的一批文物中偶然发现的，画像上面有一张清代的黄签，标明这张画像叫什么呢？叫作“美人画像”，并没有说是哪个妃子的画像，更没说就是香妃的画像。古物陈列所在陈列这幅画时，为了获得轰动效应，根据香妃的传说，给她定名为“香妃戎装像”，使这幅画像从此大名远扬，但是很有可能，这张画像和香妃，没有任何关系。

我们可以说，乾隆在五十多岁的时候，娶了少数民族的容妃，这既有笼络维吾尔上层贵族的意图，也有寻求刺激的意图。乾隆的后宫，在他人到中年之后，那是越来越丰富多彩、五花八门了。不过，虽然后宫中粉黛如云，乾隆却再没有能找到富察氏那样的知己。乾隆在谕旨中曾经讲过，自从孝贤皇后去世后，他就养成了独宿的习惯，不再让任何妃子陪伴他过夜。每天晚上被他临幸过的妃子走了之后，伴随着乾隆度过漫漫长夜的，其实是无穷无尽的寂寞。我们可以说，孝贤去世后，乾隆的生活中只剩下了性，却没有了爱情。

第四点影响是，对富察氏的思念，成了乾隆后半生感情生活的主旋律。

在私生活越来越放纵的同时，乾隆对富察氏的思念，却与日俱增。阅历的女人越多，乾隆越发觉，富察氏这样的女人，上天只创造了一个。曾经沧海难为水，在后半生中，任何一个与富察氏有关的场合，都会引发乾隆的深深思念。

乾隆十九年（1754年），他东巡关外，路过科尔沁草原，顺道看望一下嫁到蒙古的女儿——固伦和敬公主。富察氏一生生了四个孩子，两男两女，只有这个女儿最后活下来，嫁给了蒙古亲王。看到女儿，乾隆不由得想到了她的生母，写下了这样两句诗：“同来侍宴承欢处，为忆前弦转鼻辛。”本来见到女儿很高兴的场合，我因为想到死去的皇后，鼻子又是一阵酸楚。

自从皇后死后，乾隆一生就再也没有进过济南城，为什么呢？因为当初皇后就是在这里生病的，所以每次快到济南的时候，乾隆心情都很不好。乾隆三十年，第四次南巡，乾隆又一次经过山东，就赋诗一首，说明他为什么不进济南：

> 四度济南不入城，恐防一入百悲生。
>
> 春三月昔分偏剧，十七年过恨未平。

就是说，四次不入济南城，是怕一进去，就勾起痛苦的回忆，十七年前的三月，皇后在这里病倒，十七年过去了，我心中仍然余恨未平。

这样的诗，乾隆一生作了不下百首。凡是看到皇后生前用过的物品，到了与皇后共同待过的地方，甚至看到南飞的大雁，都会引起他对富察氏的思念。每次乾隆去拜谒东陵的时候，都必到裕陵，给埋在那里的孝贤皇后上坟。

乾隆五十五年，已经八十岁的乾隆又一次来到妻子坟前，写下这样一首诗：

> 三秋别忽尔，一晌奠酸然。
>
> …………
>
> 夏日冬之夜，远期只廿年。

就是说，我已经有三年没给你上坟了，今天到这里，忍不住又哭了。八十岁的老皇帝对地下的妻子说，我现在啊，年龄越来越大，唯一的安慰，就是可以早日见到你。所以虽然我身体还好，别人都说我能活到一百岁，我却不想活那么久，因为我真想能早点和你团聚！

九年后，也就是富察氏去世五十一年后，乾隆皇帝终于撒手人寰，完成了和富察氏地下相聚的愿望。所以我们说，皇帝皇后之间，也是有真感情、真爱情的。乾隆和孝贤皇后之间的爱情，就是一首现实版的《长恨歌》。

一个人的感情生活是否幸福，会对这个人的性格、生活甚至工作产生极大影响。孝贤皇后在日，乾隆王朝是阳光的、向上的。孝贤去世后，乾隆这个人性情大变，就连他的施政风格也发生了巨大转变。可以说，孝贤的去世结束了春风拂面的乾隆初政期，还引发了乾隆继位之后最剧烈的一场政治地震。

第八讲
不祥的乾隆十三年

乾隆皇帝这个人身上，有一些奇怪的现象。比如，刚当皇帝那阵，他就预感到乾隆十三年，是一个不吉利的年头。乾隆自己说过：“朕御极之初，尝意至十三年时，国家必有拂意之事，非计料所及者。”（《清高宗实录》）就是说，我刚登基的时候，就感觉，乾隆十三年，必然会遇到什么意想不到的灾难。为什么乾隆会有这样的预感呢？没人知道。我只想到了一个原因，那就是雍正在位恰好十三年，所以乾隆登基之初，就对十三这个数字在心理上有一种不祥的预期。

历史有时候就是这么巧合。乾隆这个奇怪的预感竟然丝毫不爽地应验了。乾隆十三年的三月，孝贤皇后去世了。

孝贤皇后，是乾隆的第一位皇后，也是乾隆最钟爱的女人，她突然病逝，不光给乾隆的感情世界造成了巨大的风暴，同时，也引发了大清政坛的一次九级地震。

孝贤皇后去世，乾隆非常悲痛。那么斯人已逝，乾隆能做的，只能是为她办一个盛大的葬礼，尽尽自己的心意。所以乾隆对孝贤皇后的葬礼非常重视，要求每一个细节都要办得完美无缺，在每一个环节，都做到百分之二百的好，这样才能配得上皇后在乾隆心中完美的形象。

但是，大臣们不了解皇帝的心思。在他们心目中，孝贤皇后的丧事和别的皇室丧事并没有什么区别，他们只需要例行公事按部就班地完成既定程序就可以了。所以这个葬礼办得就和皇帝的要求有了差距。

葬礼上需要宣读册文，大体相当于今天的悼词。这个事归翰林院管。翰林院起草好悼词之后，乾隆说我要看一看，拿过来一看，发现草稿中有一处满文的译文，翻错了，把汉语中的“皇妣”，也就是皇母，不小心译成了“先太后”，也就是祖母。说实在的，这类小小的错误在当时的文件翻译当中是很常见的，发现了，顶多警告一下，马上改过来就完了。谁也没想到，乾隆因此勃然大怒，命令把管理翰林院的刑部尚书阿克敦斩监候，秋后处决，就是关到监狱里，等秋天的时候砍脑袋。其他经管过此事的处级以上的臣僚，一律革职，全赶回老家卖红薯去了。这个处理，把满朝文武都吓傻了，草稿当中翻译错了一个词，就处理得这样重啊？不至于吧！

就在大臣们还没明白过味的时候，紧接着又发生了两件事。

按历代规矩，皇后的葬礼上需要使用黄金打造的金册。金册做完了，乾隆说拿来我要亲自看看做得怎么样，一看，乾隆说造得不够精致，“甚属粗陋”，配不上皇后的尊贵。制造金册这个事，归工部管，乾隆雷霆大怒，工部的所有司级以上的大臣，全部问罪。过了两天，乾隆又发现祭礼用的桌子擦得不够干净，这个事归光禄寺管，光禄寺主要大臣一律降职。（《清高宗实录》）总之，因为葬礼，乾隆处理了很多人。

事情到此还没有完结。满族旧习，遇到皇帝皇后的丧事，一百天之内，大臣们不能剃发，就得那么蓬头垢面地待着，表示自己光顾着专心致志地悲痛了，顾不上收拾自己的仪表。不过，这只是一种不成文的风俗，在国家法典《大清会典》中并没有记载。所以天长日久之后，到了清代中期，越来越多的人已经把这个事忘了。十多年前，雍正皇帝去世时，很多大臣在百日内已经剃发了，当时也没有任何人追究。所以孝贤皇后死后，许多人也正常剃了头发。不料乾隆上朝后发现了，看到好几个人脑门儿剃得精光跪在自己面前。乾隆勃然大怒，说，你们居然对皇后这么不尊重！结果一品大员，江南河道总督周学健以及湖广总督塞楞额，被乾隆赐令自尽；湖南巡抚、湖北巡抚两人也因此革职。谁也没想到，堂堂大清王朝的一品大员就因为几根头发，掉了脑袋！

总之，根据《清高宗实录》的记载，因为孝贤皇后去世，全国几十名大臣都倒了霉。原来风平浪静的朝廷上莫名其妙刮起了一股十级台风。所有人都没有想到。

心理学家说，处于丧偶期的人，最容易出现人际关系不协调的状态，经常是无缘无故地指责别人，对别人发脾气。原因很容易理解，他们内心很痛苦，也希望所有人都能体会、理解他的痛苦。身处巨大痛苦中的人，总觉得别人对他的关心同情不够。乾隆就是这样，他不明白天都塌下来了，他最亲爱的人都去世了，他的世界已经变得暗无光彩了，为什么那么多人，却若无其事，该吃吃，该睡睡呢？

乾隆在极度悲痛中，无法控制自己的情绪，不加节制地释放自己内心的痛苦，通过惩罚他人来泄怒，这才造成天下那么多人倒了霉，掉了脑袋。

当然，乾隆一时的情绪失控，只是造成这次政治大风暴的表面原因，或者说皇后的去世，只是一个导火索。在任何重大历史事件的背后，都有着更为深刻的原因。从更深层次来说，这场风暴，实际上也是乾隆对臣僚群体压抑了多年的不满的一次总爆发。

我们说，乾隆朝政治经历了三个阶段：早年宽仁，中期严峻，晚年宽纵。从乾隆即位到乾隆十三年的初政时期，乾隆的统治风格，是行仁慈宽大之政。

但是仁慈之主不是那么好当的。乾隆对臣僚们宽大仁慈，一开始他们确实如沐春风，感激涕零，感恩戴德，可是时间一长，有些人就故态复萌，又回到了康熙晚年那个懒散懈怠的老样子了。乾隆五年以后，大清王朝的政治纪律就开始出现废弛的苗头。许多地方，最勤奋的地方长官，也不过是能按时上班，处理完几个文件，就早早下班，回家去听戏喝酒去了。这就已经算好官了。至于那些懒惰的地方官，初一、十五，才到衙门里坐一坐，平时老百姓根本见不着他们的影。

这还不算大事。更为严重的是，乾隆一宽大，手一松，贪污之风又刮起来了。雍正年间，由于雍正皇帝大力整顿，臣僚们基本都能安分守己，到了乾隆六年前后，朝中却先后发生了数起大案。

根据《清高宗实录》记载，乾隆六年，有人举报山西布政使萨哈谅"收兑钱粮，加平入己"。什么意思呢？布政使是一个省里专管财政的长官，相当于今天的财政厅厅长，就是说山西财政厅厅长萨哈谅这个人，在收税的时候，随便滥收费，应该收一万两，他收两万两。多的那一万，归了自己了。

乾隆看过这份举报信后，十分意外，他本来想建成一个历代都不能比的清明盛世，没想到在自己的眼皮底下，会发生这样明目张胆的贪污行为。他非常生气。乾隆生气地问："朕以至诚待天下……竟视朕为无能而可欺之主乎？"就是说，我以至诚待天下，而这些人竟然把我当成了历史上那些可以随便欺负的无能之主吗？

这件事头一次引发了乾隆对自己的宽大之政进行反思。自己对大臣们这样好，为什么还是这么个结果呢？显然，自己的执政方针有问题。

到了这个时候，乾隆有点理解他的父亲雍正了。我们以前说过，乾隆刚当上皇帝的时候，对雍正抱着很强的逆反心理，觉得雍正这个皇帝做得没风度、不聪明，成天急赤白脸，搞得大家对他都没好印象。但是到了现在，乾隆发现，父亲雍正那么严厉、那么苛刻，也不完全是他个性残暴，一定程度上也确实是大势所迫，是康熙晚年留下的一些大臣不容他宽大。中国有个成语，叫水弱易玩，就是说，水这个东西看起来比较柔弱，但很多人最后都是淹死在水里。一个统治者过于仁柔，结果可能是导致更多的大臣陷入法网。乾隆即位之初，学习唐太宗，诚心诚意对待百官，希望百官也能和自己一心一德，共臻盛世。然而，到现在，他发现，清代大臣的整体素质，和唐代唐太宗的时候没法儿比。虽然皇帝对他们十分友善，但是有相当一部分人，并没有用相应的忠诚来回报君主。相反，他们把皇帝对自己的信任当成了可钻的空子，只顾着拼命捞钱。所以乾隆十五年，他反省自己的初政说：我登基之初，还有“好名”之心作怪，如今阅事既多，才深知政治必须出于大公至正，才能不走偏。我们说过，乾隆即位之初就明确的一个统治思路是宽严相济。现在他感觉，宽得已经超过尺度了，需要动用严的一手了。

所以乾隆十三年的政治风暴，确实并非偶然。好几年来，乾隆一直憋着一股劲，酝酿着，要对臣僚们来一次大整风。只不过因为孝贤皇后在，乾隆的生活很幸福，情绪一直很好，没有动得了杀手。现在，皇后死了，乾隆心情极度恶劣，就借着这个机会，玩了一个变脸。突然间就变成了一头暴怒的狮了，在大清帝国政坛上刮起了一股恐怖之风。

所以我们说，乾隆十三年是乾隆朝政治的一个分水岭。

那么从乾隆十三年起，乾隆皇帝的统治方式都有哪些具体的改变呢？

第一，统治方针上，由儒入法。

我们以前说过，乾隆受的是正统儒家教育。儒家在处理君臣关系上，强调的是“君使臣以礼，臣事君以忠”，这是一种理想主义的状态，但是现实生活中很难做到。儒家的思想是，人之初，性本善。那么调侃地说，我认为，法家的思想则是，人之初，性本贱。法家认为，人是趋利避祸的一种动物。你只有用利益去吸引他，用严刑峻法去吓唬他，他才会听话。我们说，儒家和法家的观点当然都是片面的，人性既有善也有恶。历代都有很多有理想有操守的大臣，不过不论哪个朝代，确实都有相当一部分人，你和他们讲多少大道理都没用，只有在他们面前悬起功名利禄，在后面举起皮鞭，他们才会乖乖地跟你走。这种人随着君主专制的加强，到了明清两朝特别多。因此从乾隆十三年开始，乾隆抛开了宽大仁慈的面具，放弃了“以礼治天下”的儒家梦想，拿起了法家的屠刀和鞭子，像秦始皇那样以“法”“术”“势”来统驭大臣。这是统治方针和思路的转变。

第二，具体措施上，严惩贪官。

从乾隆十三年开始，乾隆皇帝掀起了一场惩贪风暴。

我们读历史，一直有一个认识误区，那就是清代惩贪最厉害的皇帝，是雍正。其实不对，应该是乾隆。乾隆比雍正仁慈，那是乾隆十三年以前的事。到了中期，乾隆皇帝可以说，是中国历史上惩贪态度最坚决、手段最严密、手腕最强硬的皇帝之一。

乾隆具体是怎么做的呢？乾隆中期惩贪，有什么特点呢？

第一个特点，废除了“完赃减等之例”。

雍正惩贪，实行的是完赃减等条例。就是说，凡贪污挪用公款的罪犯，如果在一年之内将所有公款都补齐了，就可以免死，减罪一等。如果一年之内没有全部补上，还可以再宽限一年，让犯官自己到监外去筹款来还钱。第二年仍然没能补全的，犯官进监狱，而他的家里人，老婆孩子仍然可以帮他筹钱补赔。这样拖来拖去，贪官污吏最后很多人都没有被处死。

到了乾隆朝，乾隆在二十三年，克服巨大阻力，毅然废除了这个完赃减等条例。乾隆规定，不管你家里多有钱，贪污白银只要满了一千两，就判处斩首，绝不宽贷，你用多少钱，哪怕十万两，也买不回这条命。这一改革，就使大清王朝的惩贪力度大大地上了一个台阶，无数贪官，人头落地。这还不算完事，那人死了，钱就不用还了呗？不行，“其未完银两着落各家属追缴，并查家产变抵”。就是，本人杀掉了，还要接着追查家属的财产，把所有家产都要追出来，这才算罢手。为了防止贪污的人转移家产，他要求各省总督巡抚一旦发现有贪污犯，第一件事，就是派最快的快马，去查封他的家产，防止他转移。所以乾隆惩贪手段之严酷，比雍正有过之而无不及。在整个中国历史上，惩贪最严厉的皇帝，乾隆可排第二位，第一名，当然还得是明朝的开国皇帝朱元璋。朱元璋惩贪，用的是剥皮实草之法，就是只要贪污六十两，就要把这个官员的皮剥下来，里面填上草，放在下一任官员的办公桌边上，提醒你别再贪污了。这个办法，乾隆比不了。

乾隆惩贪的第二个特点，是执法从严，波及面广。高级大臣犯别的罪，也许情有可原，但如果是贪污，即使情节轻微，只贪了几两银子，也绝不宽恕。而且凡是与此案有牵连的官员，都会受到严肃处理，一个也不会放过。

乾隆二十二年，云南总督恒文按各地惯例为皇帝准备“土贡”，就是找一些土特产，做节日的贡品。云南产什么？历史记载，云南以产黄金闻名。《千字文》中不是说“金生丽水、玉出昆冈”吗？丽水就是指金沙江。于是他想买点黄金，做几个金手炉，献给皇帝。当时黄金市价为十四两银子买一两金子，而恒文呢，因为省政府经费不够，每两金子只出十两银子，让部下去买，钱不够，你们自己想办法。这当然是以购买为名，行勒索部下之实，一个堂堂省级长官做这样的事，确实挺不光彩的。不过这件事，总共也没占几百两的便宜，情节也确实谈不上重大。

但是这个事被揭发后，乾隆的处理却很重。虽然恒文能力突出，一直深受乾隆的宠爱，但是因为事涉贪污，乾隆还是决定，赐恒文自尽，给恒文买金子帮过忙的云南巡抚、布政使、按察使这三位高官，也一并被革职，与此事有关的其他五十六名州县的地方官员，都受到了处罚。可见只要涉及贪污的案子，乾隆就一点儿也不会手软，态度十分坚决。

乾隆惩贪的第三个特点，就是打击贪污没有禁区，哪怕你是皇亲国戚。

乾隆的后宫中，除了孝贤皇后地位最高外，第二高的是慧贤皇贵妃。

这位贵妃是大学士高斌的女儿，也很受乾隆宠爱，受宠程度仅在孝贤皇后之下。所以慧贤皇贵妃的弟弟高恒沾了姐姐的光，仕途很顺利，乾隆二十二年，让他出任两淮盐政这个肥缺。但是这个人，很贪婪，就任不久，就“收受商人所缴银两至十三万之多”。（《清高宗实录》）贪了十三万两，胃口真不小。案发之后，乾隆一点儿也不客气，以其“辜负圣恩，罪无可逭（huàn）”，把这位小舅子立即处死了。

不过毕竟是自己的至亲，杀掉高恒之后，乾隆心里很不好受，对高恒的后人很照顾。十年之后，又派高恒的儿子高朴出任叶尔羌办事大臣，叶尔羌在今天的喀什地区。不料这个人跟他爹一样，到任不久就私自派人去开采玉石，转往内地贩卖，得的钱装入自己的腰包。事发之后，乾隆虽然很痛惜，但还是下旨说，高朴“贪婪无忌，罔顾法纪，较其父高恒尤甚，不能念为慧贤皇贵妃侄而稍矜宥也”，就是不能因为他是皇贵妃的侄子而稍稍有所宽纵，所以降旨将高朴即于当地正法，在叶尔羌当地就给砍了脑袋。

所以乾隆中前期，反贪确实是清代历史上决心最大，力度也最大的。乾隆中前期，省级以上大臣，被以贪污罪名查处的多达三十几起，其中被砍了脑袋的有二十余名。乾隆朝，在清代，是处死高级大臣人数最多的一朝。整个乾隆朝，有资料可查的大的贪污案，就有五百八十九件，这在整个清史上是绝无仅有的。

以上是我们所说的乾隆惩贪的三个特点。我们说，在一定程度上，治理传统中国，有一个最简单的规律，只需要抓好惩贪这一条，基本上就能成功。你看历史上，只要惩贪比较有力度，政治纪律比较严明，那基本上都是治世。反之，惩贪抓得不好的，基本上都是乱世。所以乾隆中期，就牢牢抓住了惩贪这个关键，保证了清朝继续在向上的轨道上前进。

乾隆由宽到严的这种突然变化，当然是所有人都没想到的。在大家眼里，乾隆本来是一个儒雅、仁慈、自制力极强的君主。没想到，他身上竟然还有这样“喜怒无常”、纵情任性的一面，看来十三年了，人们对乾隆还是不够了解。看来这个人毕竟是雍正的儿子，雍正的冷酷，他一丝不少地继承下来了。确实，在反贪的同时，乾隆对大臣的态度，也从开始的“以礼待之”，变成了颐指气使，呼来喝去，动辄痛骂训斥，和雍正当年，几乎一模一样。比如乾隆三十五年，他在圣旨当中，居然当众提了贵州巡抚宫兆麟的外号，他的原文是：“看来宫兆麟之为人，应对是其所长，而于办事殊少实际，是以外间竟有铁嘴之号。”就是说，宫兆麟这个人，只会耍嘴皮子，办不了实事，怪不得大家管你叫宫铁嘴。（《清高宗实录》）这道诏书可是明发全国的啊，这个省长的外号，这下就让全国人民都知道了。

所以我们说，乾隆十三年后，乾隆不论是在语言上还是行动上，都越来越向他的老爹雍正回归。

确实，人的遗传基因的力量是非常强大的。有的时候，人会意识到自己遗传的缺陷，因此尽力加以掩饰和矫正，但往往效果不明显。乾隆虽然十分欣赏祖父康熙的宽仁，但是他自己的性格中，还是继承了很多父亲苛刻暴烈的一面，也许正是因为这一点，所以乾隆十三年前，他拼命加以掩饰。但孝贤皇后之死，让他精神近于崩溃，再没心情掩饰自己了，他要任情纵性，随心所欲地做这个皇帝了。

因此，我们以乾隆十三年为界，把他的统治分为前期和中期。如果说乾隆前期，像一轮初升的太阳，让大家感觉很温暖，很明亮。那么，进入中期，他就像一轮升到高天的烈日，烈日炎炎，热得让大家都受不了。

为什么乾隆在中期比老爹雍正还狠，后来的名声却远比雍正要好得多呢？这第一个是因为第一印象很重要。乾隆刚即位时，曾经实行了十三年宽大之政，这个宽仁的形象深入人心，不会立刻被人们忘掉。第二个是不久之后，乾隆就将大清推向盛世顶峰，国家方方面面，都出现全盛局面，在经济蓬勃发展的同时，政治纪律还保持了比较严明的状态。这在历代都是很难做到的，让人对他不能不服气，所以他的这种严猛，就被淹没在引人注目的功绩之中了。

那么，除了统治风格的剧变，在具体的用人上，乾隆十三年前后，也发生了重大的变化。这就是我们讲的乾隆十三年政治变化的第三点，大力起用新人。

我们之前讲过，乾隆刚刚继位时，为了保持政局平稳，保留了雍正留下的老班子。这并不是说他不想用新的人马，只不过是他感觉时候没到。他前后用了十多年时间，来进行新旧人员的交替。

在乾隆十三年以前，唯一破格提拔的重要人物是讷亲。讷亲是满族镶白旗人，因为他办事干练，雍正挺赏识他，所以在雍正末年，年纪轻轻，就已经进入军机处。乾隆即位后，不是定下了亲贵不得干政的政治原则吗？好几位皇族被清除出了军机处，那么讷亲这个在军机处中本来排名最末，年纪最轻，又没什么背景的人就得到了乾隆的重用。乾隆让他兼管吏部、户部这两个最重要的部。又任命他为领侍卫内大臣、协办总理事务、进封一等公爵，一时权倾朝野。乾隆为什么这么重用讷亲呢？因为讷亲第一是精明能干，思路和乾隆经常能合拍。《清史稿》说，"讷亲勤敏当上意"。第二，是清廉，"尤以清介自敕，人不敢干以私，其居第巨獒缚扉侧，绝无车马之迹"（《清史稿》）。就是说，他在大门口拴了个藏獒，像小狮子一样，送礼的，都不敢上门。这两点，特别合乾隆的心思。不料在倒霉的乾隆十三年，讷亲因为指挥金川战争失利，最后被乾隆赐死了。

虽然杀了讷亲，但是从任用讷亲的过程中，乾隆却发现了使用年轻大臣的好处。这些人思维敏捷、精力充沛、办事干练、有冲劲，不像老臣那样拖泥带水。特别是，他们与朝中朋党没有什么关系，皇帝用起来放心。所以继讷亲之后，乾隆又提拔了另一个青年大臣，叫傅恒。

傅恒是谁呢？是富察皇后的亲弟弟，也就是乾隆的小舅子。乾隆和皇后关系好，对这个小舅子也好，而这个小舅子也确实有才干。傅恒为人能礼贤下士，宽厚待人，和自己的姐姐性格很像。“款待下属，多谦和，与共几榻，毫无骄状。”（《清稗类钞》）就是说，下属到他那儿拜访，他从来不拿架子，不管多小的官，总是往炕上让。傅恒的另一个特点，也是能跟上乾隆的思路。乾隆后来决定攻打准噶尔时，满朝大臣一致反对，只有傅恒一个人支持皇帝。所以乾隆说“西师之役，独能与朕同志，赞成大勋”。（《清高宗实录》）乾隆十三年，讷亲被杀后，乾隆就让傅恒做了首席军机大臣，也就相当于过去的宰相。这个时候，傅恒才不过二十五岁，是史上最年轻的首席军机大臣。这个首席军机大臣傅恒做了二十三年，直到乾隆三十六年，傅恒在征讨缅甸的时候，染病去世。

我们以上讲的都是满族大臣。乾隆皇帝这个人，用人上比较重满轻汉，但是他也提拔任用了一些汉族大臣，最著名的叫刘统勋，就是刘墉刘罗锅的父亲。刘墉在民间故事中很有名，但是他父亲在历史上，比刘墉可重要多了。刘统勋，是山东高密人，雍正年间进士，乾隆年间做到大学士以及军机大臣。有一个电视剧《天下粮仓》，演的就是刘统勋的故事，在这部电视剧中，刘统勋是一个很清廉、很刚正的官员，在历史上，刘统勋也确实有这些特点。刘统勋的特点一是智商高，判断事情准确，乾隆说他“遇事神敏”（乾隆所作《怀旧》诗中句“遇事既神敏”）；二是敢于直言，敢于弹劾朝中那些高级大臣，曾参奏大学士张廷玉、讷亲这样的权倾朝野的高官，用乾隆的话来说就是“秉性刚劲”（《怀旧》诗中的下一句“秉性复刚劲”）；三是不结朋党，一个人独来独往，不拉帮结伙；四是清廉，《诸城县志》称赞刘统勋说“家故有田数十亩，敝庐一区”，家里只有几十亩薄田，几间破房子。乾隆对他非常欣赏，曾说：“如刘统勋乃不愧真宰相。”就是说，人们习惯把大学士称为宰相，其实只有刘统勋这样的人，才算得上宰相之才。

所以我们总结乾隆中期大量起用的新人，基本上都有这么几个特点。

第一，聪明，干练，能办事，跟得上皇帝的思路。

第二，不拉帮结伙，不结朋党。

第三，比较清廉，不贪污。

政治方针确定之后，下一个关键就是用什么样的人去执行，乾隆中期政治成功的重要原因是以其过人的眼光，打造了一支能打胜仗的臣僚队伍。乾隆不像有些传统帝王那样，重德不重才。他对大臣的要求是，“务得有猷（yóu）有为”，有德无才的，坚决不用。对那些高分低能的书呆子他一直很讨厌。有德有才的，那当然一定要用；有才无德的，也会适度用。比如到了乾隆后期，乾隆也用了和珅这样的贪官。当然乾隆的这种重才轻德的做法，也埋下了深刻的隐患。

中国历史中最常见的政治疾病是“肠梗阻”，也就是最高决策无法有效通过官僚机构贯彻到社会底层。而乾隆在中前期，成功地解决了这个问题。乾隆中期的大臣队伍效率高，执政能力强，皇帝的重大决策基本可以得到有力贯彻。这就为乾隆盛世的到来提供了坚实有力的组织保证。

乾隆提拔新人，打造新班子，一个重要目的，是瓦解旧的朋党。乾隆起用的这些人，都与朝廷中旧的帮派没有什么关系。随着新旧班子交替的逐步完成，乾隆终于可以对原有的朋党组织进行大的手术了。手术的目标，就直指当时最重要的一位政治人物。

第九讲

伴君如伴虎

乾隆十三年，乾隆处分了很多大臣。其中级别最高的一个人，是三朝老臣张廷玉。

处分张廷玉这个事，发生在乾隆十三年的十月。这个月，按惯例，翰林院要为刚刚去世的皇后写祭文。因为乾隆对孝贤皇后的丧事特别重视，所以把祭文拿来亲自检查了一遍，看了之后，认为其中有一个词，用得不妥。哪个词呢？“泉台”。这词是什么意思呢？指九泉之下，本来是很文雅的说法。但是乾隆吹毛求疵，说“泉台”这两字不够“尊贵”，普通人用这个词尚可，“岂可加之皇后之尊”，皇后这样尊贵的人，应该想出些特别的词来加以形容，这个词不妥。因为这样一件莫名其妙的小事，乾隆下令，把主管翰林院的大学士张廷玉罚俸一年。

罚俸一年，对其他官员来讲，可能不是太重的处罚，但是对张廷玉来讲，可不一样，这是他步入仕途四十七年来，受到的第一次处分。这让老臣张廷玉不免胆战心惊。

我们来重点讲一下这位老臣张廷玉。为什么呢？一是张廷玉这个人的命运确实很曲折，很令人唏嘘；二是乾隆和张廷玉的恩怨纠结背后，反映了一个重要问题，那就是乾隆打击朋党的努力。乾隆朝处理朋党问题比较成功，其中一个最大的手笔，就是对张廷玉的处理。

张廷玉这个人，可以算得上中国历史上做官本领最高强的大臣之一。为什么这么说呢？因为从康熙晚年到雍正晚年，是清代政局比较动荡的一个时期，康熙朝是诸子争立，雍正朝是整肃政治纪律，不断收拾大臣，张廷玉却正是在这样一个动荡时期，从一个普通进士，一步步晋升到位极人臣的大学士，直到乾隆中期以前，四十七年间，没有犯过任何错误，没有受到任何处分，这在当时是绝无仅有的。

那么他做官有什么诀窍呢？我们看一下他的履历。

张廷玉是安徽桐城人。出身书香门第，官宦世家，他的父亲，是康熙朝大学士张英，所以从小家教特别好。二十九岁，张廷玉中了进士，又被点了翰林。三十三岁那年，康熙皇帝在一个偶然的场合遇到了他，发现这个年轻人长得一表人才，言谈举止又特别稳重特别得体，落落大方，很高兴，命他“侍直南书房”，就是把他留下来做了自己的贴身低等小秘书。（《张廷玉年谱》）

从那之后，张廷玉就交上好运了。从三十三岁到四十五岁，他给康熙皇帝当了十二年秘书。同样的才华，同样的努力，在不同的岗位上，回报大不一样。给皇帝直接服务，回报当然是非同一般。在这十二年间，因为康熙皇帝十分赏识他，他的级别，从从七品的翰林院检讨，也就是相当于今天的副处级研究员，升为从二品的礼部侍郎，大致相当于今天的副部长，整整升了十级。

这是康熙朝，张廷玉从一个进士，做到了侍郎。有的小说说他康熙朝就是权倾朝野的大学士，这是不符合史实的。

那么到了雍正朝，张廷玉就更了不得了。

康熙去世，雍正登基。雍正一见张廷玉，对他特别欣赏，说他“气度端凝，应对明晰”（《张廷玉年谱》），就是说气质沉稳，头脑清楚，应对起来特别有条理。雍正皇帝是一个特别有魄力的人，敢于破格用人，康熙去世才半个月，他就把张廷玉升为礼部尚书，也就是相当于今天的正部长。

我们都知道，雍正皇帝是中国历史上出了名的难伺候的皇帝，为人特别苛刻。但是他对张廷玉，却是一见如故，欣赏至极。把张廷玉提拔为礼部尚书之后，雍正就离不开这个人了，每天都要张廷玉进宫，什么事都要和张廷玉商量，凡是发布圣旨，都是雍正口授，张廷玉记录。头一年把张廷玉升为礼部尚书，第二年又让他兼翰林院掌院学士，管理翰林院。雍正四年，又晋升他为文渊阁大学士、户部尚书。雍正六年，又让他兼吏部尚书，一个人，做了两个部的尚书。到了雍正七年，雍正设立军机处，又让他做了首席军机大臣，可谓一人之下，万人之上，成了天底下除了雍正皇帝外最有权的人。当然，这个首席张廷玉只做了三年，雍正十年鄂尔泰从外省进京，按照清代先满后汉的惯例，鄂尔泰做了首席军机大臣，张廷玉退居次席，但仍然很有实权。

除了不断给张廷玉加官晋爵之外，还有两件小事情，可以看出雍正对张廷玉是多么重视，君臣感情是多么好。

第一件事，雍正五年五月，张廷玉生了病，请了半个月病假。病好以后，进宫见皇帝，雍正见着他，第一句话就说："朕前日向近侍曰，朕连日臂痛，汝等知之乎？"就是说，我前两天对太监们说，我这几天胳臂疼，你们知道吗？"近侍惊问故，朕曰，大学士张廷玉患病，非朕臂痛而何？"太监们忙问怎么了？胳臂疼怎么不找御医看呢？我笑了，说，大学士张廷玉病了，这不就相当于我胳臂痛吗？你看，雍正视张廷玉如同自己的肱（gōng）股，离开一天，就如同没了胳臂一样难受。

第二件事，雍正十一年，张廷玉有一次请假，回老家去探亲。回老家之后，雍正皇帝很想念他，在奏折上批了这样一段话："朕即位十一年来，在廷近内大臣一日不曾相离者，惟卿一人。义固君臣，情同契友。今相隔月余，未免每每思念。"（《张廷玉年谱》）这段话写得，简直有点像情书。说的什么意思呢？说我当皇帝十一年了，和你啊，一天也没有分离过。我们名义上是君臣，实际上，就是拜把子兄弟！契友，就是结拜兄弟。说如今，分别了一个月，我是特别地想念你。可见君臣两个人感情好到了什么程度。

因此雍正去世后，张廷玉获得了清代汉族官员从来没得到过的一个殊荣：身后配享太庙，也就是死后与雍正一起到阴间做伴。这是一项极高的政治荣誉，整个清朝，从关外算，二百九十六年；从入关算，二百六十八年，他是唯一享受到这个待遇的汉人。

那么有清一代，汉大臣当中不乏为大清江山立下汗马功劳的人，为什么只有张廷玉一个人配享太庙呢？这还要从清代的宗庙制度说起。

太庙是皇帝供奉祖宗牌位的地方，起源很早，夏商周时期就有了。当然那时最高统治者不叫皇帝，这地方也不叫太庙。夏朝叫“世室”，殷商时称为“重屋”，周代称为“明堂”，秦汉时候起才称为“太庙”。太庙一开始，只供奉皇帝的祖先，后来觉得光自己祖先在这儿待着怪孤单的，所以把皇帝们生前的大臣也供进几个来，给死去的皇帝做伴。但是，能够获得这项荣誉的大臣很少，能进太庙的大臣，只有两类人，一类是皇帝的至亲，另一类必须是对江山社稷做出了特别重大贡献的大臣。

清朝太庙的配享殿分为东西两殿，东配殿供的是宗室亲王，有为清朝开国立下大功的努尔哈赤的儿子代善、多尔衮，晚清的蒙古亲王僧格林沁，恭亲王奕䜣等十四个人。西配殿供的是非宗室的功臣，有开国勋臣扬古利、额亦都，乾隆时的著名大臣傅恒、福康安等十二个人。

所以整个清朝，一共有二十六个人配享太庙，非宗室的功臣仅有十二人。清朝多少个皇帝啊？十二帝，一个皇帝平均才有一个非宗室的功臣配享，所以这是一项极高的政治荣誉。

而在这所有的配享臣子当中，只有张廷玉一个人，是汉族。也就是说，整个清朝二百余年，他是唯一享受到这个待遇的汉人。所以这绝对是一项殊荣，可以说明雍正对他是多么看重。

这是张廷玉在雍正朝的情况。

到了乾隆朝呢，乾隆元年，张廷玉已经六十五岁，是三朝老臣，又有拥立之功。当初雍正皇帝在秘密立储之后，传位密诏的副本开始只给一个人看过，那就是张廷玉，后来又加上了一个鄂尔泰，一共看过的就这两个大臣。雍正刚刚去世，大家一时慌乱，找不到传位密诏，这时候只有张廷玉一个人知道密诏的副本放在哪里，指示太监很快找到了，帮乾隆顺利即了位。所以乾隆对他非常尊重，继续让他做大学士，和鄂尔泰一起，处理国家大事。乾隆平时和张廷玉说话，从来都是和颜悦色，称他为先生，从不直呼其名。张廷玉上朝时，乾隆总是要提醒身边太监，赶紧上前搀扶，别让老人家有什么闪失了。乾隆二年，皇帝又特封张廷玉为三等伯爵。文臣封伯，这开了一个特例。可以说，乾隆初年，张廷玉所享受的待遇，在清代的所有汉族大臣中，堪称空前绝后。

这是他在乾隆朝的情况。

那么，说到这儿，可能有的读者就奇怪了：我们读清史，不论是《张廷玉传》，还是皇帝的《实录》，都没发现张廷玉做过什么特别大的事，立了什么特别大的功，为什么康雍乾三代皇帝都这么欣赏他呢？

说到这儿，我们就要来说说张廷玉身上的过人之处了。在清代严厉的政治纪律下，张廷玉能取得如此成功，绝不是偶然的。他的成功，有两方面的原因。一个是有过人的才干；第二个是对“臣道”——就是怎么做大臣——有精深的研究。我们先来看第一个方面，过人的才干。

张廷玉才干的第一点，是突出的秘书之才。张廷玉自康熙四十三年入值南书房起，就充分表现了他出色的秘书天才。他记录皇帝的话，记得特别准确，起草文件，速度特别快。雍正即位之初能看中他，也是因为这一点。当时雍正要办理康熙的丧事，还要处理政务，一天要发布十好几道圣旨。《张廷玉年谱》说，当时雍正皇帝“口授大意，（廷玉）或于御前伏地以书，或隔帘授几，稿就即呈御览。每日不下十数次，皆称旨。”就是说，雍正采取口述办公的方式。一个人口述什么东西，当然都是比较简单、比较凌乱、比较口语化的。张廷玉就有本事，在几分钟之内，把口语变成典雅的文言文，而且是一篇条理清楚、文采斐然、没有任何漏洞的文言文。张廷玉一天起草这么十几道圣旨，几十年如一日，从来没有出过差错，确实是举世罕见的秘书天才。

张廷玉才干的第二项，是他的满语水平。张廷玉是个汉人，但对满语却非常精通，比当时大部分满族人说得还好。这是为什么呢？因为张廷玉有先见之明，中了进士后，专门花两年时间去学习满语。在年谱中，他说自己“研究清书，几忘寝食，馆师每试，辄取第一”。（《张廷玉年谱》）清书就是指满语。就是说自己研究满语，到了废寝忘食的地步，成绩非常好。他知道，皇帝办公时，核心机密都是用满文来记录，要是不通满语，你就进不了决策的核心层，所以他下大功夫学通了满语。这是第二点。

张廷玉才干的第三点，是超强的记忆力。张廷玉的大脑就是一个活的档案库。全国所有高级大臣，几百号人，他们每个人的出身背景、主要经历、做过哪些大事，他都记得一清二楚。全国一千多个县，所有县令的名字，他都能马上说出来。所以皇帝离不开他。雍正皇帝曾经这样称赞他：“尔一日所办，在他人十日所不能也。”（《澄怀园语》卷一）你一天的工作量，相当于别人干十天的。

所以张廷玉成功的基础，是过人的才干，让皇帝用起来特别顺手。不过，这只是他做官成功的一半原因。除此之外，他还有别人没有的另一半，那就是对“臣道”的深入研究。

什么叫“臣道”呢？就是怎么做大臣，怎么伺候君主。这个词在《易经》上就有了。《易经》说：“阴虽有美，含之以从王事，弗敢成也。地道也，妻道也，臣道也。”意思是说，阴柔是一项美德，要用它来服侍君主，而不敢成就自己的功名，这就是地之道、妻之道、臣之道。这是《易经》老庄一派对臣道的心得，主张“臣道”要阴柔，要把所有功劳都归功于君主，自己要默默无闻。儒家对臣道的研究也非常重视。早在战国时代，著名的儒家学派思想家荀子就专门写了一篇文章，名字就叫《臣道》。那么，荀子的研究成果如何呢？

荀子说，侍奉君主，首先要分析一下你伺候的君主是一个什么样的人，是明君还是昏君。不同的人，有不同的对付办法。怎么对付明君呢？“恭敬而逊，听从而敏，不敢有以私决择也，不敢有以私取与也，以顺上为志，是事圣君之义也。”（《荀子·臣道》）

意思是说，做臣子，你要既恭敬又谦逊既听话，办事又得敏捷，不敢以自己的私心影响君主的抉择，以顺从君主的意志为唯一目标，这是侍奉明君的办法。

那么侍奉昏君或者暴君怎么办呢？“若驭朴马，若养赤子……故因其惧也而改其过，因其忧也而辨其故，因其喜也而入其道，因其怒也而除其怨，曲得所谓焉。”（《荀子·臣道》）

就是说你要像驾驭未驯服的马，或者培养不懂事的孩子一样，要特别小心，琢磨他的心思。趁着他因为什么事恐惧了的时候提点意见，改正他的错误，趁着他忧患了的时候给他讲如何具体处理事情，趁着他高兴的时候给他讲治国的大道，趁着他发怒的时候，设法消除他的怨恨。

你看，在秦始皇出现之前，古人就已经把伺候君主的方法研究得如此炉火纯青了，总结了很多为臣之道。当然，这些所谓的道与术，是特殊历史背景下的文化产物，其中多少是精华，多少是糟粕，需要我们今天重新认识。不过，这些为臣之道，确实是张廷玉的入门教科书。

除了这一点之外，我们还说过，张廷玉是官宦世家，是康熙时期的大学士张英的儿子。张英为官很成功，做了几十年高官，没有过闪失。因此张廷玉做官，是有家传功夫的，父亲张英不但言传，而且身教。所以刚刚走上仕途的张廷玉就显得特别成熟，言谈举止特别沉稳，特别得体，所以一眼就被康熙相中了。

张廷玉深知，皇帝最防备的是什么，是大臣的私心。所以，你必须表现得没有私心，才能够最终满足自己的私心。所以张廷玉为官数十年，最大的窍门，是处处事事，他都能从皇帝的角度出发去考虑问题，从不掺杂自己的私心。张廷玉刚入官场时就发生过一件事。他年轻时有一次做主考官，有一个朋友想买通他，让他透露试题，张廷玉当然没有同意，但是张廷玉拒绝的方式很艺术。他是怎么拒绝的呢？他赋了一首诗，其中两句是："帘前月色明如昼，莫作人间幕夜看。"就是说，我要做一轮皎洁的明月，你不要把我当成一团漆黑的暗夜。这件事一时传为佳话。

一方面是处理事情没有私心，另一方面张廷玉在功名利禄面前一直表现得非常谦退。雍正十一年（1733年），张廷玉的长子张若霭考进士，中了一甲第三名，也就是俗话说的"探花"，别人要是知道自己的孩子得了探花，肯定会高兴得不得了，但是张廷玉不是这样。他知道之后，第一个反应，是"惊惧失措"。他立刻跑到宫里，面见皇帝，"免冠叩首"，说我们家啊，好几个人都中了进士，如今又得了个探花，这气运也太盛啊，不好，凡事太圆满了不好，所以他请求雍正，别让这孩子当探花了，把他降为二甲吧。张廷玉说："天下人才众多，三年大比莫不望为鼎甲，官宦之子不应占天下寒士之先。"就是说，天下人都想考上前三名，我家已经有好几个做官的，把这个荣誉，让给普通人家吧。雍正听了，大为感动，于是，将张若霭降了一名，改为二甲第一名。然后，又专门发布谕旨，把这件事的前因后果详细说了一遍，目的是表扬张廷玉的公忠体国，大公无私。（《张廷玉年谱》）

所以你看张廷玉这个人，既有过人的才干，别人代替不了；又为人这样谦退，处处为皇帝着想。那当然深得皇帝的喜爱。因为他不贪污，所以在雍正朝，皇帝先后多次对他进行过赏赐，赐给他的银子，动不动就上万两，还给了他一所当铺，让他过上了舒服的生活。因为张廷玉不主动为自己、亲人、朋友谋私利，所以雍正皇帝对于他的孩子就特别照顾，他的孩子张若霭后来做官也很顺利，雍正一看到他，就想到他父亲辞退探花这件事，所以总是提拔他，年纪轻轻就做到了礼部侍郎。

那么，读到这儿，有的人说，哦，我们明白了，张廷玉做官最大的窍门就是没有私心。不对，这还不是张廷玉做官的最核心的窍门。截至乾隆十三年，张廷玉在政治最高层四十多年从没有犯过任何错误，靠的是他身上另一个特质：超人的谨慎。

我们说，伴君如伴虎。为什么汉语中会有这样一个成语呢？因为人们从历史中总结出，在皇帝身边，陪王伴驾，确实是一件极为危险的事。

不信你去翻翻历史，中国传统政治史上那些特别有名的文臣武将，大多数下场都不怎么样。你看，商纣王时的比干，是被掏心而死的；秦朝的李斯，最后是被秦二世腰斩；汉朝的韩信，被刘邦给剁了；宋代的岳飞血洒风波亭；明代的于谦上了断头台；明末的袁崇焕则惨遭凌迟；清代的那些名臣，鳌拜、年羹尧、隆科多、肃顺，都是没能保住自己的性命。有些人不是直接被杀，但下场也不怎么样。比如唐代的魏徵，虽然得了善终，但是死后，却被唐太宗“亲仆其碑”，把坟给扒了；宋朝名相寇准，为国家立了大功，最后的结局却是丢官罢职，死在发配的路上。

那么，为什么离皇帝近，就这么危险呢？根本原因，当然是传统的君权，几乎没有任何限制，对大臣们是想杀就可以杀。同时君权是高度自私的、排他的，所以皇帝们的防备心理和猜忌心理又特别强。那么高级大臣，在皇帝身边久了，难免不犯些错误。因此在皇帝身边工作，那真是处处陷阱，步步惊心。

张廷玉熟读经史，专门研究过历代大臣为什么会犯错误。他认为，一般有以下几种原因：

一是性格过于刚直。比如比干这样的大臣，当着商纣王的面批评他不仁不义，不讲方式方法，下场当然很悲惨。

二是只从天下大公出发思考事情。比如岳飞，他只从国家民族角度去考虑问题，却不顾及帝王个人的心理隐私，成天劝宋高宗把徽、钦二帝接回来，却不替宋高宗考虑把他们接回来，宋高宗怎么办，所以以国家利益去挑战帝王的一己之私，终至非死不可。

三是权力过大，又不知道谨慎。历史上倒霉的丞相大多数是因为这个原因。皇帝与丞相性格不同、经历不同，不可能事事都想到一起。和皇帝冲突多了，这个宰相最后难免要倒霉。

第四点则比较有清朝特色，不能“好名”。这是什么意思呢？好名，就是追求个人的名誉，爱惜自己的名声。这应该是好事啊，但是在清朝有不少大臣就是因为“好名”而倒霉了。为什么呢？因为在清朝皇帝看来，你处处维护自己的名声，追求人格完美，这就不利于你像奴才一样事事听主子的，不愿意给主子干脏活儿。有时候，你和主子就可能对着干。雍正提出一个重要观点，那就是大臣们不但不能图利，也不能“好名”。他说“为臣不惟不可好利，亦不可好名。名之与利，虽清浊不同，总是私心。”（《清世宗实录》）所以大臣的人格追求，在清代有些时候也成了他倒霉的理由，雍正朝的著名大臣杨名时，就是因为好名，坚持自己的理想和原则，不太听皇帝的话，被雍正罢官了。

张廷玉在政治生涯中，一再提醒自己，不要犯以上这四种错误。他不想做名臣，只想做大秘书；不想做思想者，只想做执行人。因此张廷玉一生最突出的特点是周密小心，不图虚名。我们讲过，张廷玉在政治上，有一句名言，叫作“万言万当，不如一默”。（《清史稿》）你再有才华，再会说话，也不如一句话都不说。凡是说出口的东西，就有可能犯错误。所以他一生为人，特别谨慎小心，每天下班回到家里，做的第一件事，是把这一天的大事小情都在大脑中过电影般，细细梳理一遍，看看有没有什么说错的话，做错的事，如果有，第二天怎么弥补。第二件事，是把带回来的草稿什么的烧掉，家里从来不留文件书信什么的。因为什么呢？因为清代文字狱厉害，留下文字，就是留下把柄。他在朝中为官多年，“无一字与督抚外吏接”（《清史稿》），从来不和外省的官员通信，为的是避免皇帝猜疑。

我们说，张廷玉给雍正服务了十三年，可以说，几乎雍正朝的每一项重要决策背后都有他的身影。那么为什么我们翻遍清史，却找不出他做过什么大事的记载呢？这正是他的高明之处。他把所有功劳，都记到皇帝头上，从来不提自己的贡献。当时许多大臣都是经过张廷玉的推荐而受到雍正重用的，但是这些人却一辈子也不知道自己是怎么被提拔起来的，张廷玉见到他们也从来不说。这确实是一般人做不到的绝顶功夫。因此从康熙开始，三代皇帝都对他这点极为赞赏。只有这样的人，皇帝用起来才放心。

所以我们说，张廷玉真是把“臣道”研究到家了。

以上就是我们讲的，张廷玉为官多么成功，以及为什么这么成功。然而，没有一个人，能做到一生总是成功。到了乾隆中期，张廷玉这样官场上的超人，居然也倒了霉了。比如我们开头提到的，乾隆十三年，已经七十八岁的张廷玉就受到了做官四十七年来的第一次处分。在那之后，他还受到了更多的挫折。

那么，为什么一直屹立不倒的张廷玉到了乾隆朝就倒霉了呢？

第一个原因，是乾隆这个人太精明了。

乾隆皇帝的性格与雍正很不相同。雍正皇帝这个人，我们对他的印象，一般都是很严厉、很苛刻、很阴沉，但是这只是他性格中的一个侧面。其实他身上还有大家不太了解的另一面，就是特别直肠子的一面，一旦认准你是个可靠的人，就会对你掏心窝子地好，什么心里话都和你说。所以我们看雍正的朱批，他给那些他信得过的大臣的朱批，就像好哥们儿聊天一样，什么亲热的话都往外说。比如我们看他给宠臣田文镜的一条朱批：朕就是这样汉子！就是这样秉性！就是这样皇帝！尔等大臣若不负朕，朕再不负尔等也，勉之！

这样的朱批，其他皇帝绝对写不出来，所以说他性格中也有天真、真性真情的一面。

雍正皇帝之所以这么喜欢张廷玉，除了张廷玉有才能外，还有一点，就是他们两个人的性格特别互补。雍正这个人性格喜怒不定，大起大落，所以电视剧《雍正王朝》中，康熙曾经批评他性子急，遇事容易冲动，这一点是和史书中的记载一致的，《清世宗实录》记载，康熙早年曾经评价雍正，说他性格是“喜怒不定”“为人轻率”。雍正虽然很在意康熙的批评，努力改正这个毛病，但是改得不那么彻底，雍正在自己的书房中，一直挂着康熙手书的“戒急用忍”四个字，用来提醒自己，但还是经常犯性急病。那么张廷玉这个人呢，性格周密细致，特别有耐心，特别有涵养，所以君臣二人，性格上非常互补。我们知道，人们交朋友的时候，往往对自己身上没有的那些特质特别欣赏。性格内向的人往往喜欢外向的人，外向的人也喜欢内向的人。因此雍正和张廷玉这对君臣，相处得非常好，每当雍正性急病发作的时候，张廷玉总是能耐心地劝解，让他考虑得更周全一些。所以在雍正看来，张廷玉算得上历史上少有的忠心赤胆的纯臣。因此，他在遗嘱中给张廷玉这样打了包票：

> 大学士张廷玉器量纯全，抒诚供职……朕可保其始终不渝。将来……着配享太庙，以昭恩礼。（《清世宗实录》）

就是说，雍正保证，这个人肯定是忠臣，以后也不会犯错误，所以我死后，你要继续使用他，死后要让他进太庙配享。打这样的包票，这是雍正对张廷玉最大的认可。

然而乾隆皇帝对张廷玉的印象，与雍正可大不一样。人和人之间，性格相似的人，有时会特别默契，但有时却会相互排斥。精明人最排斥的就是和自己差不多精明的人。乾隆和张廷玉一样，都是特别世故、特别精明、特别有城府的人。所以乾隆一眼就看出了张廷玉身上的“巧”和“滑”。乾隆认为张廷玉做事，表面上大公无私，背后却心机极深。他虽然为君主办事尽心尽力，功劳不小，但一举一动，一言一行，和别人一样，同样是出于自身利益最大化的考虑，因此称不上纯臣。张廷玉也为部下办过不少事，只不过他办得特别隐蔽，一般人看不出来。但是乾隆能看出来。你看，张廷玉做了这么多年官，把自己家族的人、自己的门生、自己圈子里的人，都安排得很好。张廷玉的两个弟弟张廷璐、张廷瑑（zhuàn）分别当了礼部侍郎和内阁学士，儿子张若澄和张若霭也都入值南书房和军机，参与机要。“一门之内，朝绅命服，辉映闾里，天下荣之。”（《张廷玉墓志铭》）一家子人穿的都是高品级的官服，让天下人都很羡慕。所以乾隆认为张廷玉是一个心机很深的人，需要提防。这是他不喜欢张廷玉的第一个原因。

第二个原因，是张廷玉年纪大了，可利用价值已经大大降低了。乾隆刚即位的时候，对张廷玉那么尊重，那么重视，不光因为他是顾命老臣，更主要的原因，是他那个时候，特别需要张廷玉的政治经验。如果说大清帝国政治是一架精密的机器的话，张廷玉脑子里则装着每一个零件的说明书和使用记录。所以乾隆刚当皇帝那阵，离不开他，这才给了他前所未有的政治待遇，封了伯爵。不过，当了六七年皇帝以后，乾隆对政务已经越来越熟悉，对张廷玉这样的老臣，也不再像以前那样重视了。而且，张廷玉年纪越来越大，精力和记忆力也大不如前了。乾隆三年，张廷玉曾经上书，请求辞去他所兼的吏部尚书一职，他在奏折中说：“今犬马之齿六十有七，自觉精神思虑迥不如前，事多遗忘，食渐减少。”（《张廷玉年谱》）那一年他六十七岁，大脑已经不如以前好使，记忆力也不太行了，睡眠也越来越少，办起公来是有些力不从心了。

所以乾隆从那个时候开始，不断提拔重用年轻的大臣。因为年轻人做事，精力充沛，反应敏捷，干脆利落，效率很高，不像老臣那样瞻前顾后，拖泥带水的。我们说过，军机大臣里，鄂尔泰进了军机后就一直是首席军机大臣，张廷玉是二席。乾隆十年，鄂尔泰去世了，乾隆没让三朝元老张廷玉做首席，却起用了年纪轻轻而且又没有什么资历的讷亲，让他做了首席。讷亲才三十多岁，排在了七十多岁的张廷玉前头，这让张廷玉心里难免有点不舒服。

到了乾隆十一年，乾隆又下了一道命令，说："大学士张廷玉服官数十年。今年逾古稀，每日晨兴赴阙，未免过劳，朕心轸（zhěn）念。嗣后可仿此意，不必向早入朝。"（《清高宗实录》）就是说，张廷玉今年七十多岁了，老了，每天一大早进宫不方便。我体恤他，以后就不用他上早朝了。这道谕旨，表面上是体恤老臣，实际上，是宣布张廷玉以后不再参与核心机密。因为乾隆每天商量什么大事，主要就是在早上这一时段。很显然，张廷玉在大清朝廷中的实际地位大大降低了。所以，身体原因是乾隆不再重用张廷玉的第二个原因。

第三个原因，也是最重要的一个原因，则是打击朋党的需要。

我们以前讲过，乾隆执政初期，朝中就出现了以鄂尔泰和张廷玉为首的朋党问题。鄂尔泰与张廷玉二人，都是乾隆特别倚重的大臣，都是军机大臣、大学士，俩人地位相当，但因为性格不同，彼此长期不和。满族大臣一般都投奔鄂尔泰门下，汉族大臣渐渐聚集在张廷玉门下，出现了朋党的雏形。

那么，要解决朋党问题，首先就要打击朋党的首领，所谓"擒贼先擒王"。所以乾隆的打击目标，就瞄准了朝中最重要的这两个大臣——鄂尔泰和张廷玉。

第十讲

张廷玉之死

为什么乾隆对朋党问题这么重视，朋党又有哪些危害呢？

朋党之争，说白了，就是大臣们为了小集团的利益，你争我夺，搞窝里斗。朋党问题是中国政治史上的一个痼疾，它的危害性一言以蔽之，搞不好就会导致一个王朝的灭亡。中国古代有过三次最著名的党争，搞垮了三个大王朝。哪三次呢？唐代的牛李党争、宋代的新旧党争、明代东林党争。牛李党争是指唐代末期以牛僧孺为首的牛党和以李德裕为首的李党的斗争，朝中分成这两大派，斗了将近四十年，结果把唐王朝斗垮了。大诗人李商隐一辈子在官场上不得志，就是因为在牛李党争之中没有周旋好。宋代王安石与司马光的新旧党争，围绕着到底变不变法，也是争了几十年，最后还没争明白呢，北宋已经在内争中不断衰弱，最后灭亡了。明朝的魏忠贤阉党，与东林党，也展开了长期激烈的斗争。大臣们忙着结党内斗，没心思管正事，不能全力对付各地起义和关外满族的威胁，明朝也灭亡了。

所以乾隆皇帝对朋党问题非常警惕。他即位之初，朝中形成了鄂、张两大朋党，明争暗斗，虽然这个时期朋党活动跟以前的朝代相比，并不明显，极为轻微，但是乾隆皇帝的执政风格是防微杜渐，防患于未然，他誓言要在他这一朝，彻底打掉朋党这个政治顽疾。

在乾隆开始动手前，乾隆十年，鄂尔泰得病死了。于是，乾隆打击的重点就落在了张廷玉身上。乾隆深知，要打击朋党，必须先打击这个山头的核心人物，只有这样才能使这个山头的人群龙无首，不攻自散。所以鄂尔泰死后，乾隆一直在观察张廷玉，想抓他的小辫子处理一下。

幸亏张廷玉这个人在朋党问题上特别谨慎，绝不轻易帮别人说话，也绝不轻易介入各种人事纠纷。他的名言是什么呢？“予在仕途久，每见升迁罢斥，众必惊相告曰：此中必有缘故。余笑曰：天下事，安得有许多缘故。”（《郎潜纪闻》）就是说，我当官当得这么久，见的事多了去了。每一次人事有变动，人们就在那儿乱猜，肯定是这个原因那个原因，猜得很离谱。其实天下事，往往都是很简单的，哪有那么多原因。所以张廷玉的从政原则是事不关己，绝不发言。

但鄂尔泰死后，张廷玉还是越来越害怕，因为他知道皇帝要打击朋党，肯定要找他的茬。虽然从他本心来讲，深谙为臣之道，一生谨小慎微，并不想成为朋党领袖，但是身处如此高位，想不被别人攀附是不可能的，主动要投靠他的人实在是太多了，赶都赶不走。同时，要想在政治高层立足，下面也确实要有一批支持他的人，一批给他抬轿子的人，这样你才能站得住，不可能和谁都不交往。张廷玉很清楚，几十年间，他给这些门生故旧，也办了很多事，虽然他办得手腕高明，但毕竟不能完全没有形迹。一旦查出来，自己没有好果子吃。

所以张廷玉感觉，自己退休的时候到了。

我们说，张廷玉一辈子做官很成功，对“臣道”很有研究。那么“臣道”中最重要的一条，就是及时“抽身退步”，平安降落。如果做不到这一条，那么其他方面再成功，也不过是一场春秋大梦而已。历史上有多少大臣，做官的过程很辉煌，但结尾却很悲惨。所以张廷玉生怕自己哪天因为年老糊涂，犯了什么错，落个不好的下场。特别是现在皇帝憋着劲要打击朋党，一旦自己门下哪个人出了事，把自己牵扯进去，这辈子不白干了吗？所以他就开始寻找机会，打算退休，回老家。

那么，他退休退得顺利吗？不太顺利。

乾隆十三年正月，按照宫中的惯例，乾隆宴请大臣，吃完饭后，乾隆和张廷玉聊了会天。七十七岁的张廷玉看皇帝情绪不错，就提出了退休请求。他说自己“年近八旬，请得荣归故乡”（《张廷玉年谱》）。我啊，已经快八十岁了，可不可以荣归故里了呢？

说这句话前，张廷玉很有信心，认为乾隆应该会顺利批准他的请求。一个是他给乾隆祖孙三代服务了这么多年，尽心尽力，应该让他歇歇了。另一个，乾隆现在已经不用他上早朝，所以他认为，乾隆不太需要他这个人了，应该会很高兴地放他回家。

让他万万没想到的是，乾隆没批准。

为什么呢？因为虽然乾隆不太喜欢张廷玉，但也并不是完全不需要他这个人。在乾隆看来，张廷玉虽然年纪大了，但是毕竟经验丰富，留在朝中，给自己当当顾问，还是可以发挥余热的。万一有什么突发事件，乾隆以前没遇到过的，张廷玉还能给出出主意。

所以乾隆回答说：“卿受三朝厚恩，且奉皇考遗命，将来配享太庙，岂有从祀元臣归田终老之理？”就是说，你死后要配享太庙，和皇帝做伴，你看那些配享之臣，很多都是为国家贡献出生命的，你也应该死而后已，能干到哪一天算哪一天，要为国家贡献出全部力量啊。

一心想要急流勇退的张廷玉，马上回答说，配享的大臣，不见得都得干到死，比如明太祖就允许刘基回了老家。

张廷玉没想到，他的这句话一出口，乾隆的脸色马上就变了，一下子冷若冰霜。原来他引用的刘基这个典故，触动了乾隆一根敏感的神经。

我们知道，刘基是明初开国功臣，但后来，朱元璋过河拆桥，建国后就不再重用他了，让他退休，后来又偷偷派人下毒，把他毒死了。张廷玉提到刘基，让乾隆敏感了。乾隆认为，这是前两年不让张廷玉上早朝，张廷玉心怀不满，用这个典故讽刺自己对功臣不够意思。所以你才要退休，是吧？

因此乾隆很生气，马上引经据典，拿大道理压人。他说：为人臣者，当法始终如一之荩臣。如诸葛亮，尽忠一生，此乃人臣之表率。人臣不可存图逸之心。

荩臣就是忠臣，就是说，你做大臣，应该学习忠臣。你要学，就得学诸葛亮啊。诸葛亮鞠躬尽瘁，死而后已，给皇帝一直干到死。你要提前退休，这说明你贪图安逸，不是荩臣，对我们爱新觉罗家族不够忠诚。

张廷玉一听这话，不敢再接话茬儿了，因为皇帝这个话说得很重，同时又感觉有些委屈，“我给你们家干了这么多年，辛辛苦苦，没想到却落了个不够忠诚的评语！”于是“免冠叩首”，“呜咽不能自胜”。七十多岁的白胡子老头，跪在皇帝面前痛哭流涕。

乾隆看他这个样子，也不忍心再说什么了，招呼小太监：“把张先生扶出去休息吧。”

那么，乾隆皇帝不让张廷玉退休也就罢了，为什么还说张廷玉不是忠臣，不够忠诚呢？

因为乾隆是中国历史上对“臣节”要求最严的皇帝。什么叫臣节？就是人臣应该恪守的节操。

中国传统社会的人际关系，很多都是单向的、不平衡的。在君臣和父子关系中，君和父只讲权利，不讲义务，而臣和子只讲义务，不讲权利。在乾隆看来，乾隆朝的大臣，不管皇帝对你怎么样，重用还是不重用，你们每个人都要时刻准备着为皇帝贡献出一切，包括自己的生命，这才是臣子的本分。

乾隆四十九年，甘肃发生了一次起义，起义军攻陷通渭县城，通渭县知县王慺既不能守住县城，又不能在城破之后自杀殉城，而是躲入仓房，留得了一条性命。然而他虽躲过了起义军这一关，却躲不过皇帝这一关。

乾隆对不守臣节者从来都是恨之入骨，所以事后特别命人把这个王慺从甘肃千里迢迢押到避暑山庄，亲自追究他的“不守臣节”之罪。乾隆在御座前设下刑具，对王楼亲自施以酷刑，《清高宗实录》说，“亲行廷鞫，加以杖夹，令其羞辱”，乾隆命人给他上了夹棍，打了板子，亲眼看着他在自己面前痛得死去活来，然后才把他杀掉。

乾隆认为，大臣必须全心全力给皇帝办事，不能有一点儿私心，不允许大臣们在忠诚度上打一点儿折扣。

申请退休却受到乾隆严厉批评，被指责为不忠诚，张廷玉当然胆战心惊，只好打起精神，继续到朝中点卯。不久之后，孝贤皇后病逝，张廷玉被“罚俸一年”，这个事，更是使张廷玉吓破了胆。他步入仕途四十七年没犯过任何错误的光辉纪录，就这样被打破了。乾隆十三年之后，乾隆皇帝性情大变，接下来，他是不是还会受到更大的打击呢？因此张廷玉日夜提心吊胆，精神总是高度紧张，老得就更快了。到了乾隆十四年，七十八岁的张廷玉牙齿都掉得差不多了，面上到处都是老年斑，腿脚越来越不好使，要是没有人搀着，已经没办法长距离走路了。

张廷玉的身体变化，乾隆当然看在眼里。他发现乾隆十三年到乾隆十四年这一年，张廷玉老得太快了，思维明显不如以前清楚，说话有时也颠三倒四了。乾隆心中也不免感叹岁月无情。乾隆十四年十一月，有一次他召见张廷玉，聊天的时候，关心了一下张廷玉的身体，说，最近身体怎么样，我看你老得挺快啊！张廷玉赶紧抓住这个机会，详细把自己身上的几种老年病说了说，说皇上啊，我实在是干不动了。

这一次，乾隆动了恻隐之心。这个张廷玉，固然为人有取巧的一面，但是四十多年如一日为爱新觉罗家族工作，也确实不容易，不如放他回老家去享几年清福吧。所以乾隆发布谕旨说：张廷玉这一年老得太快了，因此，特批同意他退休。

张廷玉大喜过望，哎呀，看来能平安降落了，自己这辈子总算功德圆满，能得个善终了。

截至这个时候，我们可以说，张廷玉的一生确实还算是很完美，享受过荣华富贵，能及时平安降落，死后又能配享太庙，名垂千古。这是所有做大臣的都追求的最高境界啊！

可惜，人的命运往往难于捉摸，就在一切本来都安排得很好的时候，又节外生枝了。

这次节外生枝，可以说是张廷玉年老糊涂，自己犯的错。

我们说过，乾隆十年，鄂尔泰死了，那么在那之后呢，鄂党的一位重要人物——大学士史贻直，就接过鄂尔泰的班，经常和张廷玉作对。上一次张廷玉请求退休，乾隆不是批评他不够忠诚吗？打那之后，史贻直就经常在乾隆面前进谗言，说张廷玉这个人确实不够忠诚，又没有什么丰功伟绩，没有资格配享太庙。

申请退休成功之后，张廷玉心中一块大石头落了地，但是另一块石头却悬起来了：史贻直一直鼓动皇帝取消自己的配享资格，如果自己回老家之后，史贻直在皇帝面前再进谗言，乾隆耳根子一软，真的取消了自己的配享资格，那可怎么办呢？一想到这儿张廷玉又睡不着觉了。

在家中琢磨了几天，张廷玉终于下了决心，决定豁出老脸，再进宫一次，面见乾隆，请求乾隆做出一个保证，保证他不会推翻雍正的遗嘱，让自己在死后，还会配享太庙。

我们说，张廷玉这个举动是非常不恰当的，因为你大臣怎么能随便找皇帝给你写保证书呢？在此以前，这样的举动以谦退闻名的张廷玉绝对是做不出来的，现在他年近八十，确实是有点老糊涂了。乾隆十四年十一月中旬，张廷玉冒着深冬的严寒，颤颤巍巍地再一次进了紫禁城，跪倒在乾隆面前，说明了自己的这个忧虑，说我这辈子啊，挺满足，就是一样，不放心身后的事，因此“免冠呜咽，请一辞以为券（quàn）”（《清高宗实录》）。跪在地上哭着磕头，请皇帝你明确表个态，发个文件。

这个事让乾隆十分意外，也十分不高兴。自己从来没有说过不准张廷玉配享，张廷玉却提出了这样出格的要求，这明摆着是信不过自己这个主子啊。不过张廷玉毕竟早年做过他乾隆的老师，后来又是顾命老臣，如今哭哭啼啼，跪在自己面前，他不好意思撕破面皮，更何况自己已经答应让张廷玉退休，那么干脆就送佛送到西，让他高高兴兴走吧。这样也能创造一段与三朝元老有始有终的历史佳话。

所以乾隆就同意，专门发布一道保证张廷玉以后会配享的诏书。但是张廷玉出宫之后，乾隆一个人坐在那儿越想这个事，心里越不是滋味，所以他写了一首意味深长的诗，派人送给张廷玉。诗的内容是什么呢？

> 造膝陈情乞一辞，动予矜恻动予悲，
> 先皇遗诏惟钦此，去国余思或过之。
> 可例青田原侑（yòu）庙，漫愁郑国竟摧碑，
> 吾非尧舜谁皋契？汗简评论且听伊。（《御制诗文全集》）

这首诗啊，很值得琢磨。前四句很好理解，你到我面前，跪地陈情，请我给你一个保证。这一举动，令我不免起了恻隐之心。先皇的遗诏，我当然会遵守，你原本不必担心。那么“可例青田原侑庙”，什么意思呢？青田，是指刘基，刘基是浙江青田人。我们前面说过，刘基得到了配享资格，同时又曾经退休，所以乾隆说，有刘伯温的先例，我就同意你退休回家。“漫愁郑国竟摧碑”，这个典故可就有点不祥了，郑国是指唐代的名臣魏徵，魏徵被封为郑国公，生前很荣耀，但是死后，唐太宗翻旧账，认为魏徵犯了很多错误，下令把他坟前的碑给砸了。最后两句“吾非尧舜谁皋契？汗简评论且听伊。”什么意思呢？我们知道尧舜是有名的圣君，皋契是当时有名的贤臣。这句话直译是，我算不上尧舜之君，我也不知道，谁可以称得上是皋契那样的贤臣？将来历史怎么评价我们君臣呢？

随他的便吧！那背后的意思，是你原本没有皋契那样大的功劳，父皇让你配享，现在看，你也许不够格。这两句诗里有很大的情绪，这谁都看得出来。

张廷玉兴奋之下，看到皇帝的这首诗，也没太影响心情。在他看来，乾隆既然保证了自己会配享，其他一切都无所谓了，你爱怎么说怎么说吧。所以他心中所有的石头都落了地，终于可以睡个安稳觉了。回到家爬到床上，就呼呼大睡。按道理说，乾隆皇帝这确实是破例施恩，一般皇帝都不可能同意给大臣写什么保证书，所以按朝廷惯例，第二天早上他应该亲自进宫去谢恩。可是他年近八旬之人，昨天进宫已经折腾了一天，太累了，第二天早上他没爬起来，就命他的儿子张若澄，替他到宫中谢恩。

张廷玉没想到，这个小小的疏忽，可惹来了大祸。

我们说过，张廷玉一生，四十多年陪伴在皇帝身边，从来没有在礼数上犯过错误。所以乾隆原以为，如此施与“特恩”，第二天一大早张廷玉肯定早早前来谢恩，所以乾隆起床后呢，就在那儿等着。谁料跑到宫里来的，是张廷玉的儿子。本来已经对张廷玉不满很久的乾隆，心中的怒火一下子被点燃了。

乾隆认为张廷玉没有亲自来，证明了他的猜测，那就是张廷玉对他乾隆这个皇帝，并没有什么真情实感。他伺候乾隆，只是为了得到好处。所有要求都得到满足之后，就视皇帝为陌路，居然连最后一面都不愿见了。乾隆给他写了那么一首寓意深长的诗，他居然也没有回应，那显然是以为反正我要回老家了，再也不用搭理皇帝了。

很长时间以来，乾隆一直在寻找张廷玉的错误，想收拾他一下。但是张廷玉这个人太精明了，一直没找到，这次，他终于可以理直气壮地发泄心中的怒火了。乾隆马上命军机大臣写了一道圣旨，令张廷玉“明白回奏”，解释一下，你不来亲自谢恩，到底是怎么想的！

当天写旨的军机大臣，是谁呢？恰好是张廷玉的门生，叫汪由敦。汪由敦知道，乾隆皇帝这次发火，可是非同小可，他生怕张廷玉倒大霉，因此连忙派了一个小厮跑到张府，把这个消息传过去，让张廷玉好有所准备。

不料这事弄巧成拙，张廷玉不知是老糊涂了还是被吓糊涂了，犯了一个更大的错误：第二天一大早，天还没亮，他就勉强支撑着，跑到了宫中，跑到乾隆面前，去叩头请罪。这真是一个再愚蠢不过的举动了。为什么呢？因为乾隆皇帝命他明白回奏的谕旨，按理要第二天上午才能发到张家。就是说，谕旨还没发到家，张廷玉就已经提前知道这件事了。这分明是告诉了皇帝，有人向张廷玉传递了消息。

军机大臣当中，居然有人敢于泄露朝廷机密，乾隆认为，这是再明显不过的朋党行为。自己打击朋党十多年，没想到在眼皮底下，居然有人敢这样干。乾隆打击张廷玉，出发点就是要打击朋党，不过以前他一直没抓住真凭实据。现在，就是这个关键时刻，真凭实据自己送上门来了，乾隆不会再放过机会了。如果说，在此之前，乾隆对于怎么处理张廷玉还没有做出最后决定的话，那么，这一事实，却让乾隆决心必须把张廷玉彻底搞垮、搞臭，把张廷玉一党彻底打散。因此乾隆当面把张廷玉痛骂了一顿，赶出宫中，又花了一整天时间，亲自写了一篇上谕，公布天下。上谕中说：

> 今日黎明，张廷玉即来内廷，此必军机处泄露消息之故……朕为天下主，而今在廷大臣因师生而成门户，在朝则倚恃眷注，事事要被恩典，及去位而又有得意门生留星替月，此可姑容乎？（《清高宗实录》）

就是说张廷玉头一天不能亲来谢恩，第二天却早早跑来，这肯定是军机处中有人泄露消息的缘故。汪由敦当初是张廷玉举荐的，汪由敦因此和张廷玉相通消息，这明显是结党营私的行为。张廷玉临退休索要了所有好处，然后举荐汪由敦这样的人当大学士，这是要在皇帝身边安插亲信，“留星替月”，实在是太阴险了。因此乾隆宣布，“著削去伯爵”，削去张廷玉的伯爵爵位，以示惩罚。汪由敦呢，也被革去了大学士之职。

既然撕破了脸皮，乾隆索性就把十几年来对张廷玉忍住没说的话都说了出来，他直截了当地指出，张廷玉实在不应当配享太庙：“试思太庙配享，皆佐命元勋，张廷玉有何功绩勋猷而与之比肩乎？”（《清高宗实录》）配享太庙的，都是做出特别巨大贡献的人，你张廷玉，有这个资格吗？

后来因他事，乾隆又把历代配享之臣列了个名单，送给张廷玉阅读，并让他明白回奏，你比得上这些人吗，配得上配享之荣吗？

乾隆这一问，七十八岁的老臣张廷玉还能怎么回答？他只好回奏说：

> 臣老耄神昏，不自度量，于太庙配享大典，妄行陈奏……敢恳明示廷臣，罢臣配享，并治臣罪。（《清高宗实录》）

就是说，我年老糊涂，犯了大错，现在我请求皇帝罢去我的配享资格，并且治我的罪。

乾隆说，好，这可是你自己说的。于是明令取消了张廷玉的配享资格，把他赶回了老家。张廷玉为了这个配享啊，奋斗了一辈子，没承想到最后，还是栽在了这个上面。他费尽苦心要平安收场，没想到，最终却丢了伯爵和配享两项荣誉，一生的努力，付之东流。

处理了张廷玉之后，乾隆终于出了一口气，他如此羞辱张廷玉，就是为了告诉大家，张廷玉已经彻底失宠了，以后谁也别再想攀附他了。果然，满朝大臣都吓得噤若寒蝉，张廷玉出京的时候，居然没有一个人敢给他送行。可见乾隆打击朋党，确实是起了作用了。

乾隆十五年春天，张廷玉灰头土脸地回到老家。从想退休的那一天开始，张廷玉就无数次地设想自己衣锦还乡那一时刻的风光场面，在他想象中，他这样的重要人物回到老家，那一定是轰动性场面。没想到，实际情况却是非常尴尬。地方大员们为了避嫌，没有一个人出面迎接，只有一位侄子，带着几个家人，抬着一顶小轿，把他接进了祖上的老屋。

张廷玉感觉特别羞愧，回到老家后就闭门在家，很少见客。在家里整整休息了一个月，才有心情拄着拐杖，外出散散步。好在故乡的山水风光，是对老年人最好的安慰。几个月过去后，张廷玉把心理渐渐调整过来了，心情也慢慢开朗了点。

然而，噩运却没有到此为止。就在张廷玉心情好转些之后，朝廷中又出了一件事：他的儿女亲家，四川学政朱荃，犯了贪污罪，被乾隆抓起来了。

这件事发生得真不是时候。一抓起朱荃，乾隆就想到了张廷玉。因为朱荃最初被提拔起来，就是因为张廷玉的举荐，何况后来张廷玉又和他做了亲家。朱荃成了贪污犯，张廷玉显然举荐有误。乾隆一生气，决定收回三代皇帝对张廷玉的一切赏赐物品，以示对张廷玉的惩罚。

根据《清高宗实录》记载，乾隆十五年七月，乾隆派出了一个自己特别信任的人，内务府大臣德保，去执行这个任务。德保出门之前，乾隆特意把他召进宫内，在他耳朵边秘密嘱咐了几句话。

这一年八月，钦差大臣德保来到了张廷玉家。张廷玉率领全家，跪在门口迎接。他早早就遵旨，把康熙以来，三朝皇帝赏赐给他的一切东西，包括字画、珠宝以及衣服器物什么的收拾到一起，打包准备交给德保。谁也没想到，德保身边不但带了十多名随从，还从知府那里，借来了二百名士兵。德保说，你这些东西全不全呀？他要检查一下，有没有遗漏的赏赐物品。这二百士兵显然都有充分准备，进了张家，不由分说，开箱砸锁，挖地三尺，居然抄了张廷玉的家。张廷玉一家人目瞪口呆，只能眼睁睁在旁边看着。

好在张廷玉的清廉并非虚言。抄了半天家，也没抄出什么财产。事实证明，张廷玉是个清官。不过，德保却带走了抄家过程中翻出来的所有带文字的东西，什么书籍、文章、信件，乃至张廷玉写的便条，都带回了北京。

原来，德保出京之前，乾隆在他耳朵边嘱咐的，是到了张家，一定要借查找皇帝赏赐字画之名，严格检查张廷玉的私人文件及藏书，看看其中有没有对乾隆的不满之词，看看这个老家伙是不是敢私底下骂我。

把这些文件带回北京，细细审查了半个月，德保一无所获，他对这位张阁老不禁佩服得五体投地。张廷玉是一个文臣，进士出身，文人嘛，谁也保不住有心情不好的时候，会用文字发泄一下，也保不住会在书信日记中，品评品评当朝人物，说几句牢骚话。特别是那些当过大官的，回老家之后，都爱写写回忆录什么的，记录点高层政治的秘密。但是张廷玉却没有这样做。在他的数百封私人书信中，没有一字涉及政治。张廷玉回家后确实编了一本年谱，也就是我们现在可以看到的《张廷玉年谱》，不过，在这本年谱中，他只是详细记载了三朝皇帝对他的“恩遇”“赏赐”，虽然细到哪一天皇帝赏了他几块萨其马，给他一个小荷包，却没有一字，涉及对朝政的品评。德保虽然素知张廷玉以谨慎闻名，不过他没有想到，会谨慎到这样的程度，简直都成了精了。正是这样的谨慎，让张廷玉逃过了一死。要知道，这次抄家，如果稍有把柄，张廷玉就必然要身首异处。

对三朝老臣，由收缴赏赐之物变成了抄家，这一举动引来朝廷上下一片惊疑之声。毫无收获的乾隆皇帝也觉得这事做得没有什么意思，后来不得不下了道谕旨，说是德保弄错了皇帝的旨意，他并没有命人抄家。不过，大家都心知肚明，抄家是何等的大事，德保不弄清楚情况，怎么敢贸然抄一个三朝元老的家？就算德保是真的糊涂弄错了，乾隆后来为什么没处分德保，反而还升他的官呢？事情明摆着，就是皇帝想致张廷玉于死地。

虽然逃过了一死，但经过一次抄家，张廷玉的名誉却彻底扫地了，在政治上已经死亡。经过这场问罪，张党完全被击垮了。门生故吏都最终确认，张廷玉在政治上，绝对没有翻身的机会了，因此树倒猢狲散，各寻出路，从那之后，再也没有人敢登张廷玉的门，张党终于不复存在了。乾隆打击朋党，终于以全胜结局。这一事件，确立了乾隆中期以后，再也没有朋党活动的局面。我们观察中国历史，汉唐宋明，这些著名大王朝，朋党之争都非常激烈，但是清代乾隆中期之后，朋党却彻底销声匿迹了，直到嘉庆、道光两朝，也没有显著的朋党活动。可以说，乾隆是中国历史上治理朋党问题最成功的皇帝。

修炼了一辈子臣道，最后还是一败涂地。经过这场打击，张廷玉彻底灰心丧气。他每天傻呆呆地坐在家里，一整天一句话也不说。乾隆二十年，回到家中苟活了五年之后，张廷玉终于死了。

消息传来，乾隆也感到一丝悲痛。毕竟他们君臣相处了十四年，回想起张廷玉一生的所作所为，他感觉自己对张廷玉确实苛刻了点。毕竟，张廷玉为大清辛辛苦苦工作了近五十年。于是乾隆皇帝又做出眷念老臣的姿态，宣布宽恕张廷玉的一切过失，仍然命他配享太庙，让他和雍正做伴去了，只是不知道张廷玉死后还能否知道这一切。

到了乾隆四十四年，乾隆曾写了一篇文章，回忆自己驾下曾经工作过的五位大学士。其中关于张廷玉，乾隆写了这样一段话：

> 张廷玉虽有过，余仍不加重谴，仍准以大学士衔休致，及其既卒，仍令配享太庙。余于廷玉曲示保全，使彼泉下有知，当如何衔感乎？

翻译成白话文就是：张廷玉虽然犯了错误，我仍然没有严惩他，仍然让他退休了。及至他去世之后，我仍然允许他配享太庙。我对张廷玉是如此的优容，如此的好，如果他地下有知，是不是得感激得在地下还要再死一回啊？

第十一讲

登上盛世顶峰

处理张廷玉，是乾隆王朝在出现全盛之势前的最大一个政治行动。处理张廷玉这个事，有一个标志性意义，就是标志着乾隆整顿朋党的成功，也标志着乾隆防范体制内的五种力量——后妃、皇族、太监、权臣、朋党的威胁的最终成功，这就为乾隆王朝出现全盛，创造了条件。

提起乾隆，我们每个人头脑中的第一印象，就是他是一位盛世之君。确实，大家都知道，清代有过一个康乾盛世，那么这个盛世的起点，是康熙二十三年（1684年），因为这一年以前，康熙平定了三藩，这一年又收回了台湾，天下彻底太平。终点是嘉庆四年（1799年），因为这一年乾隆去世，这一盛世长度是一百一十五年。在这个一百多年的盛世中，有一个公认的全盛时代，那就是从乾隆二十四年（1759年）到乾隆四十五年（1780年）这二十一年。人们公认，乾隆全盛时代，不光是康乾盛世的顶峰，也是整个中国传统社会最鼎盛的时代。著名清史学家戴逸先生说，乾隆全盛时代是中国传统社会经济政治文化发展的最高峰，其盛况远远超过汉唐宋明在内的所有王朝。因此我们说，乾隆皇帝在中国历代皇帝中，统治成绩，夺得了第一名。

那么，为什么是乾隆而不是其他皇帝夺得了这个第一呢？乾隆全盛之势的到来，有哪些方面的原因呢？

我想有以下几点原因。

第一点，是我们刚才讲的，乾隆有效防范了体制内的五种政治势力，保证了政治纪律的严明，这是我们以前一直重点讲述的内容。

第二点，是乾隆打造了一支高效率的官僚队伍，这是全盛之势出现的第二个原因，我们以前也讲过了。

第三点，则是乾隆本人的勤政。

中国传统社会，皇帝就是一个国家的心脏和灵魂，他是否勤政，直接关系国家的兴衰。

在中国历朝历代，绝大多数皇帝上朝，都是要等大臣们来齐了之后，皇帝的大驾才姗姗而来，是大臣等皇帝。可是在乾隆一朝，却出现了相反的情况。什么情况呢？皇帝等大臣。因为乾隆太勤快了，每天早上不到五点他就起床了，天还没亮，他就已经穿戴整齐，把朝珠什么的都挂好了，坐在那儿等着上朝，然后一趟趟派太监出去，看看大臣们来齐了没有。经常是太监们跑出去看了好几次，大臣们“始云齐集”，终于到齐了。这期间，乾隆经常等得不耐烦，也不能总是傻坐着啊，只好“流连经史，坐以俟之”，东翻西找，看书来打发时间。

所以乾隆皇帝经常发火，在《清高宗实录》中，乾隆曾经这样训斥群臣，说：

> 凡朕御门听政，辨色而起。每遣人询问诸臣会齐集否。数次之后，始云齐集。即今日亦复如是。

就是说，我每天啊，天没亮就起来，等你们来。都是要问好几次，你们才来齐。今天又是这样，你们到我这儿都不着急，你们上班是不是更不上心啊？

乾隆个人的勤政，是乾隆达到全盛的第三点原因。

第四点原因，也是更重要的原因，是乾隆对农业和农民问题的重视。

乾隆二十六年，山东德州发大水。当时，天降大雨，一连下了七个昼夜，城里城外，一片汪洋。德州城里的老百姓房子都进水了，只好扶老携幼，登上城墙，在城墙上搭些窝棚，在那里住。住了半个多月，水还没退，这时候问题来了。什么问题呢？粮食都吃光了，眼看着几万名老百姓都要挨饿了。这可怎么办呢？

其实这个时候，德州城里是有粮食的。在哪儿呢？在官仓之中。因为山东粮道衙门的官仓设在德州。但是这时候，德州城中的最高官员，也就是山东督粮道颜希深，不在城里，发大水之前他出差在外了。督粮道，是掌管粮食收支的道员，他不在，没有人敢打开粮仓。为什么？因为清朝规定，动用官仓的粮食乃是国家大事，一定要由督粮道向上级申请获得批准之后才能放粮。否则“擅动仓谷”，是一项极大的罪名，事后你不但要丢官，而且你放了多少粮，还要你自己补赔给国家，那谁敢放粮啊？所以城里其他官员只能眼睁睁坐在那儿等着颜希深回来。

颜希深家里，有一位七十多岁的老母，姓何，何太夫人，听说这种情况，十分生气。老太太把管官仓的官员叫到家里，大发脾气，说：

> 此何时也！犹拘泥于常法乎？……数十万灾民将成饿殍（piǎo）矣！君等无须忧虑，宜速开仓放赈，以解倒悬。如有议处，吾子功名可不必计较，愿尽吾家所有，查封以抵偿。（陆以湉《冷庐杂识》）

什么意思呢？就是这都什么时候了，还顾得上这些吗？你走完这套程序，几十万人都饿死了。你们别怕，快点开仓放粮。如果有什么处分，我儿子顶着。要是赔钱，我就把我这些家产都变卖了赔，总可以吧？

老太太这么一说，别的官员也不好再说什么，于是仓库管理人员终于打了粮仓，数十万饥民，就活下来了。

事后，这个消息传到了省府，山东巡抚非常震惊。擅动仓谷，这是蔑视国家体制的严重违法行为啊，于是他马上向乾隆举报。没想到，乾隆得知此事后，在奏折上愤然批道："汝为封疆大吏，有如此贤母良吏，不保举而反参劾耶？"就是说有这样的贤母和好官，巡抚应该举荐啊，怎么还能弹劾呢？乾隆降旨，已动用的仓谷，准许作为正项开销，无须赔补，并且特别赐给颜母三品封诰。从此，皇帝对颜希深母子留下了深刻的印象，颜希深也因此仕途一路通畅，很快做到了督抚的高位。（郭成康《乾隆皇帝全传》）

正如同对颜氏母子的这个处理一样，我们说过，乾隆这个人特别精明，凡事都斤斤计较、察察为明，但是只有一点，他对赈灾中的跑冒滴漏却睁一只眼闭一只眼，"难得糊涂"。发生灾害时，他宁肯地方官报得严重一点儿，钱花得多一点儿，也不愿意出现老百姓流离失所的现象，因此他多次说"办赈理宜宁滥勿遗"。

所以我们查档案发现，乾隆朝救灾，花钱确实是非常大方。乾隆十八年左右，户部把乾隆即位以来用于救灾的钱和前两任皇帝做了对比。报告说："雍正十三年之间，江南赈项，凡用一百四十三万，已不为不多。而乾隆元年至十八年，用至二千四百八十余万，米称是。"（《清高宗实录》）就是说，雍正十三年之间，江南赈灾，共用了一百四十三万两，和历代相比已经很多了。而乾隆元年到十八年，用了多少呢？已经用了二千四百八十余万两，粮食也是二千多万石。这样一算，乾隆年间，平均每年救灾的钱，是雍正年间的十多倍。所以纵向比较中国历史，我们可以肯定地说乾隆是传统社会中救灾最为卖力的皇帝。

除了救灾最舍得花钱，乾隆还有一个历史纪录，那就是他是中国历史上最慷慨的皇帝。为什么这么说呢？因为他减免的民众税款，在中国历史上是最多的。我们以前说过，乾隆登上皇位后头一年，就把雍正年间天下老百姓所欠的农业税全都免了。在此后六十多年当中，乾隆皇帝多次免收农民的农业税。他先后在乾隆十一年、三十五年、四十二年、五十五年、嘉庆元年，五次普免全国钱粮。什么意思呢？全国老百姓应该交的农业税，全都不要了，一文钱不要。我们知道，在传统社会，农业税是国家最主要的财政收入，占全部财政收入的百分之六七十，所以全都不收了，影响非常大。这五次，一共少收农民白银一亿四千多万两，粮食一千二百万石。再加上局部的减免，据一本研究清史的专著——《清代的国家与社会研究》一书统计，乾隆一朝所减免的农业税总数为二亿零二百七十五万两白银，毫无疑问，这是中国历朝之冠。乾隆年间，所减免的农业税，相当于五年全国的财政总收入。在位六十多年，有整整五年，不收全国人民一分税钱，这个手笔，在中国古代史上，确实是没人能比的。

乾隆如此大手笔地花钱赈灾、减免赋税，当然说明乾隆这个人很善良，关心民间疾苦。但是政治家的所作所为，远远不是用个人品质所能完全解释的。在乾隆这些慷慨的行为背后，有一个深刻的政治动机。熟读历史的乾隆知道，饥饿的农民是国家最危险的敌人，而温饱了的农民则是皇权最坚定的支持者。前面我们讲过，乾隆即位之初，就总结了五种威胁皇权的因素，这些都是官僚体制内的因素。除了这五项之外，乾隆还总结了另外两大外在因素，一个是敌国外患，就是外部侵略势力；另一个，就是民间的起义，会从社会底层颠覆国家。因此为了江山万代，乾隆必须减轻对农民的剥削，使绝大多数老百姓有饭吃。这是乾隆关心百姓生活的最主要原因。

除了救灾和减免税赋，乾隆在改善民生上，还做了大量的工作，比如推广红薯、玉米等高产作物。

红薯和玉米，原来都是美洲的作物。它们有一个共同的特点，是什么呢？产量高，又耐旱、耐涝，什么地方都能长。这些作物虽然早在明朝末年就传到了中国，但没有多少人种。因为老百姓不太明白这个新鲜事物怎么种，特别是红薯，需要到南方去引种，非常麻烦。乾隆积极鼓励人们研究红薯种植法，设立了科技贡献奖，谁在这方面有贡献，就给谁奖励。当时有一个福建监生叫陈世元，到山东做买卖，正好遇到山东旱灾，种什么什么死，老百姓吃不上饭。陈世元说，你们听我的，种一个新品种，叫甘薯，这东西不怕旱。老百姓不相信，陈世元说，你们种，到时候不收，我赔你们钱！说着自己捐钱出路费，从福建运来薯种，许多老百姓种了。到了秋天，大家到地里一挖，好家伙，"子母钩连，如拳如臂"，红薯如同小胳臂那么粗，一吃，甜脆可口，非常好吃。于是大家轰动了，从此在山东推广开来。乾隆听说了这件事，赏陈世元一个官，叫国子监学正。山东按察使陆耀，这个人有点研究精神，亲自编写了一本《甘薯录》，教大家怎么种甘薯，效果不错，被乾隆晋升为湖南巡抚。玉米也是在乾隆时期，在全国推广开的。所以我们可以说红薯、玉米是推动乾隆全盛的两支有力的助推火箭。这两种作物的成功推广，使乾隆朝的粮食产量创了历史纪录。中国历代的口粮总量是多少呢？汉朝是四百一十七亿斤，唐代为六百二十六亿斤，宋代为八百三十五亿斤，明代为一千三百九十二亿斤。而到清乾隆晚期，一跃而达二千零八十八亿斤，达到历史最高水平。（吴宾等《论中国古代粮食安全问题及其影响因素》）所以正是粮食不断增产，才使乾隆朝发生人口爆炸，才支撑着各项社会经济指标达到中国历史的最高峰。

这是第四点，乾隆重视农民和农业。

第五点，我们不能忘了，还有康熙和雍正的功劳。乾隆盛世，是建立在祖父和父亲两代奠定的基业之上的。传统中国之所以多灾多难，主要原因就是统治者素质参差不齐，偶尔出现几个雄才大略的人，也是只能英明个二三十年，他死后，他的政策就难以持续了，这就是人治的弊端。所以，中国古代历史上很难出现长期连续的和平稳定时期。汉代的文景之治，不过四十多年，其间还夹杂着七国之乱。大唐盛世中的贞观之治和开元盛世，也不过各自二三十年，中间还隔了一段相当长的政治动荡时期。

那么，只有康乾盛世，持续了一百一十五年。这是为什么呢？因为碰巧连续三位皇帝都有雄才大略，都励精图治，这在中国历史上绝对是小概率的事，也是中国历史上唯一的一次。从康熙到雍正再到乾隆，三位素质一流的皇帝来了一次接力赛跑，就跑了个中国历史的第一。

乾隆戎装图

以上，全盛之势，各方面的因素都差不多具备了：政治，经济，前人打下的基础。还有一条我们没有讲，那就是军事。我们以上说的都是文，那么，一个盛世，必须是文武两手都硬。为什么呢？因为你需要强大的国防，来保证文的方面的成就。要不然，这些都是过眼烟云，外敌一入侵，这些财富都成别人的了。宋朝经济文化特别发达，经济总量是唐朝的好几倍，为什么提到盛世，人们不提宋朝呢？因为它国防不行。所以我们最后一点，讲讲乾隆朝的军事成就。

从康熙朝起，清朝边疆地区就一直存在着一个强大的敌人，那就是准噶尔。

提到准噶尔，很多人可能没什么印象，但是我们说到明朝一次著名的外敌入侵——土木堡之变，可能很多人都知道。那是明朝正统年间，蒙古瓦剌部落的首领也先进攻明朝，明英宗率兵亲征，说我要亲自和蒙古人打仗，结果在土木堡被蒙古人给俘虏了。这个制造了土木堡之变的明朝瓦剌部落，或者叫西蒙古部落，后来就演变成了清朝的准噶尔部落，不同的名字，同一个部落。所以这是一个军事力量很强大的部落。

在满族入关后不久，准噶尔人就在中国西部建立了强大的准噶尔汗国，这在当时，在亚洲内陆是一个很重要的政治势力。当时准噶尔的首领叫噶尔丹，他被中亚国家认为是当时欧亚最伟大的三位统治者之一。哪三位呢？一个是西面的俄罗斯彼得大帝，一个是东面的清朝康熙皇帝，中间就是他——“博硕克图汗” 噶尔丹，认为他们三个在欧亚大陆上鼎足而三，决定着亚洲的命运。噶尔丹制定了一个雄心勃勃的计划，什么计划呢？第一步，统一天山南北；第二步，再统一整个蒙古；最后从清朝皇帝手里夺过整个江山，恢复大元旧业。

康熙皇帝面对噶尔丹的这个势头，不得不两度率兵亲征，举全国之力与准噶尔较量。和准噶尔作战，是康熙皇帝一辈子打得最重要的战争，每一本中学历史教材书里都会提到这些战争。虽然打了两次著名的胜仗，但只是暂时遏制了准噶尔的势头，并没能彻底消除这个威胁，准噶尔的实力仍然在。雍正九年，准噶尔再度内侵，清朝和它大战于一个叫和通泊的地方，结果清军大败，西路军三万人差不多全军覆没。这是清王朝建立以来内外战争中失败得最惨痛的一次。雍正皇帝不敢再和准噶尔打仗了，给了人家不少好处，通过和平谈判，暂时实现了边疆的安定。但是，准噶尔的威胁，一直还存在在那里。

所以当了皇帝之后，乾隆心中的一个大事就是关注准噶尔问题。自乾隆即位以来，清朝与准噶尔之间一直平安无事，一直在和和平平地进行着贸易。但是乾隆却一直警惕地关注着准噶尔的一举一动，不断派人在边界地带打探情报。乾隆十八年，乾隆皇帝得到了一个让他很高兴的消息。什么消息呢？准噶尔发生内乱了。原来，准噶尔汗国原首领噶尔丹策凌病逝后，他的三个儿子为争夺汗位自相残杀，导致汗国出现动荡。乾隆经过深入了解情况，全面权衡，做出了一个重要的决定：要举全国之力，派出大兵，彻底消灭准噶尔汗国。

这个决定出乎朝廷上所有人的意料。为什么呢？因为第一，雍正年间和准噶尔和谈后，双方已经处于和平状态将近二十年了，而乾隆即位以来，一直是一位太平皇帝，没怎么打过仗，全国上下已经习惯了和平，“人心狃于久安”。如今突然要大规模对外作战，人们毫无思想准备。第二，在中国古代史上，中原王朝对待边疆少数民族，极少主动发起攻击，主要的办法就是“羁縻”。也就是说，用金钱和布匹收买，或者嫁个公主过去和亲，还从来没有过双方太太平平的，中原王朝主动去攻击一个草原民族的情况。所以乾隆发动平准之战，在大家看来完全是自找苦吃。准噶尔并不是一个迫在眉睫的威胁，如果你不发动这场战争，历史绝不会因此而指责你。一旦战争失败，那么后果是不能承受的，你二十年统治的成果会毁于一日，你乾隆自己也会身败名裂。

但乾隆一定要发动这场战争。为什么呢？因为乾隆皇帝的雄心、自信心和责任心在清代帝王中是首屈一指的，他对自己的能力极端自信，他也绝不仅仅满足于自己统治的这一代平安无事。他对每件事的考虑，都是从“大清朝亿万斯年”这一大局出发，着眼于大清江山的永远巩固。他不仅仅要对自己的名声地位负责，更要对子孙后代负责。现在，对内，他已经消灭了对政治的各种威胁；对外，他也要建立一个长治久安的外部环境。现在准部出现内乱，而清朝国力强盛，这是最终解决准噶尔问题，彻底统一中国的千载良机。

这一形势，乾隆看得十分清楚，但是大臣们谁也看不了这么远。乾隆大力进行思想动员，说服满朝文武，打了这场战争。从乾隆二十年到乾隆二十四年，经过四年多的艰苦战争，清朝终于彻底打败了准噶尔，统一了全国。

这场战争的意义，非同一般。从那以后，大清最强大的一个敌对势力被彻底消灭了，大清帝国的边疆从此彻底平安。这是自成吉思汗以来，中国在边疆地区获得的最辉煌的一次成功，清朝的疆域也因此扩展到了最大。

平定准噶尔，有着巨大的标志性意义。它标志着乾隆盛世达到了全盛，也就是传统国家治理基本完美无缺的阶段。这在中国历史上是第一次出现的。

那么，为什么说乾隆朝是全盛，而不说康熙雍正或者中国历史上其他皇帝的统治时期是全盛呢？全盛有哪些表现呢？

首先，乾隆朝几乎消灭了对最高权力的所有威胁，实现了前所未有的政治稳定。

我们说过，历史上威胁皇权的势力有以下几种：一是敌国威胁，二是民间起义，三是权臣佞臣，四是太监擅权，五是后妃干政，六是皇族乱政，七是朋党之争。这七种势力在中国帝制时代，从来没有被彻底平息过，甚至在雄才大略的康熙和雍正执政时期，也仍然存在敌国、权臣和朋党的阴影。康熙朝前期，有以鳌拜为代表的四大权臣。康熙朝后期，各皇子纷纷与大臣勾结形成朋党。雍正朝初期，也出现了年羹尧、隆科多两大权臣。同时这两朝又都存在准噶尔这个严重的外患。所以，这两朝只能说是盛世，不能说是全盛。只有乾隆总结汲取历代统治经验，以极其高明的手腕，对内缜密阴柔地化解了鄂张朋党，对外积极主动地消除了敌国力量，把这七种威胁化解到近乎无影无形的程度，确保了皇权的至高无上和政治纪律的高度严明。到这个时候，对大清江山安全的所有威胁，都消除了，用乾隆自己的话来说，“前代所以亡国者，曰强藩，曰外患，曰权臣，曰外戚，曰女谒，曰宦寺，曰奸臣，曰佞幸，今皆无一仿佛者”。（《清高宗实录》）这个情况，在中国历史上是从来没有出现过的。这是第一点。

第二，经济总量巨大，国家财力雄厚。

由于乾隆在经济上采取了比较得当的措施，比如我们前面讲的在发展农业上的种种措施，所以乾隆朝经济发展很快。据统计，乾隆朝的GDP不但达到了中国历史上的最高值，也占到了当时世界GDP总量的三分之一，超过美国在今天世界经济中的地位。

由于经济总量巨大，乾隆时代国家财政储备也是空前的雄厚。康熙朝库存银两平均三千多万两，雍正年间库存银平均四千多万两。那么到了乾隆后期，国库存银在七千万两左右，这也是中国历史的最高值。乾隆朝财政收入空前之高，也是全盛的主要标志。

第三，军事力量强大，国际地位高高在上。乾隆二十四年统一准噶尔之后，中国疆域北起萨彦岭，南到南海诸岛，西起巴尔喀什湖，东至库页岛，领土面积一千四百多万平方公里。环顾四周，几乎所有的小国，都是清朝的属国，所谓"通译四方，举踵来王"，"以亘古不通中国之地，悉为我大清臣仆，稽之往牒，实为未有之盛事"。（《清高宗实录》）就是说，那些以前和中国没有交往的国家，也都来进贡，这是历史上前所未有的情况。那么向清王朝举行朝贡之礼的国家有哪些呢？东面有朝鲜、琉球，南面有安南、暹罗、南掌、柬埔寨、缅甸、吕宋、文莱、苏禄，西北则有安集延、塔什罕、拔达克山、博洛尔，等等。就是汉唐时期，也没有过这样的恢宏气派。

值得特别强调的是，清代对边疆地区的实际控制力前所未有。汉唐元明强盛之时，中国版图也曾经十分巨大，不过那其中许多边疆地区都只是对中央政府名义上服从，中央王朝对它们缺乏实际控制力，比如万历皇帝当初控制努尔哈赤部落，就是很松散的、名义上的，所以后来才有了满族的兴起。只有到了乾隆盛世，中国才真正对版图内所有土地都做到了强有力的控制和管理，使边疆地区真正成为中国领土不可分割的一部分。这一点是以往任何朝代都无法望其项背的。

第四，乾隆朝的人口达到空前的数目。

在清代以前，中国人口多数时间在两千万到七千万之间徘徊，只有少数几个历史时段突破过一亿。乾隆六年，做了一次人口统计，全国人口是一亿四千三百万。那么，到了乾隆六十年，全国人口统计数字是多少呢?是二亿九千七百万，将近三个亿。乾隆统治五十多年，使人口翻了一番，人口总量比中国历史上以前的最高值，增长一倍多，这是中国历史上从来没有出现过的情况。18世纪初，就是康熙晚年，中国人口占世界人口比重是多少呢，百分之二十三点四，不到四分之一。到这个世纪末，就是乾隆统治末期，是多少呢，达到了百分之三十四，三分之一还要多。（《康乾盛世历史报告》）乾隆朝以不到世界十分之一的领土面积，养活百分之三十多的世界人口，又能长期保持社会稳定，这谈何容易。这说明，乾隆皇帝的统治效率是非常高的。

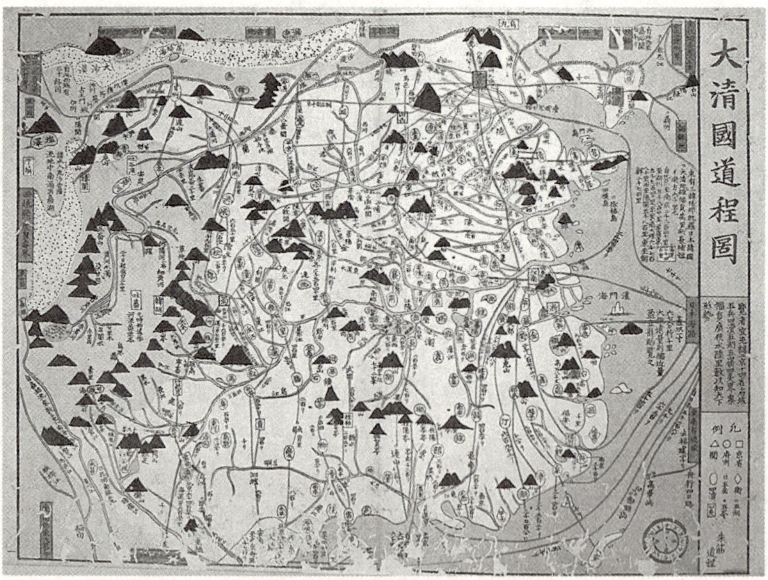

大清国道程图

因此，乾隆二十四年，也就是公元1759年，准噶尔战争胜利的消息传来，四十九岁的乾隆悲喜交集。他立刻连续拜谒了景陵和泰陵，向康熙和雍正皇帝汇报这一喜讯。一是两朝遗志终于被圆满实现，清王朝最大一块心病被彻底根除；二是他的统治已经全面超越了祖父和父亲，他可以十分自豪地向他们汇报自己的统治成绩了。在父祖陵前，乾隆想到他们对自己的期待，想到自己这些年为了完成他们遗志所做的艰苦努力，不禁悲从中来，痛哭失声。

所以平定准噶尔之后，从乾隆二十四年起，“盛世”“全盛”这些词开始频繁地出现在清朝臣民的口中。乾隆自己也宣称：“比年以来西域大奏肤功，国家势当全盛。”（王先谦《东华录》）大清进入了全盛阶段。确实，历史学家公认，从这一年起，乾隆王朝登上了巅峰阶段。

我们总说，水满则溢，月盈则亏，盛极必衰。一个人爬上了峰顶，那么也就意味着，他再往下走，就都是下坡路了。乾隆朝达到全盛状态之后，遇到了许多中国历史上没有遇到的新问题、新情况。这些问题，用老办法，已经不能解决了。比如人口问题和国际环境的变化，面对中国历史上从来没有过的巨大人口压力，面对西方世界的挑战，乾隆将如何应对呢？

第十二讲
严峻的新挑战

乾隆的前半生，基本上是进取和向上的，因此成功是他前半生的主色调。然而中国有句古话：月盈则亏，盛极必衰。出现全盛之势后，大清王朝也遇到了许多前所未有的新问题、新挑战。

那么，大清王朝出现了哪些新问题呢？让我们从乾隆二十二年，乾隆皇帝第二次南巡中的一件事讲起。

乾隆即位之初，励精图治，聚精会神处理国务，没有工夫游山玩水。直到乾隆十六年，天下基本大治，乾隆才开始效仿他的祖父康熙，进行了第一次南巡。六年之后，他又进行了第二次南巡。

乾隆南巡，离开北京，走到了山东。有一个退休官员，叫彭家屏，从河南老家跑到山东来迎驾。皇帝巡视的路上，各地官员要积极迎驾，到路上去迎接皇上，表示自己对皇上有“犬马依恋之忱”，就是对皇帝很有感情。这个彭家屏，是河南夏邑人，康熙六十年的进士，后来在官场上一直做到江苏布政使，因为皇帝不喜欢他，前两年告老还乡了。这一次听说皇帝南巡，他特意从河南风尘仆仆赶到山东。那时候从河南到山东，可不是坐两三个小时动车的事，要在路上走好几天。

为了见皇帝一面，在路上奔波了好几天，乾隆很感动，认为这说明人家对我这个皇帝有感情，所以还是接见了他。一见面，乾隆就问，你们河南，庄稼长得好不好啊？老百姓生活得怎么样啊？乾隆见了每个地方官，都习惯这样问问当地的情况。

彭家屏一听，赶紧往前跪爬半步，说皇上啊，您可问着了，我这次正想跟您汇报这个事呢。我老家夏邑，去年受了灾，发了大水，庄稼都淹了，一点儿收成没有。老百姓吃不上饭啊，流离失所，到处要饭。可是，河南巡抚图勒炳阿成天向皇帝报喜不报忧，不向皇帝报告灾情，也不积极救灾。彭家屏说，皇上，图勒炳阿这个人，当巡抚不合格，您应该罢他的官！

听了彭家屏的话，乾隆一愣，之前说过乾隆即位后，一直很重视百姓的疾苦，特别重视救灾这件事。乾隆最痛恨的就是敢于向他隐瞒灾情的官员，所以听说有人向他隐瞒了河南的灾情，他很重视。

但是乾隆对彭家屏的话，也是将信将疑，为什么呢？第一，图勒炳阿是旗人，因为精明强干，会办事，所以乾隆提拔他做了河南巡抚，也就是相当于今天的省长，乾隆是特别赏识图勒炳阿这个人的。他认为图勒炳阿不至于这么明目张胆地欺骗自己。第二，乾隆是一个非常强调纲纪，也就是纪律的人。按照朝廷的纲纪，返乡的官员，应该安分守己，不能干预地方公事。彭家屏以一个退休官员的身份，告自己老家的现任巡抚，让乾隆替换巡抚，是违反纲纪的。第三，我们刚说过，乾隆不喜欢彭家屏。为什么不喜欢呢？我们说过，乾隆最痛恨的是大臣们搞朋党，而彭家屏当官的时候呢，就有很深的朋党习气。早在雍正年间，他就积极投靠雍正的宠臣李卫。看过《雍正王朝》这部电视剧的朋友，都会知道李卫这个人。彭家屏攻击李卫的对头鄂尔泰，所以乾隆对他的印象很不好。正是因为乾隆讨厌他这一点，所以前两年，还没到年龄，就让他提前退休了。

因此听到彭家屏状告图勒炳阿，乾隆的第一反应是怀疑彭家屏和图勒炳阿这两个人有个人恩怨，彭家屏想找机会搞掉自己的敌人。所以乾隆当时做了一个决定，先查明真相再说。乾隆命令彭家屏回到河南，会同图勒炳阿一起，到河南西部去实地查勘灾情，共同向他汇报。

那么，有人可能问，你让图勒炳阿自己去查勘河南的灾情，能得到真实的情况吗？别急，这只是明的一手，与此同时，还有暗的一手。乾隆采取了一个极为秘密的措施。他把自己身边一个非常信得过的叫观音保的人，叫了过来。这个人的官职是步军统领衙门的员外郎，相当于今天北京卫戍区高级军事参谋。乾隆对他说，我交给你一个秘密任务。你啊，回去赶紧化一下装，化成什么呢？戴上瓜皮小帽，装成一个商人。你到河南夏邑去一趟，看看那儿到底灾情如何。

这个措施，典型地反映了乾隆的行政风格。乾隆这个人，太精明，心眼太多了。他虽然很欣赏图勒炳阿，但是也不是百分之百信任，所以才采取了暗访这种方式。

安排完了，乾隆继续上路南巡。这第二次南巡，乾隆到了苏州、杭州和南京，玩得非常尽兴。这次南巡，乾隆发现，江苏、浙江这些地方，比六年前第一次南巡，经济更加发达，百姓生活更富庶，天下已经呈现极盛之势，所以乾隆皇帝心情非常好。在回程的路上，四月初七，乾隆走到了江苏与山东交界，一个叫涧头集的地方。乾隆望着大轿外边烂漫的春色，诗兴大发，打算作上一首诗。我们知道，乾隆是中国历史上产量最高的诗人，一有时间就想作首诗。

就在这个时候，咯噔，大轿一下子撂地下了。乾隆伸出头一看，前面护兵似乎和什么人在那儿争执起来了。

原来御路上，跪着两个破衣烂衫、瘦得皮包骨的老头儿。

传统时代，皇帝出行，是有着极为森严的规矩和排场的。一般情况下，皇帝想从哪儿走，提前一年就会修出一条御路。这条御路，要垫着新鲜的黄土，用碾子压得如同打谷场一样光滑。这条只能踏上皇帝一个人的足迹，连给他抬轿的轿夫，都只能走在两侧的辅路上。谁要是不小心踏上御路，那就是犯了大不敬之罪，所以以前没出现过普通老百姓突然闯到御路上来的情况。因此乾隆非常惊讶，赶紧让侍卫把这两人带到轿前。

两个老头儿哆哆嗦嗦跪在乾隆面前。乾隆问，你们怎么回事？两老头说，我们啊，是河南夏邑，就是河南西部的一个县的人。我们那地方遭了水灾，灾荒非常厉害，老百姓吃不上饭，实在活不下去了，所以我们才来找您反映情况，请您救救我们啊。

乾隆一听，眉头紧锁，这才又想起彭家屏向他反映的事。因为在南方一路玩得很高兴，乾隆已经把派人查访这个事放到脑后了。听这两个老头儿这样一说，乾隆才想起来，哦，对，这个事还没处理呢。我们前面不是说，乾隆派人去暗访了吗？虽然观音保暗访还没回来，但是一看这两个灾民皮包骨头的样子，就知道灾情不轻。看来，彭家屏说的不是没有道理，这个图勒炳阿确实是个报喜不报忧的官，得好好处理一下。

不过乾隆没有马上下旨意，因为既然已经派人暗访了，那么还是先等等，等观音保回来，再决定如何处理，也不差这一两天。乾隆命人把两个老头儿当成证人带着一起北上。不料两天之后又出现了一个意外事件。四月九日，乾隆一行走到山东邹县的时候，路边突然又冒出一个人，来拦御轿。乾隆一看，这个人，同样是衣衫褴褛，同样是一口河南口音。一问，又是河南夏邑人，叫刘元德，也是来反映灾情的。

乾隆这下子，停到这儿，不往前走了。

为什么不走了呢，是不是决心在这儿把这件事处理掉呢？不是。乾隆想到了另外一层的事。

乾隆这个人，我们说过，心思非常细，也非常多疑。他想，彭家屏刚刚返回夏邑去调查灾情不久，就连续出现了两起河南夏邑人来拦御轿的事件，这难道仅仅是巧合吗？当时从河南西部跑到山东，好几百公里，起码要走上十天半个月，一路上吃喝住宿，得相当一笔路费。一个灾民，手里哪来的钱？背后，说不定有人支持和策划。乾隆从二十五岁登基，历经了种种复杂的政治事件，所以他的思维方式，越来越习惯于把任何事都看成阴谋。所以乾隆怀疑，这很有可能不是一起普通的老百姓自发反映情况的事，而是由返乡大臣彭家屏在背后策划，让这些普通百姓不断出面，试图扳倒河南巡抚图勒炳阿的一起政治阴谋。

要真是这样，那可是大清政治中一个非常危险的苗头。为什么？这是以下犯上、严重破坏纲纪的行为，如果开了这样一个头，别的省也效法这种方式来驱赶地方官，地方上还能有宁日吗？

所以乾隆下令，立刻审问这三位灾民，查查背后有没有主使的人，主使的人是不是彭家屏。

在严刑拷打之下，审讯有了结果。头两个来反映情况的灾民，没收到什么资助，也与彭家屏没有任何关系，是自己一路要饭走到山东的。而第二起拦轿的灾民刘元德则交代，他来山东，确实有人给拿了路费。不过给钱的不是彭家屏，而是夏邑县的一个秀才段昌绪和一位武生刘东震，这两个人共同资助的刘元德。这两个人鼓励他去找皇帝反映情况，他们想扳倒的倒不是巡抚图勒炳阿，图勒炳阿离他们太远，他们要告的是当地县太爷——夏邑知县孙默，这个人不好好救灾，全县人都很痛恨他。段昌绪和刘东震对刘元德说，咱们把这样的坏官赶走，是造福全县的大好事。

审问结果报上来，乾隆一看，果然部分被他猜对了，确实是有人在背后组织这个事。乾隆判断，夏邑可能确实有点灾情，因为河南地处黄河中下游，自古以来就多灾多难。不过这次水灾应该不会太严重，所以图勒炳阿才没有向自己汇报。但是有些不安分的人却借着这点灾情，试图扳倒朝廷命官，这还了得？所以乾隆决心好好处理一下这件事，对这些老百姓来一个杀一儆百。

就在这个时候，到河南暗访的那个官员观音保，回来了。

观音保这个人是乾隆最信任的亲信之一。他对乾隆特别忠诚，办事特别周密，所以听到他回来，乾隆赶紧让他进屋。

几十天不见，观音保的模样乾隆简直都认不出来了，瘦了一大圈，浑身上下都是尘土。

观音保抢步上前，给乾隆请了个安，说："皇上，夏邑之灾，并非寻常水灾，而是百年不遇的大灾！"

观音保汇报说，夏邑已经连续两年遭灾了，由于多年重灾，县城里遍地都是乞丐，城门外到处都是尸体。全县物价奇高，只有人价极低，满大街都是卖儿卖女的。为了证明自己的调查结果，观音保还特意在灾区买了两个孩子。

"哦？还买了两个孩子？花了多少钱？"乾隆问。

"四百八十文。"

那时的四百八十文约合现在多少钱呢？九十六元人民币，就是说一个孩子四十八块钱，这个钱，今天也就买两个猪蹄。乾隆还以为自己听错了："什么？四百八十文？两个孩子加在一起吗？"

观音保说："对啊。"说着，从身上掏出一张纸，呈给乾隆，乾隆接过来一看，是一张卖身契，价钱写得清清楚楚。

乾隆看完，脸色沉了下来，半天没有言语。看来，彭家屏和三个老百姓反映的情况是千真万确，夏邑县的县令孙默和河南巡抚图勒炳阿确实胆大妄为，欺君罔上。水灾重到如此程度，图勒炳阿居然对他一字未提，漠视民命，罪不可逭。

那么在正常情况下，乾隆会马上降旨，把孙默和图勒炳阿夺官罢职，投入监狱，但是乾隆暂时并没有这样做。乾隆坐在那儿沉吟良久，半天说不出话。这是为什么呢？

单纯从这个案子来说，处理起来很简单。但是乾隆是一个政治家，是大清王朝的最高统治者，他处理每一个问题，都要从全国大局这个角度来考虑。把孙默和图勒炳阿罢官很容易，但是乾隆担心，这样的话，会形成一个不好的示范效应。什么示范效应呢？就是几个普通老百姓，一找皇帝反映情况，就把堂堂的一省巡抚给扳倒了。这个事如果传开，各地都来效法，怎么办？此时虽当盛世顶峰，但是乾隆心里清楚，国家发展中已经出现了很多严重的问题，特别是乾隆二十年以后，大清社会出现了越来越多的动荡，以下犯上的事层出不穷，所以他必须谨慎地处理这件事，避免给动荡的局势火上浇油。

那么，为什么乾隆二十年以后，大清社会出现了动荡呢？

我们说，乾隆二十四年左右，大清登上了盛世顶峰。然而，事情总是有正反两面，极盛中，酝酿着衰落的原因。什么原因呢，就是人口压力。人口迅速增长，是清朝盛世的最主要表现，但也是后来衰落的最直接原因。人口的增长是几何式的，乾隆朝人口，后期比初期翻了一倍，达到将近三个亿，这在中国古代历史上是从来没出现过的。但是，粮食产量的增长却是有极限的，在传统农业生产条件下，粮食增长的速度，远远赶不上人口增长。我们在前面讲过一个数据，乾隆朝的口粮总量，创了历史之最，达到二千多亿斤，这个数字是汉朝的五倍、唐朝的三倍，非常厉害。但是与此同时，清代的人均粮食产量，却滑到了历史最低值。历代人均粮食产量是多少呢？秦汉是九百八十五斤，隋唐是九百八十八斤，宋代是一千四百五十七斤，明代是一千一百九十二斤，而乾隆年间是多少呢，七百八十斤。（吴宾等《论中国古代粮食安全问题及其影响因素》）。这说明什么？说明人口太多了，再高的总产量一平均就没了。

所以乾隆二十年之后，大清王朝出现的主要矛盾，就是人多地少，土地资源越来越稀缺。因为人多地少，地主就不断提高地租。乾隆初年，四川泸州的一块耕地，每年向地主交租是多少呢？八石五斗。仅仅过了四年，地主就把地租提高到了二十四石，四年提高了将近二倍。湖北黄冈的一块耕地，原本收租三石，两年后，租价就上升到了六石，两年翻了一倍。（郭成康《乾隆皇帝全传》，第216页）

这样，就出现了很多问题，比如地租太高，佃户交不起，怎么办？就只能拒绝交租。那地主也不干啊，于是就不可避免出现冲突。而且这种冲突是非常普遍的，所以民间就出现了什么铁尺会、乌龙会等，佃户们加入这些会，联合起来跟地主斗争。比如乾隆十八年，福建邵武的佃农杜正祈等人“结无赖子数十人，屡与田主构难……人给一铁尺，号铁尺会”。（《清高宗实录》）就是说，他们几十个人，组成了一个铁尺会，入会的人，每人发一把铁尺，表示一起行动，不交地租。各地这些会，越来越多。

事情还不止于此。因为底层农民越来越穷，所以虽然乾隆经常减免租税，普免钱粮（乾隆一朝一共五次普免全国钱粮），但事实上，还是有越来越多的人交不起国家的赋税。乾隆十二年，河南罗山县的农民，因为交不起赋税，“刁徒七八百人各执木棍铁锹等物，并挟有草束，又复前来，公行叫喊，奉旨不完钱粮，不许差役催追旧欠”。（郭成康《乾隆皇帝全传》）就是说，这个县里七八百个穷人一起，一人手拿一束干草，跑到县衙里，把草扔在地上。这是什么意思呢？这是说你们收皇粮收得太多，我们交不上，我们不种地了，让地里长草吧！这种事，很多省都出现过。

这些现象，在乾隆中期是越来越多。应该说，这是一个社会发展的必然阶段，因为经济发展必然导致经济冲突日益增多。这一方面当然是坏事，从另一方面看，却是社会文明发展的一个难得的契机。为什么这样说呢？因为西方很多国家的近代化，就是在人口压力和社会冲突中这样发展起来的。比如1381年，英国历史上爆发了一次大规模的农民起义。当时英国也是因为人多地少，大量的农民离开家乡外出打工，但是雇主拼命压低工资，打工农民的收入多年不能增长，于是起来闹事，英国国会就颁布了一个《劳工立法》，禁止劳动者通过闹事的方式涨工资。这下农民不干了，所以1381年，农民在泥瓦匠瓦特·泰勒的带领下开始起义，他们拿着砍刀、木棍，到处袭击庄园和官邸。虽然起义最后被镇压，但是这次起义却基本达到了自己的目标。国王理查二世向农民们低头，取消了《劳工立法》，打工农民的工资水平大幅增长。这就推动了更多农民离开土地，从而推动了英国的经济转型和社会发展。所以，事实上，人口与资源的紧张导致的社会冲突，正是推动欧洲由传统社会迈向现代社会的主要动力。

因此，人多地少，对乾隆来说，既是问题，也是机会。他正可以利用这个机会，第一，从经济上开放采矿业、工商业、外贸业，发展服务业，吸纳大量劳动力，促进经济升级换代。第二，在社会上，允许农民通过一定方式组织起来，与地主协商租价，让地主不能过度剥削。这样，既可以促进社会自治的发展，也可以限制贫富分化，稳定清朝的统治。

但是，乾隆皇帝却完全没有这样的思维。

我们说过，乾隆这个人，特别聪明，在中国皇帝里算得上特别雄才大略。但是，他有一个致命的问题，就是他虽然身处中国从古代向近代的转折期，但是他的思维方式完全是传统的，受的教育完全是传统的。我们说过，乾隆的政治经验和智慧，完全来自传统史书。他采取的所有治理手段，都是古已有之。就是说，他的思维是有很大局限性的。

面对社会动荡的苗头，乾隆采取了两手措施。第一手，为了解决人多地少的矛盾，乾隆想尽了一切办法，减免税赋，推广良种，大量兴修水利，鼓励农民开荒，把传统农业的生产潜力挖掘到最大。第二手，传统型政治思维，决定了乾隆对民间社会的动荡，只能采取一种方式，那就是强力压制，从严控制。我们说乾隆爱民，但他爱的是"良民"，对于那些所谓不守本分敢于闹事的"刁民"，乾隆是视如仇敌的。面对各地风起云涌的动荡事件，乾隆的态度就是一个，坚决压制。乾隆规定，严禁民间聚众闹事，如果闹事的人多至四十人以上，那么"不分首从，即行正法"，所有的人，一律处死。为什么呢？这是为了防微杜渐，防止事情变得不可收拾，变成对王朝的严重威胁。所以他一再告诫地方官员，必须在"群情汹涌之初"，"擒首恶以儆余凶"。（《清高宗实录》）就是在事情一露头的时候，就狠狠打击，绝不能手软。这是乾隆的一贯思维。

比如乾隆六年，户部宝泉局——宝泉就是铜钱，宝泉局也就相当于今天的国家印钞厂——出了一件事。当时厂内两千多名工人，因反对工头克扣他们的工资，一起停炉罢工，不再铸钱了。乾隆一听，马上要求大臣们严厉镇压。他怕大臣们不敢动手，下旨说："此等刁民，即枪伤一二何妨。"（《清高宗实录》）就是说，对这样的刁民，可以打死一两个，没有什么大的妨碍。

乾隆十三年，苏州发生了一次灾荒，米商们把大米囤起来卖高价，粮价大涨，老百姓买不起。于是，有一个叫顾尧年的读书人，就率领着很多老百姓，来到官府请愿，请求地方官采取措施，来控制粮价。为了表示自己对朝廷的恭顺，顾尧年还特意"自缚双臂"，让人用绳子把自己的双臂捆起来，跪到大堂上为百姓请愿，说明自己完全是朝廷的顺民，没有他意。乾隆听说了这件事，但因为参与这件事的老百姓很多，所以他非常害怕。他说："因近日聚众之案甚多，特命刑部定议，……立即正法。"（《清高宗实录》）也就是说，最近，聚众之案很多，这个苗头不好，一定要严厉镇压。因此他命令苏州的地方官，把顾尧年等几个为首的人，杖毙于大堂之上，就是在公堂之上活活打死。乾隆处理这类事情的一贯方针，就是枪打出头鸟，带头闹事的人，不管有理没理，一定要从严处理。

在这样的背景下，第二次南巡路上有人指使灾民拦御轿这件事，在乾隆眼中，就成了对大清统治的严重威胁。有组织地试图扳倒朝廷命官，这样的事绝不能鼓励。但是河南夏邑确实有大灾，地方官确实隐瞒灾情，救灾不力，必须得到应有的处理。怎么把握这个度呢？乾隆为难了。

经过左思右想，乾隆最后做出了这样的决断：

第一，严肃处理地方官。图勒炳阿和知县孙默都革职，等待进一步审讯处理，以警诫其他敢于隐瞒灾情的官员。

第二，反映情况的人也得到处分。彭家屏被立刻勒令回家，以后不得干预公务。拦御轿的刘元德以及背后资助他的段昌绪、刘东震三人，交给山东巡抚从严审办，继续审查背后有没有其他主使，对他们要严肃处理。

乾隆这么做，是对两边各打五十大板，谁都不放过。完事后，乾隆还下了一道意味深长的谕旨给河南老百姓：

传谕各百姓等……巡抚、知县之罢斥，乃朕遣人密加访察，自为整饬官方起见，初不因彭家屏之奏，亦不因一二刁民之遮道呈诉也。若因此遂致增长刁风，挟制官长，则是自干罪戾，不能承受国家惠养之恩矣。（《清高宗实录》）

意思是说，要告诉天下老百姓，这起案子的处理，是因为我洞察一切，为了整顿官纪主动派人暗访发现的，并不是因为彭家屏的奏报，也不是因为"一二刁民"来拦轿反映情况。如果以后谁效仿这几个"刁民"，以下犯上，随便告官，那么必然要受到朝廷的严惩。

这首谕旨再次反映了乾隆一生坚持的政治原则，是权操于上，不可下移，绝对不能以下犯上。所以乾隆在谕旨中接下来又如此告诫百姓：

州县乃民之父母，以子民讦（jié）其父母，朕岂肯听一面之词，开挟制之风。辟如祖虽爱其孙，必不使其恃恩反抗父母，此等刁风断不可长！（《清高宗实录》）

就是说，州县官员是民之父母——过去都说父母官嘛，那么这样一比，皇帝自然是老百姓的祖父了。祖父当然是疼爱孙子的，但是也不能溺爱，要讲究方式方法。如果遇到孙子和自己的父母作对，明智的祖父会怎么做呢？显然，他绝对不会助长、培养孙子以下犯上的恶习。所以，孙子跑到祖父面前来告发自己的父母，即使有理，祖父也不能明确表态支持。

因此，普通老百姓作为孙子辈，即使受了父母的委屈，也只能含冤忍受，相信英明的祖父有一天会发现父母的错误加以惩治，而不应该主动跑到祖父面前，来说父母的不是。

所以，乾隆决定要把“孙子”——这几个老百姓，交给自己的“儿子”处理。因此他才把跑到山东拦轿的刘元德以及背后主使的段昌绪、刘东震交给地方官审办。他知道，自己的“儿子”十分明白应该怎么处理这几个“孙子”，才能使他们记住，今后不要再以下犯上。

果然不出乾隆所料，他的“儿子”赈灾不行，但是处理“孙子”造反，却十分能干。刘元德被乾隆交给山东巡抚之后，山东巡抚当即发文给夏邑，命夏邑县立刻把出钱资助刘元德的秀才段昌绪和武生刘东震抓起来，递解到山东。

这个时候，革职的命令还没有从省里传下来，孙默还是夏邑县令，但是他已经知道自己的乌纱马上就要掉了，因此他非常清楚如何办理这个案子，才能挽回自己的命运。山东巡抚命他抓人，他不光是抓了人，还亲自带领人马，前往秀才段昌绪家，对段家来了一次彻底的大抄家。他命令属下把段家所有带字的东西，所有书籍和文章，片纸不留，一律带回来让他细细检查。

为什么抓了人还要抄家呢？因为孙默非常清楚，乾隆皇帝对于批评朝廷的言论非常重视。这些秀才爱舞文弄墨，平时一定会写些日记文章之类，而这些文章之内保不齐会有一两句对朝廷的牢骚怨望之语。如果找到一两句他们咒骂朝廷的证据，那么这个案子的性质就变了，皇帝的注意力也会被转移，自己很可能就会脱身。

果不其然，衙役们在段昌绪的卧室之中搜出了几页很不寻常的文书，什么文书呢？吴三桂起兵反清时的檄文抄本。我们知道，吴三桂是清初的三藩之一，在八十年前的康熙年间，起兵造反，发布了反清的檄文。这篇檄文，内容当然是痛骂清朝统治，并在当时广为流传。那么，这么多年后，你段家仍然保留这样的文章，这不是大逆是什么？

孙默如获至宝，飞马把这一“成果”汇报给图勒炳阿，图勒炳阿一看也大喜过望，又添油加醋了一番，说这事涉嫌谋反，十分严重，然后以八百里加急的文件报给乾隆皇帝。

乾隆对此非常重视。一方面，他对任何政治上的反清苗头都视如大敌。另一方面，在前些天对夏邑事件各打五十大板后，他已经感觉十分不妥，因为各地秘报已经传上来，说普通百姓扳倒巡抚这件事像长了翅膀一样，已经传遍了大清各省，成了全国各地街谈巷议的头条新闻，甚至有不少地方的人听到这个消息，都准备要进京告状。

乾隆皇帝于是断然采取了如下措施：

第一，夏邑县知县孙默以及图勒炳阿能侦破这样的反清大案，“尚属能办事之员”，立了大功，不必革职，仍留原任。

第二，命图勒炳阿彻查这个大案，特别是要查清这个檄文到底是从哪里抄来的，背后有没有其他情由。乾隆在上谕中还命方观承会同图勒炳阿前往彭家屏家查抄，以查彭家是否亦藏此道伪檄。显然，乾隆皇帝仍然怀疑彭家屏与此案有关，即使无关，他也一定要将他特别讨厌的那个已经还乡又干预公事的二品大员彭家屏牵连进这个案子中，狠狠处理一下，才能罢休。果然，审查结果证明，彭家屏虽然没有吴三桂伪檄，但是却存着几本明末野史，比如《潞河纪闻》《日本乞师记》《豫变纪略》，等等。这些野史都是什么内容呢？记载的都是明末清初的时候，各地反清斗争的情况。在乾隆看来，这些内容对清朝统治都是非常有害的。

乾隆对这个结果基本满意，他认为证据已经够了，可以定案了，于是决定，把私藏吴三桂反清檄文的段昌绪“从宽”斩立决。对于彭家屏，乾隆以其私藏逆书之罪，“从宽赐令自尽”，让他自杀了。

不光让彭家屏自尽了，对于彭家屏的财产，乾隆也不放过。彭家屏家里有几千亩土地，对这些土地，乾隆皇帝的处理手法十分出奇，他命令地方官，把这几千亩土地全部分给夏邑的贫民。乾隆的意思显然是，既然你愿为贫民出头，那么就把你的土地分给他们，了了你的心愿吧！估计这样一处理，以后就再没有人敢向彭家屏学习，随便扰乱社会秩序了。

那么，通过以上处理，乾隆对底层百姓闹事展示了自己强硬的一手。如果仅此一手，我们可以说，乾隆是一个非常不讲理的皇帝。不过，乾隆毕竟是乾隆，他还有另外一手。不久之后，乾隆又使出了他柔软的一手。他命令，夏邑县历年所欠的农业税一律免除。乾隆还派人深入这个县，调查此地连续多年遭遇水灾，到底是什么原因，准备通过兴修水利的方式加以根治。在整个事情处理完后，他又把图勒炳阿调进北京，体面地解除了他的巡抚之职。夏邑县令孙默最后仍然被革职了，以为其他官员之诫。

这就是乾隆皇帝处理地方矛盾的一贯方式，那就是，既处理带头闹事者，最后又会全力解决百姓实际问题，以防百姓造反。

彭家屏的这个案子，在历史上，一般都被归为“文字狱”，称为“彭家屏私藏野史案”。确实，乾隆皇帝处理他以及段昌绪等秀才，表面上的理由，都是他们收藏“反清”文件和书籍。但是实际上，这并不是乾隆制造这起大案的主要动机。乾隆醉翁之意不在酒，他的主要动机，是打击敢于带头闹事的人，对日益动荡的底层社会，不断强化控制。这其实是他的危机意识的一个表现。在乾隆中期，还有很多人像彭家屏案那样，受到乾隆相当离奇的处理，由此形成了乾隆中期的许多奇案。

第十三讲

乾隆朝的离奇案件

乾隆中期，产生了许多离奇的、我们今人的思维很难理解的案子，这些案子都是冤案，而且都是乾隆皇帝一手制造的冤案。我们前面说过，乾隆性格中有很善良的一面，但是这些冤案，反映的却是乾隆性格的另一面。

我们先来讲第一个案子。

乾隆四十五年七月的一个早晨，广西布政使，也就是主管一省财政的副省级官员朱椿，前两天连着好几天忙着全省的财务核算，累坏了，今天正好忙完了，给自己放一天假，想到桂林城外去转一下，散散心。他坐着轿子，刚刚出了胡同，突然路边抢出来一个老者，六十多岁，身穿长衫，须发花白，看上去像是个读书人，颤巍巍地跪在路边，手中高举一册文书。朱椿一看，看来这是又遇到了一位告状的。哎呀，真是扫兴，想给自己放个假都不行！

有告状的就得审理啊，于是他命令随从把老头手里的那册文书拿过来，坐在轿子里一看，哦，原来不是告状的。文书封面上，写着两个字“策书”，什么意思？是一份政策建言书。建了什么言呢？朱椿打开一看，只见里面，端楷正书，字写得很漂亮。有四条建议，哪四条呢？一、请朝廷进一步减免钱粮，减轻底层人民负担；二、建议各地添设义仓，就是慈善机构，来救济贫民；三、禁止种烟，以多打粮食；四、裁减寺僧，就是控制和尚数量，来减轻社会负担。

朱椿从头到尾读了一遍，发现这篇文章，层次清楚，逻辑严密，是一份十分认真的政策建议书。而且和一般老百姓上的建言书不同，这份报告里面还有许多定量分析。比如建议禁止种烟，就详细分析了种烟的成本。他说："今种烟之家，十居其半。大家种烟一二万株，小家亦不减三千。每万株费人工十或七八，灰粪二三百担……"就是说，如今广西，有一半农民家里种烟，多的种一万多株，少的也有三千。那么每一万株烟，就需要十个人工，需要肥料二三百担，数字非常详细。可见他写这篇建言书，进行了大量调查研究，一个老人关心家国的拳拳之情，跃然纸上。

那么，看到这份建言书，布政使朱椿是什么反应呢？是不是非常感动，把这个老人叫进府中，和他把酒畅谈呢？不是。

看完了这份策书，只见朱椿脸红头涨，神色大变，命令身边的几个随从："立刻把老头儿拿住捆上，绝对不许逃脱！"

朱椿顾不上再旅什么游，立刻转轿回府，升了大堂，把老头儿带过来细细审问。老头儿一看布政使大人不但没有把他待为上宾，热情款待，反而疾言厉色，如临大敌，一时搞不懂什么状况，就跪在地上，原原本本从头道来。原来这老头儿名叫吴英，是广西平南县人，读了一辈子书，只考上了一个秀才。如今六十多岁了，身体多病，眼看着来日无多，不甘心一肚子才华，就这样埋没了，便想着把自己对朝廷和皇帝的忠爱之情，化为这一纸策书，献给官府，这样能对社会有所贡献，也算不负到人世来了一趟。这就是他写这个东西的动机。

朱椿把这个事的来龙去脉搞清楚了，就命人把老头儿关进大牢，然后连夜给广西巡抚写了一个汇报。朱椿说，这是一起重大案件。为什么这么说呢？第一，一个普通秀才居然胆敢批评朝廷现行的政策，这是不允许的。第二，老头行文中犯了圣讳。原来，这篇策书中有一段话："圣上遵太后之遗命，命免各省税粮，其德非不弘也……圣上有万斛之弘恩，贫民不能尽沾其升斗。”（《清高宗实录》）这一段，两次用了皇帝御名“弘历”中的“弘”字，没有避讳。所以这是一个大案，得从严查处。

那么第二天，这桩案子就转到了广西巡抚姚成烈的衙门了。巡抚会怎么处理这个案子呢？是不是会怪这个布政使小题大做呢？不是。姚成烈一看见这个案子，马上放下手中所有事情，全力处理此案。他派人赶赴吴英老家平南县，抄家捕人，把老吴家搜了个底朝天，把吴英所有直系亲属二十多人都捆到省城，连夜进行审讯，对所有人都动了大刑，当场打残废了两个人。审讯的重点是这份策书后面还有没有其他同谋。

审了好几天，所有人都交代，这份策书确实是吴英“实思献策，冀得功名”，是自己一个人闭门所写，与其他任何人没有关系。

审问清楚了，姚成烈立刻写了一份奏折，向乾隆皇帝汇报了此案。

我们认为，广西的这些地方官，把一个给官府写建议书的老人关进大狱，真是非常离奇。那么，案子汇报到北京后，乾隆会如何处理呢？是不是会批评这些地方官员乱抓人呢？

不是。

乾隆皇帝接到奏折后，十分重视，和大学士九卿等人，反复多次认真研究了这桩案件。这一年九月，他做出了如下终审判决：

第一，“秀才吴英生逢圣世……不知安分，妄递策书……叠犯御名”，并且有批评指责朝政之处，因此“核其情罪，实属重大，未便稍宽”，不能轻判。所以以“大逆”之罪，把他凌迟处死。

第二，吴英的两个儿子吴简才、吴经才，斩立决，立刻砍头。吴英的弟弟吴超，还有侄子吴达才、吴栋才，斩监候，等到秋后再处决。

第三，吴英的妻子全氏，妾蒙氏，儿媳妇彭氏、马氏，以及他的九个子、侄、孙，都发配给功臣之家为奴，世世代代永远做奴隶。（以上均见《清代文字狱档》）

大家会不会觉得乾隆的处理太残酷了，太离谱了？在中国古代，布衣上书言事乃是常事。比如汉代的东方朔曾经上书汉武帝，写了三千根竹简的一篇长文，结果汉武帝很欣赏他，封他当了郎官。唐代的李白，给唐玄宗写了几首诗，成了翰林。另一个唐代大诗人杜甫也曾经向朝廷献过《三大礼赋》，歌功颂德，也想弄个官当，不过他没成功。所以在传统社会，一般读书人上书，每个朝代都有。其目的无非两种：一种是出于社会责任心，揭露疾苦，为民请命；另一种是卖弄文笔，逞露才华，希图获得些奖赏。应该说，吴英献策，主要是前一种目的，想让这个王朝发展得更好，没想到却落了这样一个惨烈的结果。

那么，乾隆皇帝为什么要这么处理吴英呢？难道他真的看不出吴英对大清是一片关爱之心吗？

要回答这个问题，我们还要再看几起类似的案子。

乾隆四十一年，皇帝大驾出京，去拜谒清西陵。天气晴和，一路风景优美，乾隆的心情呢，也十分舒畅。不料走着走着，出了点意外，御道边上出现了一个长得很瘦削的年轻人，鬼头鬼脑，远远地向着皇帝的大轿方向不停张望。负责巡查的护卫赶紧拿住此人，进行审问。

一审，这个人姓冯名起炎，是山西临汾人，今年三十一岁，也是个秀才。他跑到御道边上，原来是想面见皇帝，献给皇帝一本自己所写的书。书的内容是什么呢？以《易》解《诗》，就是用《易经》的原理来解释《诗经》，这是一本学术著作。不过乾隆简单翻了一下，发现这本书写得牵强附会，水平很一般。然而这个冯起炎把这本书献给皇帝的动机却很特别，为什么呢？为了爱情。

原来这个冯起炎，家境比较贫寒，所以三十多了，还没娶上老婆，这在古代呢，可是超级大龄青年了。不过呢，他有两个暗恋的对象，哪两个呢？他交代说“尝到臣张三姨母家，见一女……名曰小女……又到臣杜五姨母家，见一女，可娶，而恨力不足以办此。”原来他相中了自己三姨家和五姨家的两位表妹。这两表妹长得都挺漂亮，他都相中了，日思夜想，想把她们俩都娶回家。不过自己一没房子二没地，显然两个姨家不能同意啊。怎么办呢？此人平日酷爱才子佳人之书，乃是一名文学青年，头脑中充满了罗曼蒂克的幻想。他脑筋一个急转弯，想出了一个主意，什么主意呢？给皇帝献书。因为他觉得自己特别有才，说不定皇帝一看到他这本书，就会特别欣赏他，就会召见他，然后他趁机把心中夙愿向皇帝倾诉，皇帝一高兴，就会赐他银冠玉带，命他回家奉旨成婚，那么自己岂不是既实现了爱情梦想，同时又功成名就了吗？

所以在挨了许多板子，要被送进大牢之前，冯起炎还期待着皇帝会可怜他的一片痴情，偿了他的夙愿，所以苦苦哀求审案的官员转告给皇帝一句话。什么话呢？“若以陛下之力，差干员一人，选快马一匹，克日长驱到临邑”，“则此事谐矣……二事谐，则臣之愿毕矣。”就是说，皇帝您派一名干员，骑一匹快马，跑到我老家去，去给我说媒，您一说，那么这个事肯定能成，这事成了，我一辈子心愿也就了了。

想必乾隆皇帝登基四十一年来，还没有遇到过这么好玩的事。他看着案卷，止不住地哈哈大笑，笑完了，还让太监把这个案卷在后宫中让妃子们传阅，让大伙一起欢乐一下。笑过之后，乾隆表现出了他在统治中期难得的仁慈。怎么个仁慈法呢？真的派人去给冯秀才说媒吗？当然不是，我们说乾隆仁慈，是他这次开恩，没有按以前的案例，取了冯起炎的脑袋，文学青年冯起炎很幸运地保住了自己的性命。乾隆决定，以“痴心迷妄”“欲渎圣聪”之罪，“刺字发遣”，把他发配到黑龙江的冰天雪地里，“给披甲人为奴”，给士兵做奴隶，在北大荒里，让他终老了此身。

这是另一个案子，秀才上书，没被砍头，但是被发遣到黑龙江了。如果说冯起炎这个案子，还有点喜剧成分的话，那么，另一个案子，可就是彻头彻尾的悲剧了。

乾隆十八年，一个面黄肌瘦、衣衫褴褛的年轻人来到山东孔府，怀里揣着一本书，叩开孔府的大门。看门的问，你是干什么的？他说我是浙江人，叫丁文彬，从浙江千里迢迢跑到孔府来认亲。看门的问，认什么亲？这个丁文彬说，前些天上帝临凡，给他托梦，梦里对他说，已经把孔府衍圣公的两个女儿都许配给了他，所以他今天跑来做上门女婿。他说他学富五车，写了许多文章，“皆天命之文，性命之学”，要请衍圣公过目。

孔府家人一看，来人神志恍惚，胡言乱语，显然不是个正常人，就把他送到官府里。山东官员升堂一审，原来这个丁文彬，从小父母双亡，靠哥哥带着长大，家里特别穷，所以已经三十多了，还没能娶上老婆。贫困潦倒，生计无着，因此精神就越来越不正常。他说他经常能听到一个小人，自称是上天神灵，在他耳边说话，说已经命他当了天子，管理天下之人。丁文彬于是就开始琢磨，怎么开创新朝，怎么当皇帝。他给自己起了几个年号，叫什么“天元”，什么“昭武”，又为自己的新朝设计过一个制钱的图式，叫“太公九府钱”。又写了些什么星象、天命之类的文章，把这些，都收进一本书里，把这本书给官员看，说这就是我写的，你们看我是不是挺有才？我这个制钱的图样，画得是不是挺好看？

山东巡抚杨应琚一看，好嘛，有年号，有钱币图案，要建新朝，这是逆案、大案啊。不过，谁都能看得出这个丁文彬明显是个疯子，这怎么处理呢？所以杨应琚写了封奏折，向皇帝汇报了这件事的来龙去脉，还对丁文彬的精神状态进行了一番合情合理的分析：“臣揆察其情形，丁文彬乃一至贫极贱之人，一旦稍习陈言，遂自诩奇材异能，无出其右。因而妄想富贵美色，痴心目识，结为幻影，牢不可破。”（《清代文字狱档》）就是说，丁文彬因为太穷了，生活太灰暗，太看不到希望了，就逃避到白日梦中去寻找心理满足，就得了妄想症。杨应琚的分析应该说很有道理，很符合现代心理学的补偿原理。杨应琚说：“听其所言，不论何人俱知其妄。”这个人的表情、状态，任何人一眼就能看出他是疯子，不是正常人。而且这个人身体很差，老在监狱里关着也不行，请皇帝指示怎么办。

这个案子汇报到乾隆那里，乾隆皇帝一看，也认为此人是个疯子。那么，对这个疯子怎么处理呢？是放了，还是交由家属关起来呢？都不是。乾隆先没说怎么处理，而是先关心起丁文彬的身体状况来，他特意发了一道谕旨，问山东巡抚杨应琚，说你说过这个丁文彬身体很差，那么现在怎么样，差到什么程度？还能活多长时间？

杨应琚回复说，丁文彬本来就病病歪歪，被抓起来后，又多次经过严刑拷打，现在已经奄奄一息，可能活不了多久了。

乾隆为什么要关心丁文彬的身体情况呢？是不是大发慈悲，要给他治病，或者至少让他提前出狱呢？不是。乾隆发了一道上谕，说我掐指一算，这个案子按正常程序，经三法司会审，再行判决，再传达到山东，先后要一两个月时间。很可能案子还没审完，丁文彬就死在牢里了。要是那样，可绝对不行，那不就便宜了这个逆案的主犯了吗？所以他命令杨应琚，不用审了，立刻将丁文彬当众凌迟处死。为什么呢？因为只有当众凌迟处死，才能发挥丁文彬这个反面典型的作用，让老百姓都认识到想造反的下场。于是乾隆十八年六月十四日午时，丁文彬被驾上囚车，押赴法场，在万头攒动中被绑上木桩，接受千刀万剐。在身上的肉被一片片割下来之时，丁文彬口中尚且喃喃有词，希望上天来救他。但是丁文彬被处死，这案子还没完，他的哥哥丁文耀，两个年满十六岁的侄子丁士麟、丁士贤，虽然对他想开创新朝这件事完全不知情，也被处以斩监候，秋后处决。另外不满十六岁的两个侄子被发配给功臣家，世代为奴。

应该说，丁文彬这个案子更让我们难以理解。阅读这个案件的档案，让人不禁怀疑疯了的到底是皇帝还是案犯。我们说过，乾隆皇帝性格很善良，小时候家里小猫小狗死了，乾隆都会落泪。当了皇帝之后，有时看到地方上汇报灾情，说老百姓生活多么悲惨，他也会落泪。但是对于统治中期的这些并不严重的案件，他却表现得极其残酷。丁文彬这不是个例。据不完全统计，乾隆一朝，类似丁文彬这样的疯子被处死的案件多达二十一起。其中七起案件，当事者是被凌迟处死的。另外十四起是被从轻处理，不过即使从轻，也基本都是“斩立决”或者“立毙杖下”，就是活活打死。

那么讲了这三个案子，表面上看，让我们都有点糊涂，因为这些案件太超出常情，不合情理，不好理解。但是我们仔细分析一下，这三个案子背后有一些共同的规律。它们有两个共同点。一个当然是都与文字有关，所以被后人列为文字狱；第二个，和以前历代文字狱主角都是上层社会的人不同，这三个，案犯身份都是不得志的民间底层文人，或者说布衣。吴英和冯起炎都是秀才，丁文彬不是秀才，不过也读书识字，还写了很多文章。他们三个，都是奋斗多年，没有在功名路上成功，所以想到了向官府送书献策。所以这三起案子反映出，乾隆通过这些案子要重点打击的一类人，那就是社会底层失意的文人。

为什么要重点打击这些人呢？这是因为乾隆对历朝历代灭亡的原因，深有研究。我们说乾隆没事就喜欢读历史，通过总结历史经验，他得出一个结论：社会底层最危险的人物，最容易带领普通老百姓起事的人物，是什么呢？就是“失意文人”。为什么呢？第一，中国传统社会，读书人读书的目的就是获取功名。书中自有黄金屋，书中自有颜如玉。所以这些失意文人欲望特别强烈，一心想要功名富贵。一旦科举不顺，腾达无望，这些已经读了半辈子书的人很难老老实实放下书本去做农民，而一定要想方设法，改变自己的命运，所以他们最容易起不轨之心。第二，这些人识文断字，能说会道，很有能力，很容易成为民间起事的带头人。因为你要做成什么大事，一个字不识也困难。所以你看，中国历史上那些大的农民起义，首领大多数是失意的底层文人。比如唐代的黄巢，几次参加科举考试，都没考中，最后愤而起义。后来的太平天国领袖洪秀全也是四次考秀才都没考中，才决定起义的。

那么，乾隆身为大清皇帝，要极力维护自己的统治，这个我们能理解。不过，打击这些普通的文人，关进监狱也就算了，乾隆为什么要采取这样激烈的手段，要杀要剐呢？这是因为，进入乾隆中期之后，虽然经济发展，国力日盛，但是社会矛盾也更加突出，各地出现了好几次造反事件。乾隆十七年，湖北大别山区就发生了一起聚众谋反事件。有一个叫马朝柱的人，在大别山中以烧炭为名，纠集众人，制造军械，准备起事。这个马朝柱是安徽霍山人，他虽然家境贫穷，但识文断字，自幼胸怀大志，从很小的时候起，就做着皇帝梦，认为做皇帝，三宫六院，是最爽的事，人活一世，一定要当一回皇帝。怎么当皇帝呢？这个人有点小聪明，他主要就靠装神弄鬼，来骗取大家的信任。他对众人宣称自己十六岁时，曾梦到太白金星降临，指点他到安徽霍山县的护国寺里，去拜一个叫杨五和尚的人为师，他千里迢迢找到这个人，和这个绝世高人学得了一身神奇的法术。什么法术呢？可以撒豆成兵，剪纸为马。他成天这么吹，又会变点小魔术什么的，时间长了，还真有一些人都崇拜他，拿他当神人。

马朝柱这个人很富于民间智慧，为了进一步扩大信众范围呢，他想出了许多计策。乾隆十四年十月，他偷偷从外地定做了一柄造型很奇特的铜剑，剑身很长，剑上还刻着字，说是“天命真人马朝柱”，然后悄悄把它藏到一个山洞里。第二天，他召集众人，说我昨天晚上做了一个梦，梦到神仙赐了自己一把神剑，可以斩妖除魔。这个梦到底灵不灵呢？我们大家找找看！于是他带着众人跑到山里，果然在山洞里找到了这把剑。大家一看，这个人看来是有天命啊，从此更崇拜他了，愿意跟着他做大事。乾隆十五年，他又对大家宣称，他从上天获得了一把神奇的撑天扇，用这个扇，“能行云雾中，三时可抵西洋。并称西洋不日起事，兴复明朝。”（《清高宗实录》）就是说，他打着这把扇子，三个时辰就能飞到西洋，比今天我们坐波音飞机到欧洲还快。他要联合西洋人，一起复兴明朝。这些装神弄鬼的把戏十分成功，众人纷纷交给他银钱，记名入伙，说将来成事了，大家都有官当。

当然，因为这些骗术太随意太简单，所以戏法也有玩穿了的时候。为了奖励一些手下，马朝柱曾派人到外地制造了许多“蟒袍”和“冠带”，分赐自己手下的“官员”，说是西洋之主从空中降下来的。这些“官员”兴冲冲领了“蟒袍”回去仔细一看，这哪是什么上天降下来的，分明是戏班里唱戏用的行头，有的上面还夹着小布条，写着裁缝和戏班的名字。这一失误让马朝柱多年的努力几乎破产。为了挽回影响，马朝柱又宣称西洋之主从云雾中传来诏书，下降到武汉黄鹤楼，给大家都封了官。他派人去武汉，果然从黄鹤楼里取出了百余道诏书，大讲起事后的光辉前景，而且还给每个人都封了具体的官位，这才稳住了人心。

听到这些情节，可能有的人会怀疑，你说的这些可信吗？乾隆时代的老百姓那么好骗吗？我要说，这些事千真万确。一般来说，我们今天的大部分人不会相信这些说法，但是在当时，可不一样。我们历史读多些，就会发现，对中国古代社会一些底层百姓的知识素养和分辨能力，不能估计过高。学者程歗（xiào）曾说过这样一句话：中国古代“农民属于低度文化、浅层思维的社会群体”。（《晚清乡土意识》）他们比较缺乏理性精神和分析能力，可以轻易相信他们的领袖具有神通，“刀枪不入”“撒豆成兵”，也很容易被一些所谓“心怀不轨”的人利用，充当炮灰，成为起事的主力。

总之，经过这样长时间的准备，马朝柱已经在全国各地发展了大量信徒，并且已经约同湖北、安徽、河南、四川等地的信徒，设立了四将军、八太宰之类的职位，准备共同起事。不巧消息泄露，地方官率兵入山搜捕，查抄出军械三百余件，制造火药的原料硝磺好几百斤，捕获起义骨干共二百余人。乾隆一看这个汇报，如果不是地方官侥幸事先破获此案，很可能一场规模巨大、席卷数省的反清起义一两年后就要掀起，因此不禁出了一身冷汗。这还不是孤案，就在马朝柱案侦破后不久，乾隆十八年，福建又破获一起谋反案，福建漳州的秀才蔡荣祖与道士冯珩（héng）一起，也做皇帝梦，共谋起兵，要建立“大宁国”，同样是因为事机不密而被提前破获。

那么为什么进入乾隆中期，出现了这么多的谋反案呢？这些案件的发生，说明从乾隆中期开始，在人口的压力下，社会越来越动荡。

因此，到了乾隆中期以后，如何防止社会动荡，成了乾隆政治思维的新重心。从乾隆十三年到乾隆四十五年，我们称为乾隆统治的中期。在这个时期，乾隆的政治思路，就是从各个方面，加强控制，把社会各阶层的人都更加严厉地看管起来。我们讲他打击朋党，这是从严控制官僚体系。与此同时，制造这些针对底层文人的大案，其实是他加强对底层社会控制的一个表现。

那么有人要问了，乾隆杀一些底层文人，警告其他读书人要安分守己，这多少还能看出一点儿逻辑关系。但是，他为什么连疯子都杀呢？一个疯子，对他能有什么真正的威胁呢？

我们应该看到，乾隆这样做，固然是表现出了一个统治者的过度防御，但背后仍然可以看出乾隆的策略考虑。对乾隆来说，杀掉这个疯子，是一种低成本、省事而高效的处理方法。第一，这可以最大限度地防止个别心怀不轨者装疯卖傻，逃过法网；第二，还有一个好处，就是可以制造恐怖，恫吓“愚民”，“务必重处，以儆其余”，使那些正常人越发不敢犯法。因此他才会下令将丁文彬当众凌迟。底层民众的几条性命，在他的“政治大局”中是不值什么钱的。

因为以上我们讲的这些案子都与文字有关，所以一般历史学家也把这些案子统称为文字狱。但是显而易见，乾隆朝的文字狱与前几朝有很大不同。

以前的文字狱，受处理的主要是士大夫阶层。据郭成康、林铁钧之

《清代文字狱》一书统计，康熙、雍正两朝文字之狱大约三十起，其中涉及官绅、名士，也就是上层社会人物的，至少二十起，占全部案件的三分之二。而乾隆年间触犯文网者，则多数是下层文人以及普通百姓。在大约一百三十起文字之狱中，下层文人，也就是童生、秀才这些没有功名的人和低级功名的获得者，占近四十起，平民百姓占五十多起，二者合计，占乾隆朝文字之狱总数的百分之七十二。这些底层人的职业五花八门，其中有什么裱糊店老板、酒店老板，有教书先生、算命先生、江湖郎中，有菜农、裁缝、轿夫，有无业游民、和尚、疯子，等等。这个现象，是乾隆以前，任何一个朝代的文字之狱所从未发生过的。这些离奇的案件，反映出乾隆中期之后，他把防范和打击的重心从官僚体系内转向了社会底层。

乾隆朝这些离奇案件，在血淋淋的案情背后，反映出的是乾隆皇帝对社会大动荡的恐惧心理。面对人口压力导致的诸种社会问题，他偏执地选择了高压控制这一条对策。他认为，只要把这些犯上作乱的“苗头”一一消灭于萌芽之中，大清王朝就会长治久安，太平万年。而事实证明，乾隆的这一做法治标不治本，不但在他晚年就爆发了白莲教大起义，而且在乾隆故去五十年后，正是四次科举都没能考上秀才的“失意文人”洪秀全，利用拜上帝教起事，沉重打击了大清王朝。

不过身处历史当中的乾隆当然没有意识到自己的这种做法其实很荒谬，他固执地认为，要长治久安，就只能这么做。我们说乾隆皇帝的性格中并不缺乏善良的一面。雍正帝在遗诏中就特别强调乾隆这个人“秉性仁慈，居心孝友”。雍正甚至一度怀疑乾隆太仁柔，可能缺乏一个传统统治者必需的杀气。但事实证明雍正看错了，乾隆不是一个普通人，他的本质是一个政治动物。他一生为人行事，一举一动，都是围绕着“建立大清王朝万代永固之基”这个大局出发。为了这个大局，他可以柔如丝，也可以坚如钢，可以最仁慈，也可以最残忍。

采取了这些措施之后，乾隆仍然没有放心。他仍然在日夜提心吊胆，寻找自己统治的漏洞。比如，以前提过的彭家屏私藏野史案就反映出，留在民间的那些野史、反清檄文等，还有很多。这些东西，显然不利于大清的统治，那么，怎么办呢？乾隆心中形成了一个可怕的解决方案。

第十四讲

盛世文治

我们讲述了乾隆统治成就的方方面面，政治、经济、军事、社会，但是还有一个比较重要的方面没有讲，那就是文化。

所谓“以武开基，右文致治”，文化繁荣，是一个盛世的必要条件。那么，乾隆朝在文化方面做得怎么样呢？

应该说，成绩也是空前绝后。根据相关资料统计，乾隆年间，官修大型图书达到一百二十余种。什么叫官修呢？就是由政府组织编写，比如从唐代以后，历朝国史都是官修的。官修之书，集全国之力，写出来的往往是非常重要的大部头的典籍。一般的皇帝，在位期间能修个三种五种，就已经很了不起了。雄才大略的康熙、雍正两朝，修书的数量在中国历史上都是名列前茅的，那么这两朝加在一起修了多少种呢，也才三十多种。而乾隆一朝就修了一百二十多种，而且其中有很多非常重要的书籍，比如《御制增订清文鉴》《大清一统志》《续通典》《大清会典》《石渠宝笈》等，这些都是中国文化史上非常重要的书籍。

当然，在这一百二十种书当中，最重要的、最广为人知的，是《四库全书》。“四库”，是指经、史、子、集这四类，“全书”，是指收入这部丛书中的书，都是全本抄录的。因此所谓四库全书，意思就是说，把中国历史上所有重要的文化典籍，都按经史子集这四类汇集整理到一部丛书之中。这部丛书，确实是一部空前绝后的大书。怎么个空前绝后法呢？首先，它部头最大。在中国历史上，著名的大型综合性丛书，宋代有《太平御览》《册府元龟》，部头多大呢？各一千卷。明朝的《永乐大典》，非常厉害了，二万二千卷。而《四库全书》呢，七万九千三百三十七卷，近八万卷，字数是多少呢？近十亿字。那么，这么大的一部书，多长时间能读完呢？我们今天一般人的阅读速度，是一天十万字，这是指读浅显的白话文。《四库全书》中没收白话文小说，它的内容都是严肃深奥的典籍，我们一天能读三万字就不错了。按这个速度算一下，一个人要读完它，需要七十三年的时间，也就是说，差不多整整一生。规模如此之大的书，历史上从来没有过。除了部头大，更重要的是它完整地保存了中国历史上主要的文化典籍。它保存了约三千五百种重要的文化典籍，另外还有存目的六千七百种。

那么，乾隆皇帝怎么想起来要编这样一部旷世丛书呢？有人说，那还不简单吗？为了宣扬自己的文治成绩呗！其实，事情并非这么简单。乾隆编这部书，动机是非常复杂的，既有光明正大的一面，也有非常隐秘的一面。非常隐秘的一面是什么呢？让我们先从一个案件讲起。

乾隆四十二年年初的一天，江西新昌县县衙的大门前，出现了一个满脸横肉的中年人，他腋下挟着一本厚厚的大书，前来告状。

这个中年人叫王泷（lóng）南，在当地很有名。有什么名呢？他是新昌县著名的光棍，就是地痞流氓，平日里横行乡里，做了不少坏事。他挟着的那本书叫《字贯》，是当地乡间的一位举人王锡侯编的一本字典。

为什么拿着一本字典来告状呢？王泷南告诉县令说，这本字典写得十分“狂妄悖逆”。

新昌县令和这个王泷南没少打交道，知道他是个光棍，也知道他和举人王锡侯一直有矛盾，所以对他很警惕。县令接过字典，粗粗翻了一遍，没发现什么问题。县令问：“这不过是一本普通的字典，有什么悖逆之处？”

王泷南跪行几步，上前指着这本书的序：“请看这几句。”

县令定睛一看，作者王锡侯在字典的自序中提到了他编这本字典的动机，什么动机呢，是因为《康熙字典》的检索方式，不太方便，所以他编了一本新字典。他说：“《康熙字典》所收四万六千字有奇，学者查此字遗彼字，每每苦于找遍全书，掩卷而仍茫然。”（《清代文字狱档》）意思就是说，《康熙字典》排序，字与字之间没有联系，查起来很不方便。他的这部《字贯》，最大的创新是把字按字的意思排序，把同义字或者近义字排在一起，这样就方便查找了。

县令听了王泷南的解释，仍然没明白：“这有何悖逆？”

王泷南急赤白脸地说：“《康熙字典》乃是圣祖康熙皇帝御制，王锡侯竟然胆敢指斥圣祖皇帝所编字典不如他的好，这不是大逆是什么？”

县令一听，差点没气笑了：“哦，原来如此！你这不是鸡蛋里挑骨头吗？”

不过这话一出口，县令突然意识到这句话不妥。因为他知道，当今皇帝对任何有反清苗头的文字都很重视，自己可别因为这件事惹上什么麻烦。想到这里，县令眼睛一转，对王泷南说：“不过既然你这么说，如此文字大案，我就给你报到巡抚大人处吧。”

过了几天，案子的卷宗就报到了江西巡抚衙门。巡抚海成也觉得这算不上什么大案。王锡侯说的这几句话，你往轻了说，什么事都不算，往重了说，顶多算得上有点“狂妄”吧，怎么能称“悖逆”？不过事关文字，还是慎重点好，宁重勿轻。所以他写了一份汇报，说这事虽然说不上“悖逆”，但王锡侯这句话毕竟语气有点狂妄，建议将王锡侯的举人头衔革去，当否，请皇帝批示。

海成觉得自己这样处理，够小心谨慎的了。他哪里想得到，这样一道奏折差一点儿要了他的亲命。

奏折加上样书以六百里加急的速度送到了乾隆皇帝那儿。乾隆拿起这本字典，读了读序文，感觉所谓悖逆之处确实也没什么了不起。他漫不经心接着往下翻，一页一页往下看，读到第十页，乾隆突然发现了问题。什么问题呢？

原来在第十页上，出现了康雍乾三代皇帝的名字。作者王锡侯为了让读者明白什么叫“避讳”，把康熙、雍正、乾隆三个人的名字也就是“玄烨”“胤禛”和“弘历”这六个字写了出来，提醒读者，写文章时遇到这六个字，一定不能写全，或者少写一个笔画，或者改用其他字。比如“胤禛”二字，你就可以写作“允正”。

王锡侯这本是一片好心，但是乾隆皇帝却非常生气。在传统社会，尊长的名字是不许直接叫出来也不能直接写出来的。所以你看《红楼梦》中，林黛玉的母亲叫贾敏，林黛玉读书，遇到“敏”字的时候，一定要念成“密”字，写这个“敏”字，也一定要少一笔，就是这个原因。美国人可以直接管他的老爹叫什么汤姆或者彼德，但是在过去的中国，儿子直呼老子的名字，那是大逆不道的行为。所以乾隆说，你王锡侯名义上是提醒别人，可是你自己却把这六个字完完整整地写在字典里，这不是明知故犯吗？乾隆大动肝火，提笔在巡抚海成的奏折上批道：“此实大逆不法，为从来未有之事，罪不容诛！”（《清代文字狱档》）接着又在批复中大骂海成，说《字贯》中的这个“大逆”开卷即见，海成竟然说“无悖逆之词”，可见工作是多么不认真，对皇帝是多么不忠爱。皇帝传谕给海成，骂他“双眼无珠”，骂他“天良尽昧”，又命他将逆犯王锡侯迅速押解进京，交刑部严审。就这样，王锡侯《字贯》案一下子升级为钦办的特大逆案。

其实乾隆的反应实在是有点过度了。在传统社会，犯“讳”其实是难免的事，因为生活中需要避讳的字太多了，爸爸的名字、爷爷的名字、大爷的名字、岳父的名字……太多了，谁都有可能不小心犯个一两次。刚即位的时候，乾隆皇帝对这个事还曾经专门降旨声明："避名之说，乃文字末节，朕向来不以为然。"就是说，触犯避讳，不是什么大事，我不在乎。表现得很开明。所以，地痞流氓王泷南虽然千方百计要陷害王锡侯，却没有想到拿这个犯忌讳的事做文章。那么，乾隆为什么偏偏要大动肝火，抓住这个小小的问题上纲上线呢？这说来话长。乾隆这样的政治家，心思是非常之深的，他的一举一动，包括看起来非常偶然的一次发火，那都不是一时冲动，背后都有他的政治考虑。他之所以要借这个事朝海成发火，与官修《四库全书》以及由此引发的献书、查书运动有关。

我们说过，乾隆二十四年，大清帝国登上了盛世的顶峰。朝野各界都欢呼称颂，赞扬乾隆皇帝的英明伟大。不过，难得的是在这样的顺境下，乾隆皇帝并没有飘飘然。《易经》说"无平不陂（pō），无往不复"，就是说，凡事达到顶点，就必然向相反的方向转换。

因此，乾隆二十四年之后，乾隆就一再提醒自己，绝不能出现任何松懈思想，越是顺利的时候，越要振作精神。乾隆知道，保持盛世要难于创造盛世，你只有用"争"的心态来"保"，才能真正"保"住胜果。因此，他毅然把所有已经取得的成绩推在一边，希望从头开始，寻找自己统治中的漏洞，防止大清盛世由盛转衰。

那么，大清天下还有什么漏洞呢？我们不是说过，乾隆几乎把历史上所有威胁皇权的传统势力都清除掉了吗？但是通过我们以前讲过的乾隆二十二年的彭家屏私藏野史案，乾隆发现了一个重要问题，那就是，虽然到乾隆中期，大清王朝已经建立一百多年了，民间社会还有许多人家藏有明代的野史，甚至还有吴三桂的反清檄文。这说明，老百姓的反清复明意识并没有彻底根除，这对清王朝是一个极大的隐患。怎么办呢？乾隆想到了修书。

因此，宣布国家进入"极盛"以后，乾隆提出要大规模整理历史文献。乾隆三十八年，皇帝下旨说，为了大兴文治，他立意修撰一部史上最大的丛书——《四库全书》，来囊括中国有史以来的所有文化成果。

那么，修《四库全书》，就要搜集天下所有古籍。因此乾隆先搞了一次大规模的征集古籍活动。他专门派人到各省，悬赏重金，搜集民间藏书。为了防止人们怕“犯忌讳”而不敢献书，乾隆特意在谕旨中说：“文人著书立说……原不妨兼收并蓄。即或字义触碍……又何必过于畏首畏尾耶！”（《清高宗实录》）意思是文人学士写书，岂能每个字都正确，即使有点违碍之处，你们也不必害怕，大胆向我进献吧，我不会怪罪你们！

圣旨一下，一年多时间，全国各地一共向皇帝献了一万三千五百部藏书。

乾隆一看各地献书如此踊跃，自然十分兴奋。他把这些书拿过来，一一翻阅。然而读了几天，乾隆却发现了一个严重的问题。什么问题呢？这一万多种书中，居然没有一本是稍稍有点反清倾向的。这显然不正常啊。乾隆很生气，下旨指责各地官员说：“各省进到遗书不下万余种，并不见奏及稍有忌讳之书。岂有裒（póu）集如许遗书，竟无一违碍字迹之理？”（《清高宗实录》）就是说，你们弄到一万多本书，竟然没有一本有问题的，这种情况难道正常吗？

进献的书没有问题，乾隆应该高兴才对，为什么反而大动肝火呢？原来，乾隆编《四库全书》，有两个目的，一方面是想借此大兴文治，另一方面呢，还有一个隐秘的想法。那就是想借这个机会，调查一下“违碍书籍”在民间到底有多少。可是这一万多本书中，居然没有一字违碍，很显然，老百姓不敢把犯禁的那些书献出来。

既然这个办法没有达到目的，乾隆也就不再隐瞒他的意图了。在开始修《四库全书》的第二年，也就是乾隆三十九年，他直接命令各地大员，“再令诚妥之员前往明白传谕，如有不应存留之书，即速交出”。（《清高宗实录》）就是说，要派可靠能干的人，到那些藏书多的人家去查禁书，一定要让他们把不法书籍交出来。

然而，查书工作进展得十分缓慢。对于这种容易给自己惹麻烦的事，各地官员是能拖就拖，能躲就躲，很不积极。因此乾隆皇帝非常郁闷，所以他一直寻找机会，想制造一个响动，给全国官员敲个警钟。王锡侯案，正好撞在了这个枪口上。

当然，说起来，这个案子完全是一起冤案。《字贯》的作者王锡侯是个老实巴交的读书人，并没有任何恶意。王锡侯这个人穷苦出身，三十八岁考中举人后，连续九次会试都落第了。到这一年已经是六十五岁的老头了。奋斗一生，腾达无望，又不会做其他生计，没有生活来源。当时据抄家的地方官汇报，王锡侯家十多口人，而全部家产，把锅碗瓢盆、小猪母鸡统统计算在内，不过六十几两银子，是个非常贫寒的人家。（《清代文字狱档》）于是他费了好几年的时间，殚精竭虑，呕心沥血，写了这本《字贯》，打算出版卖钱。没想到没赚到钱，却惹来杀身大祸。乾隆四十二年十一月，王锡侯被押解到北京，刑部比照“大逆”律判决王锡侯凌迟处死。凌迟当然很惨了，乾隆当然心知王锡侯冤枉，自己只是要拿他祭旗，所以大开宏恩，从宽改为斩立决。加上他的几个儿子和年满十六岁的孙子，一共七个人，被判斩监候，秋后处决。妻子儿媳及年龄未满十六岁之孙子，都赏给功臣之家为奴。

王锡侯够冤枉的了，比王锡侯更冤枉的其实是江西巡抚海成。海成是个旗人，虽然文化水平不高，但对“文字之案”向来十分积极。乾隆禁书令一下，他就查到了好几十本禁书，本来在全国算是查书成绩比较突出的。但是因为这个《字贯》案，乾隆对他穷究不舍，命刑部严判，最后给他判了个斩监候，就是死缓。坦率地说，乾隆拿海成开刀，给他判得这么重，就是为了给大家一个教训，“使封疆大臣丧良负恩者戒”。乾隆在上谕中说:

“各省地方官当共加感惕，务须时刻留心查察，倘所属内或有不法书籍刊布流传，即行禀报督抚，严拿重治。”（《清高宗实录》）

就是说，各地官员你们一定要留心查访，如果遇到有不法书籍，一定立刻上报，从严处理。

乾隆的这个恐怖手段果然达到了目的。“《字贯》案”有力地推动了全国各地的禁书运动。各地官员放下手头其他工作，把禁书当作当前最重要的核心工作来抓。浙江巡抚三宝，就把全省的教职人员都分派回各自老家，让他们深入各自的亲戚家里，“因亲及友，细加访询检查”，到亲戚家借串门的名义，一家家暗访，进一家，就说，我呢爱看书，看看你们家有什么藏书。这样，亲戚们自然就没有防备心理了。而且三宝还说，谁查到的禁书多，就升谁的官：“将来即以缴书之多寡为补用名次先后。”（《军机处奏折》）在三宝的启发下，各省官员也都命令下属深入老百姓家里，甚至跑到穷乡僻壤的农民家中，逐户搜查。整个大清王朝几乎被掀了个底朝天。

每天都有大量的书籍被送到北京。送到北京怎么办呢？烧毁。从乾隆三十九年开始，紫禁城武英殿前就树起了一个巨大的字纸炉，不分昼夜地焚烧禁书。

那么，乾隆烧了多少书呢？史载乾隆销毁的书籍“将近三千余种，六七万卷以上，种数几与四库现收书相埒（liè）”（章太炎《哀焚书》）。就是说，他修了一部《四库全书》，又烧了一部《四库全书》。吴晗因此说“清人纂修《四库全书》而古书亡矣”！除了焚毁书籍，乾隆还系统地对明代档案进行了销毁，因为明代档案记载了很多不利于他们满族形象的事情。现在估计有一千万份明代档案，被销毁了。

烧了这么多书，乾隆还不放心。乾隆认为，不论官员工作多么细，也不可能把所有有反清倾向的书都查出来。最好是让老百姓自己主动悄悄地销毁家中的藏书，并且以后再也不敢传播这样的书。

为了达到这个目的，乾隆皇帝蓄意制造了好几起冤案。

乾隆四十二年，一个叫蔡嘉树的江苏扬州人，跑到官府，指控他同乡的一位已经去世的诗人徐述夔所著的诗集《一柱楼诗》“大逆”。

蔡嘉树与我们刚讲到的王泷南一样，也是一个乡间无赖，徐述夔已经死了，蔡嘉树想要霸占徐述夔家的十几亩田地，与徐述夔的孙子徐食田打了多年的官司。一看皇帝在查禁书，而且处理得这样重，他就脑筋一转，举报徐述夔诗集中有“忌讳之词”。

蔡嘉树为什么说这本诗集有“忌讳之词”呢，因为其中有这样一句诗，叫作“明朝期振翮（hé），一举去清都”（《清代文字狱档》）。翮就是翅膀，意思是说，明天早上我要振起翅膀，展翅高飞，离开这个城市。这句诗，其实并没有任何不妥之处。然而，案件上报到乾隆那儿，乾隆却说，这句诗很反动。乾隆说：“此句乃“借‘朝’夕之‘朝’作‘朝’代之‘朝’，且不用‘上’‘到’等字而用‘去’清都，显寓欲复兴明朝之意，大逆不道至此已极。”（《清代文字狱档》）就是说，不应该读明朝（zhāo），应该读明朝（cháo）。徐述夔想要复兴明朝，要干掉清朝的首都，所以叫一举去清都。所以，这是非常之大逆不道。因此此案的处理结果也是十分严酷的：徐述夔和他的儿子都已经死去多年了，还被开棺戮尸，枭首示众。他的孙子徐食田等五人被判斩监候，家产则全部没收入官。

这样的案子使全国的人都陷入了恐慌之中，因为你家里只要有书，书上只要有字，就有可能犯了大罪。而且谁都能看出来，乾隆有时是故意不讲理。比如湖北黄梅有一个人，叫石卓槐，写了几首诗，有一句叫“大道日已没，谁与相维持”（《清代文字狱档》），就是说，天下正道不显，他很忧虑。另一句是“厮养功名何足异，衣冠都作金银气”（《清代文字狱档》），就是说，现在的读书人啊，都太拜金了。这几句诗，在政治上没有任何毛病，只不过是一个读书人发了几句常见的牢骚，乾隆却把他抓起来，凌迟处死，亲属缘坐。还有一个康熙年间的诗人卓长龄，死了好多年了，生前写了一本诗集，诗集本身没有任何问题，但是诗集的名字起得不好。什么名字呢？叫《亿鸣集》。有人说，这没什么问题啊。乾隆说，问题很严重，“亿鸣”二字，读起来像是忆明，就是“追忆明朝”。结果卓长龄虽然已经死了，他的孙子卓天柱却被判了个斩监候，秋后处决。

这样的文化恐怖政策，收效是非常明显的。老百姓一看这个形势，谁家里还敢藏书？几乎把家里的书都烧光了，文人学士也不敢再吟风弄月了，甚至连日记都不敢写了。朝廷的大臣们甚至相互都不敢通信了。乾隆朝大学士梁诗正六十多岁退休之后，和朋友大谈自己做官的秘诀，就是不留任何文字。他说：“一切字迹最关紧要，我在内廷时……从不以字迹与人交往，即偶有无用稿纸亦必焚毁。”（《富勒浑奏梁诗正谨慎畏惧折·缴回朱批档》）就是说，文字这东西是最容易惹麻烦的，所以我在朝中的时候，不和别人通信。平时写完奏折，没用的稿纸，也一定要烧掉，不留后患。梁诗正的这句话典型地反映了乾隆高压政策下，臣民们被吓破了胆的那种心态。

四库全书

那么，在乾隆朝文化恐怖持续的同时，《四库全书》也在紧锣密鼓地进行着编订。乾隆朝的文化毁灭很惨烈，乾隆朝的文化建设，却也成就斐然，因为禁书毕竟只是乾隆修《四库全书》的动机之一。与此同时，乾隆想修一部空前绝后的大型类书，想把这部书修得十分完美，作为自己在文化上的一座雄伟的纪念碑，这种想法也是千真万确的。乾隆三十八年，四库全书馆正式成立，为了保证书的质量，乾隆任命了一个空前强大的领导班子，总裁副总裁，一共达二十六人，由皇子、郡王、大学士、军机大臣、六部尚书等组成。这就保证了修这部书所需要的任何资源，从财力到物力到人力，都能充分供应。然后，乾隆把当时全天下所有最有名的学者，都请来编这个书，比如我们熟悉的大学者纪晓岚、戴震等，都参与了这本书的编纂。

纪昀像

说起纪晓岚，大家可能想起的都是他和和珅智斗的故事。其实纪晓岚不但是乾隆朝著名的文臣，而且是《四库全书》的总纂官，在《四库全书》的编纂过程中，功劳最大的，就是他。稍微夸张地说，没有纪晓岚也许就没有《四库全书》。

乾隆朝不乏学富五车的文臣，为什么乾隆偏偏任命纪晓岚这个人为《四库全书》的总纂官呢？

纪晓岚是河北献县人，比乾隆小十三岁，乾隆十九年中进士。他一生都在做皇帝的文学侍从之臣，开始是翰林，后来是内阁学士，从来没有做过地方官。这一方面因为乾隆皇帝认为，他的才能在文学方面，做地方官可惜了，另一方面也可以看出乾隆和他对脾气，所以一直留在自己身边。纪晓岚这个人才思特别敏捷，《清稗类钞》记载着这样一个传说：

“纪文达体肥而畏暑……入直南书房……即脱衣纳凉。高宗……某日欲有以戏之。会纪与同僚数人方皆赤身谈笑，忽高宗自内出……时已不及着衣，亟伏御座下，喘息不敢动。……”

什么意思呢，就是说，纪晓岚这个人很胖，怕热。夏天在南书房值班的时候，趁皇帝不在啊，经常光膀子待着。乾隆皇帝就想和他开个玩笑。有一天，纪晓岚正光着膀子和几个同僚在南书房聊天呢，乾隆突然驾到。纪晓岚来不及穿衣服，但也不能光着见皇上啊，就钻到皇帝宝座底下去了，想等皇帝走了再出来。乾隆进屋来，大摇大摆，一屁股坐在御座之上，故意坐在那儿不走，也不说话。纪晓岚听外面老半天没动静，就伸出脑袋说，老头子走了吗？他管皇帝叫老头子。乾隆一听，说，你为什么管我叫老头子？今天说出道理来还行，说不出道理来，你这是掉脑袋的罪过。纪晓岚急中生智，说，我这是对您的尊称。为什么是尊称呢？您看哪，您是万寿无疆，天底下最长寿，那当然是老了。您顶天立地，天下第一人，当然是头了。你是天子啊，父天母地，所以是子。连起来，可不就是老头子嘛。乾隆一听，高兴了，不得不佩服他的机智。

当然，关于纪晓岚的这些传说，大部分都是人们慕他的文名，后来附会出来的。不过，纪晓岚博闻广识，过目不忘，下笔千言，这确实是真的，人们称他“于书无所不通”（《国朝汉学师承记》），所以乾隆才命他做了《四库全书》的总纂官，全面具体负责四库的编订工作。四库这经史子集的分类法，就是他一手裁定的。在《四库全书》的修纂过程中，他确实是贡献最大的一个人。所以《四库全书》修成之后，乾隆提拔他做了礼部尚书，后来他一直做到协办大学士，寿高八十二岁而死，在乾隆的众多文臣中，是结局很好的一位。

当然，在编写《四库全书》的过程中，乾隆皇帝本人，也投入了巨大精力。纪晓岚曾经写过这样一句话：“巨目鸿纲，皆由钦定，每乙夜亲观，厘订鲁鱼，典学之勤，实为自古帝王所未有。”（《四库全书总目提要》）就是说，《四库全书》修订的基本原则，是乾隆皇帝亲自制定的。修书的时候，乾隆皇帝经常亲自做校对，查错别字。这样勤奋的、热爱学术的皇帝，古所未有。应该说，纪晓岚这段话不完全是吹捧。《四库全书》修订过程中，乾隆皇帝亲自在里面挑出许多错误之处来，让这些学者一一修改。

乾隆朝的财力在中国历史上是最盛的，这些学者的平均能力也是中国历史上最强的，所以他们修的《四库全书》，在中国文化史上，有着特别重要的意义。它对清代乾隆以前的所有文化典籍，做了一次全面的清理和总结。这些学者的挖掘，使好几百种非常珍贵的已经失传的古书，又重见天日。很多古书，在流传的过程中，出现了大量的错误，以讹传讹，这次整理，也基本上都恢复了原貌。

与《四库全书》这种资料整理工作相对应，从乾隆朝开始，清代学术进入鼎盛时期，出现了著名的乾嘉学派。所谓乾嘉，是指乾隆嘉庆这两朝。所以这个学派主要指生活在这两朝的学者及其学术风格。乾嘉学派的特点是重考据，在广泛收集资料的基础上，归纳研究，实事求是地得出结论，出现了很多著名的学者，比如戴震、钱大昕（xīn）、阮元等。这是乾隆朝文化方面的重要成果。

除了这些，乾隆朝的文化成就还有很多。比如文学方面，中国历史上最伟大的小说《红楼梦》出现在乾隆朝。戏曲方面，京剧也是在乾隆年间形成的，乾隆五十四年，徽班进京，成为京剧形成的起点。从书画方面来看，著名的扬州八怪，大部分都生活在乾隆年间。除此之外，中国历史上很多重要的园林以及重要城市的建设，都是在乾隆年间完成的。比如圆明园在乾隆年间彻底建成，三海在乾隆年间进行了大规模的改建。

那么，为什么乾隆朝的文化取得了这么大的成就呢？仅仅是乾隆皇帝在文化方面领导有方吗？不是。文化是上层建筑，它需要经济基础。乾隆朝的经济基础，决定了文化的繁荣。比如，为什么历史上出现了扬州八怪，而没出现其他什么州的八怪呢？这是因为扬州的经济力量要远强于其他城市。乾隆年间，扬州盐商云集，是全国最富的城市之一。盐商富豪，都附庸风雅，喜欢搜集字画。当时有一句谚语，叫“堂前无字画，不是旧人家”。盐商特别怕人瞧不起他们，说他们是暴发户，没文化，所以舍得花大钱买字画，所以扬州八怪就产生了。其实扬州八怪，除了高翔之外，其他七个人，比如郑板桥、金农等人，都不是扬州人。是因为扬州字画价格高，画家生存条件好，把他们吸引到扬州了。

所以乾隆朝的经济发展，是文化繁荣的基础。比如修《四库全书》吧，修《四库全书》，请多少学者，给这些学者多少工资，我们就不说了，我们单算一下，抄写《四库全书》需要花多少钱，就知道为什么其他朝代修不起这个《四库全书》了。修《四库全书》的时候，因为这部书字数太多，没法儿印刷，当时大都是雕版印刷，刻不起那么多木板。怎么办？抄。抄的话不能随便从街上找一个识字的就抄。我们看《四库全书》的书影，字非常漂亮，所以抄写的人，小楷功底都是非常深厚的。乾隆要求，抄书人员要从乡试落第士子当中选择，就是说，起码要是秀才，要从中挑书法最好的人。要求他们每人每天最多只能写一千字。有人说，这写得太慢了，我一天能写一万字。那不行，写小楷要静心，焚香沐浴，带有敬畏之心，才能写好，写多了质量就不能保证了。一天只能写一千字，部头又这么大，所以乾隆皇帝一共找了二千四百八十一人来抄写。当时的工钱是，每抄一千字二点五钱银子。那么就可以算一下，《四库全书》八亿字，一共抄了七部，一共五十六亿个字，抄写费一共是一百四十万两白银，换成今天的人民币，二点八个亿。没有钱的朝代，能抄得起吗？所以我们说，乾隆朝的文化繁荣，基础就是它的经济繁荣。

综上所述，乾隆朝的文化方面存在着严重的两面性，一方面，确实取得了很多成就，另一方面，也确实毁掉了很多珍贵的古书。乾隆修书和毁书，目的都是一个，稳定清朝的统治。

那么，大清的江山，真的如同乾隆想象的那样安定了吗？

第十五讲
乾隆皇帝老了

老年乾隆

乾隆皇帝的统治风格，可以明显地分为三个阶段。第一阶段是青年时期，乾隆是以宽仁为本。第二个阶段是中年时期，乾隆一变而为严厉，高压统治。这一时期，他制造了大量处理结果非常惨烈的案子。那么，第三个阶段就是老年阶段。到了老年阶段，乾隆的统治风格又一次发生了剧烈的、一百八十度的大转弯。乾隆晚年到底发生了什么样的转变，这次转变又是怎么发生的呢？让我们从一副对联讲起。

乾隆四十七年年初，河南官员汇报，说有一个叫祝万青的老百姓，在给他家祠堂写对联的时候，“词句悖逆”。他是怎么写的呢？对联内容是“吾祖吾宗，贻厥孙谋；若裔若子，增其式廓”（《清代文字狱档》），就是说，我们的祖先奠定了非常好的基业，我们这些后代，要不断地扩大家业。这副对联写得很古雅，很对仗，应该说写得不错，本来没什么毛病，但是这家人的仇人说，这两句话，模仿《尚书》中周文王的语气，口气太大，这样的对联，只有皇帝才能用，你普通老百姓怎么能用呢？所以跑到官府把他给告了，地方官赶紧就汇报给了乾隆。因为乾隆以前一直鼓励地方官员抓不法文字，谁发现得多，给谁奖赏，所以报上去之后，地方官就在那儿等着乾隆皇帝的夸奖。没想到，等来的却是一顿臭骂。乾隆说，闭着眼睛都能看出这是一起诬告案件：“此等扁对杂凑字句，谓之文理不通则可，指为语句违碍则不可。若如此吹求字句，天下何人得自解免？……断不可因此拖累无辜，致长刁风！”（《清代文字狱档》）

就是说，这样的字句，你要说写得文理不通还勉强说得过去，你要说文字有违碍之处，那完全是胡说八道。你要是这样吹毛求疵，那天底下，所有的人都可能被抓起来，这还了得？以后绝不能这样随便抓无辜的老百姓，导致各地诬告的风气大长！

地方官被乾隆骂得晕头转向。他们当然知道这是诬告。可问题是，以前所有的诬告，你皇帝都全力支持，不分青红皂白严惩不贷。哦，今天你突然变啦，变得这么通情达理，你看你这几句说得，多么理智和平。不过你老人家变得太快了，从魔鬼一下子变成天使，我们这些人跟不上啊。

不管地方官们如何偷偷抱怨，反正从乾隆四十七年起，所谓不法文字的案件就绝迹了，再也没出现了。腥风血雨终于停息。可以说，这个转折是非常突然的。

那么为什么乾隆突然变了一个人呢？第一个当然是乾隆感觉他抓不法文字已经达到目的了。乾隆在整个大清王朝厉行禁书，为的是清除民间的反清文字，铲除老百姓反清复明的思想。从乾隆三十八年，到乾隆四十七年，经过将近十年的彻查，他认为目的已经达到了，老百姓都被吓破胆了，可以松口气了。

第二个原因，也是更重要的原因，则与乾隆的年龄和心态有关。乾隆四十七年，他多大年龄啊？他二十五岁登基，到乾隆四十七年，已经七十二岁，已经是一位不折不扣的老人了。

公道世间唯白发，贵人头上不曾饶。虽然贵为天子，乾隆却一分钟也不能推迟老年的来临，不能逃过生老病死这个永恒的规律。

应该说，在中国历代帝王当中，乾隆本来是身体很好的一个。但是，身体再好，也总要老的，乾隆和我们普通人一样，中年之后，身体就开始走下坡路。八十五岁那年，乾隆在一首御制诗的注解中曾经说过这样一句话，“左耳重听者四十年，左目欠明者亦二十年。”（《清高宗御制诗全集》）一推算，从四十五岁以后，他的左耳听力就有所下降。六十五岁以后，左眼视力也明显下降。

更主要的是精力的变化。乾隆六十多岁的时候，精力还很旺盛，跟年轻人一样。但是年过七十之后，就明显出现了衰老迹象。首先是乾隆四十多年起，他开始失眠。“寅初已懒睡，寅正无不醒。”（《清高宗御制诗五集》）。就是说，半夜三点多就醒了，到四点就再也睡不着了。此外，记忆力也大不如前。清代的规矩，皇帝和官员的帽子分为凉帽、暖帽两种，夏天戴凉帽，冬天戴暖帽，过去礼法很严，到了季节，要挑个日子更换一次。那么什么时候换呢？看皇上的。皇帝戴凉帽，大臣们也马上换上凉帽。皇帝戴暖帽，大臣们也得赶紧换上暖帽，有一年初秋乾隆从热河回到北京，天气变冷了，他就换上了暖帽，大臣也纷纷效仿。过了几天，天气突然又回暖了，乾隆又戴上凉帽，大臣们也只好忙着换帽子。礼法规定一季之内只能换一次。乾隆很奇怪，说你们为什么这样换来换去，这不是坏了规矩吗？还没等大臣回答，乾隆自己想了起来，苦笑着说：“不怨大臣，是朕年老所致也。”唉，我年老糊涂了。这是《清高宗实录》

记载的一件小事。

其实这还算是好的，到了八十岁之后，乾隆的记性就更差了。“昨日之事，今日辄忘；早间所行，晚或不省。”就是说，昨天做过的事，今天就忘了。早上批准的事，晚上就忘了。还经常出现这样的情况：“皇帝早膳已供，而不过霎时，又索早膳。宦侍不敢言已进，而皇帝亦不觉悟。”（《朝鲜李朝实录》）就是说，有的时候，吃完早饭不过十五分钟，乾隆又说，怎么还不给我上早饭啊？快开饭啊，我饿了。太监们也不敢说您老人家刚刚吃过啊，只能马上再上一桌子，乾隆坐在那儿，再吃一顿。到了晚年，乾隆的记性已经差到这样了。

以上我们讲的是乾隆生理的变化。随着生理的老化，乾隆的心理和性格也发生了明显变化。

心理学家说，人到老年，由于身体机能的退化，性格也会由外倾转为内向，由主动转为被动。一般来说，我们年轻的时候，精力充沛，喜欢积极进取。老了之后，力不从心，往往就求稳怕乱，变得越来越被动、越来越随和。

所以到了晚年，乾隆皇帝的性格和作风，就发生了明显变化。

第一个变化是由繁到简。

七十岁以前，乾隆从来不怕政务繁重，总感觉工作太少，不够自己干的。到了晚年，可不一样了。每天面对堆得小山一样的奏折，乾隆越来越感觉力不从心。所以七十岁以后，乾隆不停地要求地方官员汇报情况时，要简明扼要，奏折是越短越好。他经常训斥地方官总拿小事来麻烦他，说这是“奏事琐细，徒滋烦扰”。这种情况在以前，是从来没有出现过的。

第二个变化是由严厉到仁慈。

我们在生活中，经常会遇到这样的情况。一个人年轻的时候，脾气很暴，大伙都怕他，但是等他上了岁数，就随和了。乾隆也是这样，越到晚年，脾气就越好。我们可以打个比方，刚即位的乾隆，如同早上初升的朝阳，很明亮，又很温和，不太热，大家都感觉很舒服。但是到了中年之后，他就变成了一轮正午的烈日，赤日炎炎，对社会每个阶层都很严厉，所以大清王朝的臣民，都感觉有点受不了，像树叶，都被他晒蔫了。不过进入晚年之后，又变成了一轮快要落山的夕阳，又一次变得温暖和煦。这种变化，在他对死刑犯的态度上体现得最为明显。乾隆刚即位的时候，对死刑非常慎重，全国各地报上来的死刑犯需要他批准之后才能执行，他大部分都批成了死缓。但是从乾隆十三年起，他对老百姓突然变得特别残酷，凡是报上来的死刑犯，他几乎全都核准，立刻执行。然而从乾隆四十八年起，乾隆又恢复了早年的仁慈作风，将全国几千名死刑犯全部批成死缓。

在这种情况下，乾隆皇帝对那副对联高抬贵手，从此停止制造文字冤案，也就可以理解了。已经杀了那么多人，烧了那么多书，他觉得可以罢手了。

第三个变化，是从积极进取，谦虚谨慎，变成了骄傲自满，自鸣得意。

乾隆四十五年，他正好七十虚岁。中国有句古话，人生七十古来稀。所以七十岁是一个标志性的年纪，标志着一个人彻底步入老年，这一生也基本可以盖棺定论了。所以以前不怎么过生日的乾隆，对自己七十岁的生日非常重视。他在生日的时候，不但给自己镌刻了一方“古稀天子之宝”的玉玺，还写了一篇叫作《古稀说》的文章。对自己的一生，做了一个总结。

这篇总结是怎么说的呢？乾隆对自己的功业，是怎么判断的呢？乾隆说：

> 三代以下，为天子而寿登古稀者，才得六人，已见之近作矣。至乎得国之正，扩土之广，臣服之普，民庶之安，虽非大当，可谓小康……

意思是说，中国自秦始皇以来，二千年间，活到了七十岁的皇帝不过才六个人。这六个人中呢，汉武帝晚年犯了很大错误；梁武帝不得善终活活饿死；唐明皇李隆基时爆发了安史之乱；宋高宗则偏安一方，无力收复故土。因此都算不上什么伟大的皇帝。只有元世祖和明太祖算得上是真正的成功人物。不过他们武功有余，文治不足，统治上还是有缺陷。只有乾隆一朝，从方方面面看，都超越了前古：领土最广，向大清表示臣服的国家最多，老百姓的生活最安定。虽然称不上大同，但已经可以称得上小康。

而且历代传统政治中的那些重大弊端，都不存在了："曰强藩，曰外患，曰权臣，曰外戚，曰女谒，曰宦寺，曰奸臣，曰佞幸，今皆无一仿佛者。"

就是说，强大的地方分裂势力，敌国外患，权臣，外戚，后宫，太监，奸臣，小人，在我乾隆一朝都已经消灭。

"夫值此古稀者，非上天所赐乎。"所以我乾隆，不光活到了古稀之年，而且我的统治成绩，确实也是古来稀有，这是上天保佑的结果。

这篇文章，充分反映了乾隆的志得意满。如果说，乾隆二十四年登上盛世顶峰后，乾隆并没有懈怠，而是再接再厉完善自己统治的话，那么到了乾隆四十五年写这篇文章的时候，乾隆终于认为，自己的统治已经尽善尽美，可以大大地松一口气了。所以我们分析乾隆的行事作风，乾隆四十五年前后，是一个关键的变化点。乾隆四十五年以前，他总是不停地寻找自己统治的漏洞，打个比方，就好比在体育比赛中，用争冠军的心态来保冠军。但是到了乾隆四十五年，乾隆的心态发生了明显变化，他认为自己的历史地位已经彻底奠定，自己的统治已经找不到什么缺点了，所以心态就变成保了。

第四点变化，与我们刚刚说的心理变化有关。就是生活上从节制，到过度。有一句话说，气可鼓而不可泄。进取之心一旦衰退，享乐的欲望就会涌上心头。

在乾隆四十年以前，乾隆皇帝虽然也很讲究生活品位，喜欢收藏，但是他的生活享受，基本上没有超过康熙和雍正立下的规矩。他的主要精力，还是放在国务上的。但是从四十多年开始，乾隆越来越沉溺于享受生活，越来越痴迷收集奢侈品。身体的种种变化提醒乾隆，人生已经接近尾声。夕阳无限好，只是近黄昏。再不抓紧时间享受一下，就来不及了。

所以我们说，在乾隆四十五年前后，乾隆的统治方针发生了一次重大转变。总体上来说，政治上从严转宽，生活上由俭入奢。

那么乾隆个人心态和性格的变化，仅仅影响了他自己吗？当然不是。乾隆个人心态的变化，不可避免地对清朝的政治，对全国的局势，甚至对整个中国历史的走向，都产生了重大影响。

德国哲学家黑格尔在分析中国传统政体时说过这样一句话。他说，在中国，因为皇帝控制着一切，所以皇帝就是整个国家的灵魂。只有皇帝这个“不断行动、永远警醒和自然活泼的‘灵魂’”存在，国家才能向上，进取。假如皇帝懈怠了，精力不再集中了，那么这个国家，就如同一个人没了灵魂了。“假如皇帝的个性竟不是上述的那一流……那么，一切都将废弛，政府全部解体，变成麻木不仁的状态。”（黑格尔《历史哲学》）

黑格尔的这段话，几乎是对乾隆晚年政局一字不差的描述。确实，在传统集权政治中，皇帝就是整个国家的神经中枢，所以官僚体系的精神状态，就是皇帝一个人精神状态的延伸。皇帝如果十二分勤奋，官僚体系也许会达到八分的勤奋。但是，如果皇帝有三分懈怠，到官僚体系那里，就会扩大到九分。所以中国古代传统政治的一个规律就是，一个统治者的心境变化，可以使整个国家的面貌发生根本性的改变。

那么乾隆心态的变化，对大清官僚体系，就产生了如下的影响。

第一是懒。乾隆晚年，懒惰之风在官场上迅速蔓延。乾隆希望地方官在地方上不要主动挑起矛盾。不扰民，不生事，不要你们再有什么大的成绩，保持现在这个样子就很好了。既然皇帝喜欢清静，那么地方大员们当然更乐于清静，多一事不如少一事。所以乾隆四十五年之后，兴起了一股懒政风。官员们遇到公事，层层推诿，一层一层向下转批。总督和巡抚转批给司员和道员，司员和道员转批给知州知县，层层拖延，谁都不着急。

比如乾隆四十三年，湖北江陵县发生了一件抢劫案。一群地痞流氓抢劫了附近一个富有的寡妇家，寡妇认出了抢劫者是谁，当即报官。此案证据确凿，情节清楚，很容易处理。可是当时的县令却懒得审理，将嫌犯取保了事。后面相继接任的四任县令在十年内“均不严究”， 这样一个小小案件，换了五任地方官，还没有结案。乾隆听说后，也不禁大为恼火，说：“足见湖北吏治废弛已极。”（《清高宗实录》）

第二是软。除了懒，乾隆朝后期政风懈怠的另一个表现是软。乾隆晚年，越来越仁慈，对官员越来越宽容，对于那些贪污的官员，也经常拖着不处理。有的大臣被革职十多次，却仍然上班领工资。皇帝既然崇尚宽仁，不愿杀人，官员中老好人自然越来越多。他们在处理案件时，“于一切审拟案件，有意宽减”（《乾隆圣训》）。就是不管什么性质的案件，都从宽处理。更有甚者，连抢劫这样的重案也“多所迁就，致凶顽不知惩创”（《乾隆上谕档》）。让凶手得不到处理。

这样一来，政府对社会底层的控制力就大大减弱了，社会治安越来越差，社会动荡不可避免再度抬头。这是后来白莲教起义爆发的一个重要原因，这个我们以后还会讲。

第三是官场上送礼之风的兴起。

我们说，送礼，是中国古代官场的痼疾之一。乾隆刚即位，就明确规定，官场之上，不得以送“土特产”的名义给上级送礼。由于乾隆一直抓得很紧，所以在他统治前中期，送礼风基本刹住了。

然而，到了晚年，乾隆朝请客送礼之风迅速升温。乾隆六十年的时候，发生了一起大案——福建巡抚浦霖贪污案，在这个案子当中，抄浦霖家的时候，查出了很多如意，其中仅“三镶玉如意”大小就一共一百五十七柄。我们知道，玉如意，是非常珍贵的物品，价钱很贵。一下子查到了这么多如意，让乾隆皇帝惊讶不已，下旨问浦霖，你家里弄这么多如意干什么？其实答案很简单，有的是别人送他的，有的是他准备送别人的。可见那时送礼风已经多么严重。

送礼之风带动了奢靡之风。乾隆晚年，官场风气越来越奢侈，官员们的生活是越来越讲究。最典型的就是大贪官王亶望。王亶望是山西临汾人，早年是个举人，后来通过捐官走上仕途。因为会钻营，官运亨通，十几年后就做到了浙江巡抚。在浙江巡抚任上，他在吃上非常讲究。其实他的食材倒是非常普通，不过是吃点驴肉、鸭肉什么的，不过他的吃法很特别。他讲究一个鲜字，所以“厨中有专饲驴者，蓄数驴，肥而健。中丞（即“巡抚”）食时，若传言炒驴肉丝，则审视驴之腴处，取一脔烹以献……”（《清代述异》）

就是说，他喜欢吃驴肉丝。所以家里专门给他养了好多驴，用最好的饲料，养得肥肥的。等他想吃的时候，就专挑肥的地方，割下一块来，就是活着把肉割下来。割下来驴很疼，血流了一地，怎么办？用烙铁烧红了，烫那个伤口，血就止住了。为什么要这么吃呢？因为王亶望只吃活驴肉，不吃死驴肉，要求从驴肉割下来到炒成丝，不得超过一刻钟，所以厨师发明了这个办法。

他吃鸭子呢，只吃填鸭。这些鸭子要他的厨师专门饲养。怎么饲养呢？把鸭子放到大的黄酒坛子里，让鸭子只有露在外面的脑袋能动，其他地方都不能动。这样养上一段，据说鸭肉嫩得如同豆腐一样。

这样讲究的不止王亶望一个人，在乾隆晚年，很多大臣都像王亶望一样，在生活上是穷奢极欲，比王更奢侈的人比比皆是。

那么，早年本来很好的官场风气，为什么到了乾隆晚年突然变坏了呢？

其实风气变坏，是乾隆皇帝自己直接带动起来的。

首先乾隆大肆收受贡品，带动了乾隆朝官场的送礼风。

什么叫贡品呢？就是各地臣子把当地土特产贡献给天子，让天子享受。《尚书·禹贡》孔安国序中说：“任土作贡。”所以这是一项很古老的制度。

乾隆皇帝刚即位的时候，大树勤俭之风，以拒绝进贡而闻名。乾隆说自己身处父丧之中，无心享乐，所以不必进贡。这道诏书说明乾隆打算从严要求自己，过艰苦朴素的生活。

但是到了中期，乾隆开始收受贡品了。乾隆十六年，进贡的大门被第一次打开。因为乾隆十六年，他举行了首次南巡，同时当年又值太后六十大寿，乾隆下旨说，因两逢盛典，许多大臣一再要求进献贡物，以表微忱。如果他一概拒绝，似乎不近人情。因此对进贡物品“不得不量存一二”（《清高宗实录》），就是说可以挑几样收了下来。

乾隆对待贡品的态度为什么发生这么大的变化呢？真的是因为两逢盛典，不得不收吗？其实不然。开始收贡品，标志着乾隆认为自己的统治很有成绩，可以在一定程度上享受一下生活，可以工作生活两不误了。

所以从乾隆十六年到乾隆四十五年左右，他一直收受贡品。不过这个时期，他收受贡品是在历代惯例之内，他的主要精力还是放在治国上，对物欲还是比较有节制的。

然而到了乾隆四十五年，皇帝七十大寿，情况可完全不同了。我们说过，到了七十岁，乾隆皇帝才突然发现，自己已经没多少时间来享受生活了。所以从这次办寿起，乾隆开始大肆收受贡品。朝鲜使臣曾经记载，乾隆四十五年七十大寿时，他在大清国一路所见的进贡景象把他和他的小伙伴们都惊呆了。他说，北京附近，各地进贡的大车据不完全统计多达三万辆。“每车引马骡六七头……上插小黄旗，皆书进贡字。”每辆车用六七头骡子拉着，上面都插着小黄旗，上面写着大大的贡字。因为车太多了，所以交通堵塞，到了晚上，只能在路上就地休息。“篝火相望，铃铎动地，鞭声震野。”（朴趾源《万国进贡记》）好几十里路上，都是进贡大车点起的篝火，一眼望不到边，好不气派。所以乾隆四十五年，乾隆七十大寿，进贡浪潮席卷了整个大清王朝。这次生日，仅金佛，乾隆就收了一千多尊。

在这次生日之后，乾隆收受贡品就更过分了，他对贡品的痴迷几乎已经达到一种病态。历代进贡在资格和时间上都有严格的规定，清代本来只有总督和巡抚才有进贡的资格，进贡的时间也只限于三节。哪三节呢？冬至，元旦，还有皇帝生日。冬至在中国古代是非常重要的节日。然而到了乾隆晚年，这些规矩都被打破了。为了多要些贡品，乾隆宣布，我加恩给普通官员，只要是三品以上，都可以进贡。一年三节的限制也被打破了，除了三大节，端午、上元节、重阳节，大臣们也都可以进贡。除了这些之外，大臣们还琢磨着皇帝的心思，开动脑筋，集中智慧，创造出了无数进贡的理由：皇帝出巡，经过的地方，大臣迎驾进贡，称“迎銮贡”；皇帝每年去热河避暑，所谓木兰秋狝，大臣们进贡，称“木兰贡”；大臣们进京觐见皇帝，所献贡品称“陛见贡”；皇帝提拔了他，所献贡品，称“谢恩贡”……有时，皇帝想要某种东西，又实在没有借口，就干脆称“传办贡”，我传旨下去，你们给我办就是了。

随着老皇帝越来越迷恋收贡品，越来越多的封疆大吏把正事推到一边，集中精力为乾隆皇帝购买制造奢侈品。越到后期，官员们进贡的次数就越多，所献贡品就越昂贵。这股进贡之风的兴起，是打开乾隆朝腐败大门的钥匙。

送给乾隆的这些贡品，每一件都是价值连城。比如，乾隆喜欢那种镶了珍珠的玉如意，大臣们每到节庆都给他进献。那么一柄这样的玉如意多少钱呢？档案记载，当时一柄不嵌珍珠的玉如意，值银子是四千两。而当时广东珍珠的价格，重四分的珍珠，一颗值银子五千两，重五分的则需七千两，如果是大到像龙眼果那样的重三钱的大珠，值两万两白银。那么，一柄玉如意，少则一万两，多则三万两。而乾隆朝普通官员俸禄，一年不过三五百两。给皇帝的进贡的钱哪里来呢？当然是老百姓出。

因为进贡之风的盛行，乾隆年间的官场上出现了“帮贡”一词，即有权进贡之大臣叫下属帮助其“购买物件”，以“孝敬皇上”。这一新词光明正大，而且十分光荣，颇有凝聚全体官员对乾隆皇帝的无比热爱之义，实际上却成了乾隆朝贪污腐败的新方式。因为送给皇帝的礼物，从采购置办到送进大内，过程往往不公开，账目不清楚，云雾重重，机关多多。事实上，送到皇帝手里的一万两，可能意味着督抚们从州县官员那里剥削了十万两，而州县们则完全有可能从老百姓那里剥削百万两。一张巨大的非法捞钱之网就这样以“进贡”为由头编织而成。

所以乾隆晚年贪图享受，带动了乾隆朝整个官场的迅速腐败。那么有的人可能会问，乾隆要是想享受的话，为什么非要收贡品呢？这副作用多大啊！想要什么，他自己花钱买还不行吗？自己买还真不行，因为乾隆没有钱。清朝的财政体制对他有严格的限制。

第十六讲
和珅的崛起

讲乾隆朝的历史，我们就不能不提到一个人物——和珅。这个人的出现，和乾隆一朝由盛转衰，关系非常紧密。换句话说，他是乾隆王朝从极盛到衰落的最直接的推手。

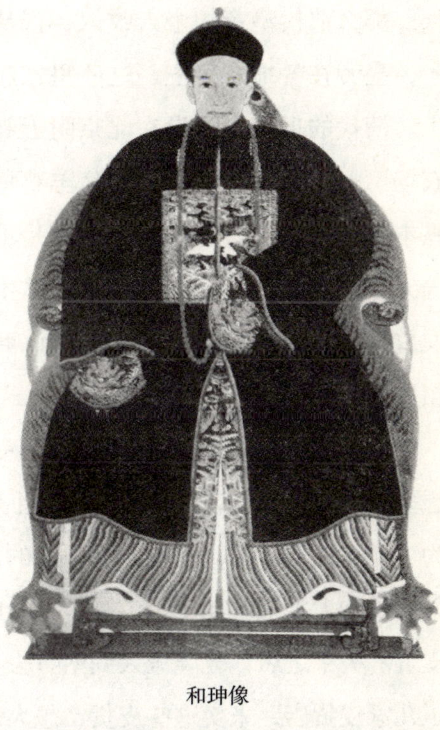
和珅像

我们以前讲过，乾隆皇帝大肆收受各地官员送给他的贡品，甚至到了失态的地步。有人说，皇帝想要享受，自己买还不行吗？为什么非要大臣给自己送呢？

自己买啊，还真不行。为什么呢？因为乾隆没钱。

有人说，皇帝怎么还可能没钱？皇帝富有四海，整个天下都是他的，整个国库都是他的啊！

以前朝代也许可以这样，清代不是如此。清代在整个中国古代史上，是比较特殊的一代。清代是整个中国古代史上，治理水平最高，皇帝整体上自我约束能力最强，也比较节俭的朝代。比如许多人都到明十三陵和清东陵、清西陵去玩过，一对比就看出来了。清代的皇陵，整体上都比明代的规模要小，没有明代的气派。再比如，明代太监的数量，一度达到十万人之多，而清代呢，多的时候也不过三千人。

清代，国家的收入，和皇帝个人的收入，从顺治初年开始，就是严格分开的。顺治初年，清王朝设立了一个机构，叫内务府。这个机构，是服务于皇帝个人生活的，相当于皇室的大管家。国家的收入入国库，由户部，也就是财政部来管。而皇帝个人的收入，归内务府来管。也就是说，从那时开始，皇帝就有了自己的固定工资，收入来源固定化了。

那么清代皇帝的个人收入，都从哪里来呢？主要来源于三个部分：第一，皇帝在各地有皇庄，这些皇家庄园每年出产的东西，是皇帝的主要收入。清代的皇庄主要设在北京附近和东北地区，相当于清代皇家的“特供农场”，生产优质无公害的猪羊鸡鸭、各种瓜果和大量蔬菜，供皇家日常基本消费。第二，皇庄的收入要是不够花，就要让内务府通过经商、放贷等方式，给皇帝创一点儿收来补贴生活。因此清代皇帝允许内务府对商人发放高利贷，或通过出售部分特许商品的经营权来赚钱。比如清代人参和貂皮的贸易权，是由皇室垄断的。这是内务府收入的一个主要来源。

有时候，为了增加点收入，皇帝个人还亲自派内务府的人去做买卖，想多赚点钱。比如乾隆皇帝在创收上就曾经动过很多脑筋。档案记载，乾隆为了赚点钱自己花，曾经派内务府的大臣，先后十一次，到外蒙古恰克图地区去采购大批俄罗斯皮货，买了大量的貂皮、海龙皮、灰鼠皮等名贵品种的皮货。买来之后，乾隆派人到南方去卖这些皮货，还命令内务府在北京开设了几家皮货店，来卖这些皮货，想大赚一笔。但是内务府的大臣们无能，他们一是不太了解市场行情，买来的东西不太符合中国内地消费者的胃口；二是一下子买得太多了，供大于求，搞得当时北京城皮货价格迅速下跌，结果赔了一大笔钱。这是《清代内务府档案》明确记载的一件事。

因此，在这样的背景下，各地大臣给皇帝进的贡品，就非常重要，成了清代皇帝个人收入的第三个部分。以前朝代，各地进贡多少，对皇帝生活影响不大。但是清代皇帝的生活质量，却与贡品多少直接相关。这样我们就能理解为什么乾隆皇帝后来会那么拼命地收贡品了。

虽然大量收受贡品，但是乾隆皇帝还是感觉钱不够花。因为越到晚年，乾隆花钱越大手大脚。他是中国古代历史上最大的收藏家，喜欢字画、古玩、古玉什么的，这些东西，不能光靠进贡，因为许多好的古玩，都藏在老百姓家里。所以有时候，得皇帝自己派人到民间去买，每年需要大量的钱，可是内务府能提供的钱很有限。所以越到晚年，乾隆越感觉手头紧，钱不够花，需要一个理财专家。

就在这个时候，和珅出现了。

乾隆四十年秋天，乾隆出巡山东。在传统时代，交通不便，皇帝出巡其实也挺没意思的，没有今天国家元首的专车专机之类，在御轿里没法儿看书看报看电视，一坐就是一整天。所以乾隆一边走着，一边就把大轿的侧帘拉开。往外一看，在旁边骑着马随行的侍卫里，有一张新面孔，二十多岁，白皙清秀，长得挺漂亮，骑在马上，风度翩翩。乾隆就跟他聊起天来了。问他，你多大了，姓什么叫什么，什么时候进的宫，在哪儿当过差。这位侍卫回答他，我二十六岁了，姓钮祜禄，名字叫和珅，进宫当差已经三年了，今年刚刚被选为乾清门侍卫，头一次陪您出差。

这个年轻人回答完，乾隆对他感兴趣了。不是他回答的内容有什么特别，而是这个年轻人的神情态度让乾隆很感兴趣。一般来说，普通人，第一次跟皇帝说话，肯定都会紧张得要命，有的人干脆说不出一个完整的句子来。可是这个和珅，回答皇帝，语言流利而得体，态度恭敬又从容，一点儿也不紧张，不慌乱。乾隆开始对他感兴趣了，又问他，读过书吗？和珅说，自己十八岁那年曾参加过一回乡试，没能中举。

乾隆问道："能背汝文乎？"就是当年的卷子，还能记得几句吗？

和珅说能啊，于是“随行随背，矫捷异常”。（《归云室见闻杂记》）边走边背，一会儿工夫，居然把八年前的卷子从头到尾全背了下来。

乾隆皇帝大为惊异，那心情，就像是《红楼梦》中王熙凤之初见丫鬟小红的场景一样。乾隆于是就让人查一下，这个和珅是什么出身和背景。一查，这个和珅，是满洲正红旗人，也算世家出身，他父亲常保，做过福建都统，也就是相当于今天的省军区司令。所以从小，和珅在一个贵族学校读书，当时叫咸安宫学，就是皇帝专门给八旗官员后代办的学校。不过常保去世比较早，所以家道中落，家里一度很穷。乾隆三十七年和珅通过自己亲戚的关系，托人进宫当了侍卫，今年已经是第三年了。

乾隆一看，和珅家世清白，背景良好，很满意，就试着派他给自己办了几件事。比如，这次出巡山东，与地方官员接洽、安排食宿、采买物品，都由和珅负责。结果几件事办下来，乾隆发现，这个和珅不一般，善解人意，周到细致。乾隆是大喜过望。

到这一年年底，也就是乾隆与和珅第一次见面后三个月，乾隆任命和珅为御前侍卫，兼副都统。这可不简单。和珅原来是三等侍卫，从五品，仅仅三个月，就变成了御前一等侍卫，而且还兼副都统。这是一个很大的官。我们刚说了，和珅的父亲常保，做过福建都统，也就是相当于今天的省军区司令。那么，副都统，就相当于今天的省级军区副司令，是正三品的官员。从从五品到正三品，和珅一下子就连升五级。

这还没算完。第二年，乾隆四十一年正月，二十七岁的和珅被任命为户部右侍郎，就是相当于今天的财政部副部长，二品大员。三月，又成为军机大臣，相当于今天的政府副总理。四月，兼内务府大臣，就是内务府的最高长官，成了皇帝的大管家。

和珅的升迁，已经不能说是坐直升机上来的，只能说是坐火箭上来的。在中国古代史上，升迁如此之快的，实在是绝无仅有。

那么，和珅为什么能够如此受乾隆的赏识，一年之内，连升九级呢？

这个，在野史上有许多说法。有的说，是因为和珅跟乾隆的一个已经死去的妃子长得特别像，乾隆非常宠爱那个妃子，妃子死后念念不忘，结果遇到和珅，就把他当成了那个妃子转世，宠爱不已。言外之意，就是和珅成了乾隆的好基友。

还有的说，是因为和珅投乾隆所好，上学的时候就苦练书法，专门效仿乾隆的字体，字写得跟乾隆一模一样，所以得到乾隆的欢心。

以上这些野史传说，应该说，都是胡编乱造出来的，不着边际。

如果我们从政治心理学角度分析，乾隆喜欢和珅，原因其实很简单，那就是乾隆晚年的独特心态。和珅现象不过是乾隆晚年特殊心理需要的产物。

乾隆晚年有什么特殊心态呢？晚年的乾隆被两个矛盾的问题所困扰：一个是大权独揽的政治信条和每况愈下的健康状况，一个是不断泛滥的物欲和不增加百姓负担的承诺。

我们先来看第一个矛盾。我们说过，乾隆政治的第一信条是大权独揽，这个权绝不能给别人夺去。尽管乾隆晚年健康状况越来越难以支撑日常政务，但乾隆从来没想过把大权分给朝中的大学士、军机大臣之类的重臣。因为他深知这些人在朝中经营多年，根深叶茂，社会关系太广。一旦你把大权交给某个人，很容易引来大批依附者，形成朋党，导致混乱。所以为了保证在年老体衰的情况下还能做到大权独揽，乾隆迫切需要一根得心应手的拐杖，或者说，一个有能力的贴身秘书，帮他处理日常政务，执行具体决策。这个人应该具备这些条件：第一，应该在朝中没根没底，没帮没派，没有什么资历。这样，才会俯首帖耳，绝对忠于皇帝。第二，更重要的是，他必须才华出众，办事利落，能够实际代替皇帝处理一些复杂事务。

而和珅，正好符合这些条件。

我们知道，和珅在乾隆死后，被嘉庆皇帝抓起来，赐了自尽。就在死前三天，和珅在监狱里回顾自己的平生，写下了这样一首诗：

> 星辰环冷月，缧绁（léi xiè）泣孤臣。
> 对景伤前世，怀才误此身。（冯佐哲《和珅评传》）

什么意思呢？就是说，天上的寒星伴着冷月，地下，我孤零零关在监狱里。看着这样凄凉的景象，回忆自己的一生，我得出一个结论：我的才华，害了我。

应该说啊，“怀才误此身”这五个字，并非完全是和珅对自己的开脱。和珅这个人，确实当得起“才华横溢”四个字。他有三点让乾隆不得不用他。首先他知识素养很好。我们说过，和珅年轻时代曾就读于咸安宫学，这是当时最好的一座贵族学校，以招生条件严格和教育质量出众而闻名。清《文献通考》说：“（雍正）七年，设立咸安宫官学……俊秀幼童可以学习者选得九十名……其教习着翰林院于翰林内拣选九人。”就是说，这是雍正皇帝亲自下令设立的学校，规模非常小，学生只有九十人。老师呢，九个人，都是翰林，非常厉害。一个翰林带十个学生，你说这质量能差吗？所以能考进这个学校，从某个侧面证明和珅的天资是非常出众的。咸安宫学的目的是给朝廷培养高级政治人才，所以课程设置很合理，课程包括经史、少数民族语言、书画、武功骑射和火器。在这个学校里，和珅是一个品学兼优的学生，学习比别人都刻苦。为什么呢？我们说过，和珅的父亲虽然做过都统，但是在他很小的时候，父亲就去世了，所以家道中落，一度很贫寒。所以他知道，只有把书读好，他才可能出人头地，因此他是学生中最努力的。因此毕业的时候，他精通了满、汉、蒙、藏四种语言，于经史典籍无不涉猎，不但文字功夫出众，并且武功骑射基础也相当不错。

所有这些，完全符合乾隆的需要。这样，他就可以给乾隆做一个出色的贴身秘书，替他处理各种文案事务。后来，乾隆五十三年，清朝派兵镇压了台湾的林爽文起义，在这个过程中，和珅作为机要秘书，给乾隆提供了很有价值的政策建议。起义平定后，乾隆皇帝特意赐诗和珅：

大学士三等忠襄伯和珅：承训书谕，兼通清汉。旁午军书，惟明且断。（《清高宗实录》）

就是说，和珅作为我的秘书，处理文件，出了大力。特别是他精通满语，所以处理军事文件，十分迅速。

所以“兼通清汉”是和珅的一项重要政治资本。乾隆朝最重要的政治文书，都是用满文写成的，特别是涉及军事机密的，这实际上就把许多汉大臣排斥在了最高决策圈之外。乾隆朝唯一参与最高机要的汉大臣张廷玉，也精通满文，因为他中进士后曾经专门学习满语。及至乾隆晚年，大臣中兼通满汉，而且对事情又有眼光有见解的，只有和珅一人了。

所以乾隆五十六年，在另一场战争——平定廓尔喀战争后，乾隆又下旨奖励和珅说：“去岁用兵之际，所有指示机宜，每兼用清、汉文。此分颁给达赖喇嘛及传谕廓尔喀敕书，并兼用蒙古、西番字者，殊难其人，惟和珅承旨书谕，俱能办理秩如。”（《清高宗实录》）就是说，去年用兵的时候，我下的指示，有的是汉文，有的是满文。而颁给达赖喇嘛等地方首领的诏书，用的是藏文和蒙古文。汉满藏蒙这四种文字都精通的人，实在太难找了。只有和珅一个人，四种兼通，所以帮我把这些事办得都很好。

所以说，和珅是有真才实学的，不是光靠钻营功夫上去的。

以上，我们说的是和珅的智商，符合乾隆的需要。这是第一点。那么除了智商外，和珅的情商还特别突出。和珅这个人，性格很活泛，全面发展，业余兴趣也十分广泛，所以他琴棋书画无所不通，特别是诗写得特别好。

当时的大诗人袁枚曾经这样夸和珅："少小闻诗礼，通侯即冠军；弯弓朱雁落，健笔李摩云。"（冯佐哲《和珅评传》）就是说他文武双全，特别是诗歌写得好，这样和乾隆能够唱和。

更让乾隆感觉舒服的是，和珅特别善于与人相处，总能使对方感觉愉快。史书记载，和珅"行止轻儇（xuān），不矜咸仪，言语便给，喜欢诙谐，然性机敏，过目辄能记诵"（《秦鬟楼谈录》）。就是说，他身上没有知识分子那种书呆子气，性格外向活泼，还特别爱开玩笑。

第三呢，和珅办事干练，善解人意，凡事从不用皇帝废话。比如乾隆四十五年，他充任钦差大臣赴云南查办云贵总督李侍尧贪污案，他办得非常好，分寸拿捏得恰到好处，既迅速地查出李侍尧的罪证，把他定了罪，又没有牵涉其他任何人，保持了当地稳定。这种处理方法非常符合乾隆的心意。

所以和珅这个人很不简单。我们现在一提到他，就只说他是大贪官，事实上，和珅也做过很多正面的事，比如在乾隆后期，他参与主编了《四库全书》《大清一统志》以及"三通"等大型丛书。因为精通多种语言，所以和珅实际上也充任了当时的外交部部长。英国使臣马戛尔尼后来在回忆录中评论和珅说，和珅在谈判中"保持了他尊严的身份"，说和珅"态度和蔼可亲，对问题的认识尖锐深刻，不愧是一位成熟的政治家"。（斯当东《英使谒见乾隆纪实》）

所以一些野史把和珅描述成一个小丑式的人物，应该说是不合实际的。和珅这个人，应该说还是有点深度的。和珅后来被赐死那天是嘉庆四年正月十八日，和珅见到皇帝赐的白练之后，一点儿也没紧张，他索要了一支毛笔，在上面题诗一首：

五十年来梦幻真，今朝撒手谢红尘。
他时水泛含龙日，认取香烟是后身。（冯佐哲《和珅评传》）

就是说，五十年的生命，就像一场梦，如今，我就要告别这万丈红尘了。以后当太阳照在河水上的时候，那河上升起的雾霭，就是我的化身。

一个在临死前能写出这样充满禅意诗句的人，应该是个有一点儿深度，有一点儿悟性，有一点儿定力的人。

以上我们介绍的，是和珅经国理政的才能。仅有这些才能，已经足以使老皇帝乾隆离不开他了。更何况除此之外，和珅还有另一项天赋，那就是理财。

我们说过，乾隆晚年面临的两个矛盾之一，就是不断泛滥的物欲和不增加百姓负担的承诺。他既要享受生活，又不想破坏既定的财政制度，给老百姓留下什么话把儿。

而和珅恰恰就是一个理财的天才。

可以毫不夸张地说，和珅是中国古代历史上少有的大理财家。

一般来说，中国传统的士大夫往往拙于理财，甚至耻于谈钱，但和珅却有着天生的商业头脑。

传统社会中的财富观念是静态的，人们有了钱，第一选择永远是买地，把流动资产化为固定资产。而和珅却不这样，他知道要让现金流动起来，现金流动起来能产生巨大的威力。因此在不动产与现金面前，他对现金更感兴趣。

乾隆五十七年，庄头许五德与他人发生矛盾，托和珅帮助打官司，并答应“事后或送地六十顷，或银一万两”。和珅听后明确表示，“不要地亩，要银一万两”。他的贪污受贿所得，一小部分用于扩大不动产，更多的部分，则用于各种工商业投资，其范围涵盖了金融、地产、矿山、物流、医药、商业等许多行业。（冯佐哲《和珅评传》）根据相关资料统计，他在当时的北京城内拥有当铺十二座，其中永庆当、庆余当、恒兴当、恒聚当等，都是典当业巨头。此外他还经营印铺、账局、瓷器铺、药铺、古玩铺、弓箭铺、柜箱铺、鞍毡铺、粮食店、酒店、杠房、石灰窑等。此外，他家还专门栓了八十辆大马车，从事运输业。这些行业的收益率，当然远远高于地租。可以说在当时，只要是赚钱快的行业，就有和珅的身影。值得一提的是，当时采矿业由于风险巨大，管理复杂，投资多，见效慢，一般人不敢经营，和珅却敢于尝试。他看中了煤矿业是朝阳产业，曾投巨资在北京的门头沟和香山两地开了煤矿。和珅巨大家业的积累，贪腐所得当然是大头，但是他自己的投资收益也并非无足轻重。

传统士人往往耻于谈钱，和珅却有着强烈的契约意识，在金钱面前亲兄弟明算账，就算至亲好友也毫不含糊。他的外祖父伍弥泰官至大学士，向他借过两千两银子，他担心外祖父不能及时还账，逼着老头儿拿自家地契抵押，“取田契价值相当者署券归偿”。（《郎潜纪闻》）中国历史第一档案馆档案《内务府来文》中记载，他岳祖父英廉的孙子向他借钱，也是拿地契为抵押品才借出去的。

成为乾隆皇帝的私人助理后，他的这种经营天才迅速得到了体现。乾隆四十一年，他出任内务府大臣。在此之前，内务府经常是入不敷出，而他就任之后不久，就面貌一新，不但弥补了以前的赤字，还出现了盈余。乾隆四十三年，皇帝加派他充任崇文门税务监督，在他的经营下，这个税关的收入一下子跃居全国三十多个税关的前几位。这两炮打响，乾隆对和珅的理财本领愈加刮目相看，在乾隆眼里，和珅简直就像一个魔术师，总是能出人意料地制造出财富。所以乾隆把所有与财政有关的部门渐渐都划归和珅一人把持，他先后任管理户部三库、户部侍郎、内务府大臣、户部尚书等职。

以上我们说的，都是和珅的正面品质。如此正面，为什么他最后还一败涂地呢？这是因为和珅身上有一个致命的缺陷，就是，他是一个没有操守、没有原则的人。如果说他的一生有什么原则的话，那就是现世的享受，要做最大的官，要享受最好的生活。这是他的追求。他身上没有传统士大夫那种为国家为民族献身请命的精神，那种“致君尧舜上，再使风俗淳”的理想主义追求。

为什么呢？第一个原因，和珅这个人自幼对钱就比较看重。我们说过，和珅早年丧父，十来岁的时候，父亲常保就在福建都统的任上去世了。父亲一去世，家里的主要收入来源就断了，所以《清史稿》说和珅“少贫”，就是小时候家里比较贫穷。这样，和珅小小年纪，就充分认识到了钱的重要性，所以走上仕途之后，对钱看得也比一般人要重。

除了和珅自身的人性弱点之外，他做官不讲操守，也与乾隆皇帝本身的统治政策有关。我们说过，乾隆中期，为了保持社会稳定，乾隆刻意制造了许多冤案，限制人们的思想，防止人们乱说乱动。结果造成了什么呢？虽然一时收到稳定之效，却造成了另一个更为严重的后果，那就是清代后期士大夫道德与精神的迅速堕落。

可以说，乾隆打断了当时官员和士人的脊骨。他告诉大臣们，你们不要追求什么人格独立，什么个人尊严，你们只要给我做好奴才，对我百依百顺就行了。所以从乾隆中期起，乾隆朝的大臣就越来越平庸，越来越没有操守，越来越没有骨气。和珅就是其中的典型代表。因此，和珅的所作所为，就不考虑大清王朝的长远发展，只顾满足皇帝的眼前需要，有很多措施，都造成了严重的后果。比如“议罪银”的制度化，这是和珅制造财富的一个出奇手段，是他的一个天才发明，但也是清王朝衰败的一个加速器。

那么究竟什么是议罪银呢？

议罪银是由罚俸演化而来。罚俸古已有之，扣除官员几个月至几年的俸禄，是惩罚轻微过错的常用手段。但是到了乾隆中期，乾隆觉得只罚这么点俸禄，意义不大，起不到惩罚作用。所以又法外加罚，动辄上万，改称“议罪银”。应该说，乾隆皇帝的初衷，不过是想让大臣们“肉痛”一下，并没有想把它制度化为一个财源。

可是和珅当政后，马上发现了议罪银的妙处。罚俸的决定权在吏部，款项由户部承追，银两也交给国库，过程公开透明。而议罪银并非国家旧制，可以不纳入国家财政，而归入皇帝的小金库，并且过程及数额都可以不公开。因此，在和珅的力荐下，乾隆皇帝批准将议罪银制度化，并且将罚银的范围大大扩展，从财政亏空之类的重大错误到在奏折中写错几个字，都可以一罚了之。

此举一出，那些聪明的大臣马上就发现了妙处。他们知道，交议罪银可以讨得皇帝的欢心。以小过而甘重罚，既说明大臣们对自己要求的严格，又为乾隆皇帝小金库的充实不声不响地立了功，可谓一举两得，所以不少大臣主动要求交纳议罪银。比如河南巡抚毕沅以“未能迅速搜获要犯”，自请罚银二万两；陕甘总督勒尔谨以失察客商走私玉石自行议罪缴银四万两；河南巡抚何裕城有一次不小心，把香灰弄到了朱批奏折上，因此“惶惶不可终日”，积极要求自请罚银三万两。手笔之大连乾隆皇帝都觉得有点不好意思，遂降旨说，没有那么严重，加恩宽免银二万两，交一万两上来就可以了。

在和珅的操作下，议罪银制度为晚年乾隆皇帝的钱包注入了大量现金。仅从现存的《密记档》统计，在短短十三年中，重大的议罪银案件即有六十八件，平均每年五件。罚议罪银少则万两，通常三万两上下，见于记载的最多一次高达三十八万四千两。

这是一项后果极为严重的恶政。

贪腐政治一个不变的规律是，个人从贪腐中所得的，与给国家造成的损失相比，往往微不足道。应该说，乾隆晚年虽然从议罪银制度中得到了几百万两零花钱，但是给大清王朝造成的损失要以亿万计。所谓吃人的嘴短，用人的手短，在享受花钱的快乐的同时，老皇帝对于那些踊跃交纳议罪银的官员不可能不高抬一点儿贵手。因此议罪银实际上起不到任何惩戒作用，反而变相为犯罪提供了保护伞、“免死牌”，为贪官们壮了胆，让他们贪污腐败、为非作歹起来心里有了底。就像对于非法经营的商户一罚了之，只能促使他们扩大非法经营业务，来弥补被罚的损失一样，这一制度让乾隆朝的大臣们贪腐起来更有动力。正是和珅力荐的议罪银，最终催生出乾隆朝一桩又一桩惊天大案。

第十七讲
惊天大案

乾隆皇帝晚年，官场风气发生了很大变化。一桩自大清王朝建立以来从未有过的贪污大案在这个背景下发生了。

乾隆三十九年，地处西北腹地的甘肃省向乾隆皇帝汇报说，甘肃这些年连年大旱，百姓衣食无着，因此请示朝廷可否在当地开展捐款赈灾运动，准备给那些捐得多的富户，每人奖励一个监生的资格。

什么叫监生呢？原来清代国家的最高学府，叫国子监。它相当于当时全国唯一的一所国立大学，因此能取得它的毕业证是很光荣的事情。有的时候，朝廷缺钱，为了鼓励老百姓捐款，就奖励给捐款者一个监生——国子监毕业生——资格。

我们说过，乾隆对救灾历来很重视，于是就批复说，这是件好事，你们去办吧！

乾隆没想到，这个批复，后来竟然成了一起史上最大贪污案的通行证。

当时甘肃省主管财政的布政使，叫王亶望，就是爱吃驴肉丝，爱吃活驴肉的那个人。这个人是通过捐纳，也就是买官，当上的官，所以特别会钻营，也特别会想歪点子，通过捐监生来救灾这个事就是他主办的。他办这个事，可不是真的为了灾民考虑，而是要收回买官的成本，而且还要获取暴利。

所以乾隆皇帝一批复，王亶望就热火朝天干了起来。他规定，五十两银子一个监生文凭。因为价格不高，手续简便，所以很快筹集到了一大笔银子。不过银子到了手，他可没有拿来买粮食赈灾。干什么了呢？他跟其他地方官员一起，瓜分了。不到三年时间，甘肃省一共收到捐监银六百多万两。王亶望自己留了一半，三百万两。剩下的三百万两，参与这个事的其他官员分了。

当然，王亶望他们不是直接把银子拿回家了事。清代财政制度，对于捐款的收支，是有严格要求的。所以王亶望要求当时的甘肃全省各府各县，每年都要上报灾情。甘肃地处西部，王亶望就让各县都报旱灾，还专门给各县列了个表，你这个县，说今年报大旱，要花二十万两赈灾。他那个县，今年报中度旱情，要花十万两。就这样，通过全省知府知县各级官员的配合，编造了连续几年的灾情，编造了一个非常细致的账本，细到了我这个县十万两银子，都花到哪些人身上，这些人的名字，每家几两，都记载得清清楚楚，后面还有这些人的签名画押，所以上报到户部，大家，包括乾隆皇帝，都没起疑心。

那么这个包装得如此严密的事情后来是怎么败露的呢？是王亶望这个人自己折腾出来的。

怎么回事呢？王亶望这个人非常精明，他是一鸡二吃，假赈灾这个事，不光成了他捞钱的手段，还成了他升官的阶梯。为什么呢？他把这个事包装成了他的一大政绩。在贪污大量银两的同时，王亶望不断上奏朝廷，说他办理捐粮事宜，救了多少多少灾民，灾民如何如何流着泪感谢皇帝，感谢朝廷。这样的奏折哄得乾隆是心花怒放。乾隆四十二年五月，因王亶望办理捐监救灾“有功”，乾隆一道谕旨把他从甘肃调到了浙江，升任巡抚。从荒凉的西北边陲调到东部最繁华的省份做一把手，王亶望心花怒放，也踌躇满志。他觉得自己真聪明，太有办法了，太是个当官的材料了，按我这个势头、这个打法，几年后进京，当大学士，做军机大臣，那都指日可待。

所以他马不停蹄开始琢磨下一步的事。为了快些升官，他拼命花钱铺路。乾隆四十五年，皇帝在第五次南巡中发布指示，要进一步把浙江海塘修好修结实，防止海水倒灌。原来浙江沿海，很多地方地势低洼，经常引起海水倒灌，所以朝廷在海边兴修石塘，造福百姓。为了在乾隆面前表现自己，快点把海塘修起来，王亶望一次性捐款五十万两用作工程费用。

结果，这一次捐款，引起了号称“精明天子”的乾隆的注意。要知道，虽然此时乾隆皇帝已经称不上励精图治，但也不是说他就像历史上其他的昏君一样万事不管了。所以王亶望的这个举动让乾隆起了疑心。

乾隆想，一个巡抚，一年的工资，加上养廉银，不过两万多两白银。你到浙江才三年，怎么就一下子能拿出五十万两？这里头可能有问题。于是，派大臣阿桂调查。

一调查，事情很快水落石出。阿桂汇报说，不光是王亶望贪污，关键是甘肃省全省，上到总督巡抚，下到知府知县，都与这个事有牵连。比如陕甘总督勒尔谨，是王亶望的直接上司，王亶望办的这些事，他都一清二楚，而且也收了王亶望的钱。至于甘肃各府各县，更是积极配合王亶望做了假账，一个县也没落下。所以这是团伙作案。

调查结果汇报上来，乾隆皇帝是大吃一惊。他说：“甘肃此案，上下勾通，侵帑剥民，盈千累万，为从来未有之奇贪异事。”（《清高宗实录》）就是说，全省官员上下勾结，团伙贪污，总数六百万两，这样的大案，大清王朝建立一百多年来，还从来没有出现过。

乾隆皇帝下令，将王亶望立即正法。除了王亶望，相关人员都处理。陕甘总督勒尔谨，赐令自尽。参与这个事的县级以上官员，一共一百零二人。这些人的罪名，要按大清律，都应该杀掉。但很现实的一个问题是，如果真的那样办，那么一下子就把甘肃全省官员基本全杀光了，这震动也太大了。所以乾隆皇帝最后长叹一声，杀了一半，把五十六名贪得相对更多的知府知县砍了头。

这个案子后来被称为“甘肃捐监冒赈案”，它因贪污数量之大、延续时间之长、牵涉官员之多、惩处罪犯之众，被后人称为“清朝第一大贪污案”。

那么，我为什么花这么多时间，来详细地说这一个具体的案子呢？这是因为，这个案子，在乾隆朝晚年非常有代表性。它的发生，与乾隆本人的作风变化直接相关。

本来，在中国传统社会，想要彻底杜绝贪污现象，可以说，就如同想让大海停止涨潮落潮一样，根本不可能。为什么呢？因为传统财政制度，有两个特点：一个是没有严格的审计监督机制，可以钻的空子到处都是，贪污对任何一个智商正常的人来说，都不是一件难事。第二是大部分朝代，特别是明清两朝，官员的薪水都非常低，有的时候低到无法维持基本生活的程度。比如明代著名的清官海瑞，严守朝廷的规定，工资之外的钱，一分也不拿，结果怎么样呢？结果他必须在官衙中，自己开了一块菜地，才不至于被饿死。在这种情况下，官员只能或多或少贪污一点儿，所以明清两朝的贪污现象是非常普遍的。

不过这种贪污，也会受到一些力量的制约，通常不会发展到太严重的程度。哪些力量呢？第一个力量是儒学的价值观。传统时代的官员从小读四书五经长大，小时候受到的教育对一个人的一生是有着很大影响的，对官员们的人格操守形成了一个基本的约束。第二个力量，就是皇帝的警惕性，让官员们不敢明目张胆地贪污犯罪。

我们说，乾隆中前期，贪污腐败并不严重，正是因为这两个力量在发挥作用。然而，到了乾隆晚年，这两个力量基本上都失效了。第一，乾隆这个人，不断压制臣权，致力于把大臣变成只会办事的奴才，于是乾隆朝的官员们渐渐放弃了对人格理想的追求。第二，乾隆晚年，凡事务从宽厚，对官员的管理越来越宽。这样，贪腐就失去了约束。

乾隆朝晚年的贪腐创了历史纪录，还有一个重要的原因，那就是乾隆盛世的经济发展，为腐败提供了巨大空间。乾隆中前期，清朝经济一直高速成长，人口从一亿增长到近三亿，GDP总量也达到了世界第一。蛋糕做大了，那么可以搜刮的基数也比以前扩大了好几倍。地方官员手里的钱多了，贪污起来，手笔也就大了。

在这些因素的共同作用下，腐败就如同细菌遇到了适合的温湿度和酸碱度，以惊人的速度，发展起来了。仅仅十多年的时间，也就是从乾隆三十多年，到乾隆四十多年，乾隆王朝就完成了从前期纪律严明到后期贪腐遍地的转变。“甘肃捐监冒赈案”就是这种转变的典型代表。

“甘肃捐监冒赈案”，反映出乾隆中后期腐败形势出现了几个新特点。

一是腐败的全面化。以前乾隆朝处理的贪污官员，大部分都是中低层官员，但是到了乾隆朝晚年，腐败官员由低层向高层发展。在乾隆前期，因为腐败而被处理的三品以上大员，不过三五个人。而乾隆中后期二十多年间，三品以上地方高官被处理的，达到二十多人。乾隆皇帝在退位的前一年自己也说过这样一句气话，他说：“各省督抚中廉洁自爱者，不过十之二三。”（《乾隆起居注》六十年八月）也就是说，各省的总督和巡抚，能真正保持廉洁的，十个里不过两三个。高级官员队伍中居然出现王亶望这样毫无底线的人物，这就说明当时乾隆朝的腐败已经蔓延到了最高层。这是第一个新特点。

二是窝案迅速增多，腐败呈集团化、公开化的趋势。

乾隆早期，官员们贪一点儿钱，也是藏着掖着，生怕别人知道。到了乾隆晚年，大家对腐败已经不以为耻，习以为常了。办一件事、升一次官、枉一回法，需要多少钱，大家都有心照不宣的价码。

而且为了自保，这些贪官结成了利益同盟，出现了很多“窝案”“串案”。乾隆四十六年到四十九年，除了这个案子，朝廷还一连查出了五起贪污大案，比如山东巡抚国泰亏空案、闽浙总督富勒浑勒索钱财案等，和甘肃捐监冒赈案一起，在历史上统称为乾隆后期六大案。这几起案子，都和甘肃捐监冒赈案一样，“办一案，牵一串；查一个，带一窝。”一个人犯事，会挖出几十名、上百名同犯。

所以甘肃捐监冒赈案是一个很好的标本，从它身上，我们可以看到乾隆朝政治体制的许多致命问题。

首先是监察机制形同虚设。

本来，有清一代，放赈的过程有着严格而细致的规定。为了防止有人冒领赈灾款项，朝廷规定，在给灾民们发放粮米的时候，主管官员必须亲自到场，每日发放完毕后，要亲自在账单上签字画押。同时，整个赈灾完事后，要把发放了多少钱多少米，具体多少人领取，这些人都叫什么名字，写到一张大榜上公布，让老百姓来一起监督。然而在甘肃捐监冒赈案当中，朝廷所有的这些规定都如同一纸虚文，起不到任何约束作用。

更为重要的是，王亶望这个贪官的大名，早已经是尽人皆知，却从来没有人敢于向上反映。当时甘肃省民间有一句顺口溜，叫作“一千见面，二千便饭，三千射箭”。意思是说，你要是送一千两银子给王亶望，不过能见上他一面；要是送两千两银子，王大人赏脸的话，可能会留你吃一顿便饭；送三千两银子，王大人高兴，就会和送礼的人一起拉拉弓，射射箭，健健身，以表示关系更近了一层。

所以你看，王亶望贪污已经把自己贪成了民谣顺口溜的主角，就是说，王亶望是个大贪官，这不光官场中人知道，连老百姓也是尽人皆知，但是多年以来，却从来没有人向乾隆举报揭发过。其实原因也很简单，一个是当时地方上的主要官员在各地确实能一手遮天；再一个，乾隆从严管束老百姓，让他们不敢随便举报自己地方的官员。所以如果不是王亶望利令智昏，自我暴露，说不定以后会一直平步青云，真实面目永不暴露。

在所谓盛世之中，发生了这样的案子，可以说已经丢尽了乾隆的脸，可事情并没有到此为止。由这个案子，又引发了另一场更让乾隆丢脸的笑话。

处理完王亶望案，按说乾隆皇帝应该非常气愤，全面反思自己。然而，晚年的乾隆已经无心全面振作。他自欺欺人，认为这个案子只是甘肃一省的现象，并不意味着全国各省都如此。

因此处理完这个案子，乾隆不但没有整顿官场纪律，反而关心起了另一件事情。什么事呢？原来，这个王亶望，也是以精于办贡闻名，每年都会给乾隆送很多好东西。在王亶望案被处理的前一年，正是乾隆皇帝七十大寿，王亶望曾经向皇帝进献了一份厚礼，礼物几乎件件精美绝伦，其中有一对玉瓶和一座玉山子，是纯正的羊脂白玉，玉料极佳，而且造型别致，雕工一流，乾隆是非常喜欢。只不过，皇帝收受礼品，有退贡的成例，进九回三，不能全收，所以掂量来掂量去，乾隆最后忍痛割爱，又把这两样东西退给了王亶望。退了之后，乾隆心里有点后悔，经常想着这两样玉器。

这回，王亶望案一爆发，乾隆皇帝想到的第一件事，就是通过抄王亶望的家，这两样东西又可以回到他的手里了。

所以乾隆赶紧命地方官到王亶望家里去抄家，一抄，果然是收获不少，珠宝玉器不计其数，一共装了五百六十五箱，然后按乾隆的要求火速送到了北京。

乾隆皇帝按捺不住心中的喜悦，赶紧让人把东西抬到自己面前，打开箱子，一一验看。然而，看来看去，却始终没有找到那对玉瓶和那座玉山子。而且乾隆还发现了一个奇怪的现象，就是抄来的这些珠宝，大多数是设计老套、做工一般的大路货，“大率不堪入目”，令乾隆大失所望。

这是怎么回事呢？乾隆百思不得其解，于是命人把浙江省抄家官员记录的第一手档案，也就是抄家底册呈上来，一样一样细细查对。不对不要紧，一对之下，乾隆是大吃一惊。原来，抄家册上写着的一百多件最好的珍宝，根本没有运到北京来。而抄家册上面没有的东西，却有八十九样送到了皇帝面前。

很显然，是有人把老王家的财宝调了包！

这简直是有史以来从没听说过的奇闻！谁这么胆大，敢当着皇帝的面偷皇家的宝物?

气急败坏的乾隆命令自己信任的大臣阿桂星夜赶往浙江，会同当地最高官员、闽浙总督陈辉祖一起查办此事，一定要查个水落石出。乾隆认为，这样荒唐的事情，很有可能是经手的小官，甚至可能是衙役，没知识没文化，不知道官场上规矩的森严，一时利欲熏心，做了如此愚蠢的事情。要是一般的官员，都会知道这是掉脑袋的大事，谁敢这样胆大妄为?

然而，阿桂查出来的结果，又一次让乾隆皇帝大跌眼镜：见财起意调皇帝包的，不是别人，竟然就是当地最高官员，堂堂闽浙总督陈辉祖！原来从王亶望家里搜出的这些宝物实在太精美了，陈辉祖一见之下，垂涎三尺，利令智昏。这个人，想来也是平日里各种坏事做多了，胆子比谁都大，居然打起皇帝的主意来。他弄一些破东西送到京城糊弄皇上，自己把这些好东西都留下来了。不过他调包的时候，大大咧咧，粗心大意，竟然忘了修改抄家底册，以致露了马脚。

这个陈辉祖，本来是世家出身，他的父亲做过两广总督，乾隆对他是非常信任，很早就把他提拔起来了。没想到，这个所谓“世受国恩”的地方大员，竟然做出这样的事。乾隆在上谕中说：“是王亶望所为，系明火执仗，而陈辉祖竟同穿窬（yú）行径矣……朕于此事不胜惭懑。”（《清高宗实录》）就是说，王亶望的所作所为，是明火执仗，从我爱新觉罗家明抢。而你陈辉祖呢，是偷偷摸摸，从我爱新觉罗家暗偷。我怎么挑来挑去，挑了你们这两个活宝呢？真是气死我了。

乾隆四十八年，陈辉祖被赐令自尽。

正如这个案子所反映出来的，乾隆晚年，朝中是大案迭出，怪象不穷。对于这些案件，乾隆皇帝当然痛心疾首。每出一个大案，他也都全力以赴进行处理，处理起来，手段往往还很重，一杀就是几十人。但与此同时，他并没有上升到制度层面来考虑问题，他坚持认为，这些案件，都是个案，处理完了，大清王朝就又恢复清静了。乾隆为什么会这样想呢？很简单，当一个人进取心减弱，陷于享乐之中不能自拔时，他总是会产生一种自欺欺人的心理，偏执地相信那些让自己能更放心地去继续享受的理由，而不愿意清醒过来面对现实。

所以就在乾隆认为他已经把贪官一个又一个挖干净了的同时，一个清代历史上最大的贪官，却在他身边迅速地成长起来。这个贪官，贪到了前无古人后无来者的程度。王亶望之流，和他一比，完全是小巫见大巫。

这个人就是和珅。

应该说，和珅的大肆贪污，乾隆是毫无察觉的。这是为什么呢？一方面，是因为和珅贪污手法十分隐蔽，欺骗乾隆皇帝的本领非常高强；另一方面乾隆皇帝也确实过于自信了，认为凭借自己的英明，一定能把和珅这样一个没根没派的人牢牢控制在自己的手中。他哪里想到，事实上，是和珅把他乾隆皇帝控制在了手中，一方面利用乾隆的信任大肆以权谋私；另一方面，又把乾隆哄得团团转，使乾隆对他的所有建议，几乎无不言听计从。

那么和珅是怎么一步一步成为乾隆朝最大的贪官的？有记载说和珅家产有八九亿两，究竟是不是真的呢？

我们讲了，乾隆四十一年，和珅被任命为户部右侍郎、军机大臣，兼内务府大臣。

接下来，他仍然在继续蹿升。乾隆四十五年，他升任户部尚书，兼议政大臣，充《四库全书》正总裁。更为重要的是，这一年，他和皇帝成了亲家，乾隆皇帝把自己最喜欢的小女儿固伦和孝公主许配给和珅的儿子丰绅殷德。乾隆四十九年，和珅当上了协办大学士。五十一年，晋文华殿大学士。这样，就达到了文臣的最高品级。后来，因为几次镇压起义有功，他还被授为公爵。我们知道，中国传统贵族品级，公侯伯子男，公是最高的。亲王和郡王，那必须是皇族才能当，所以公是一个非皇族的人能封的最高爵位了。后来晚清的曾国藩，替清王朝立下了镇压太平天国的大功，相当于再造清室，也才封了个侯爵。可见乾隆对和珅是多么够意思。

随着官位的不断升迁，和珅家也从清朝一个普通人家，迅速蹿升为全国首富。历史记载，乾隆五十年之后，和珅的家里就变成了一个市场。什么市场呢？权钱交易的黑市。史书记载："和珅当国，一时朝士若骛，和每日入署，士大夫之善奔走者皆立伺道左，惟恐后期，时称为'补子胡同'。"（徐珂《清稗类钞》）补子是官服，就是说，和珅每天上朝的时候，从他家到皇宫，道路两边，站满了全国各地的官员，都是来找他办事的。所以买官卖官，成了和珅发财的主要途径之一。档案中记载的两淮盐政徵瑞行贿案可以说明当时买官的价码。两淮盐政是一个肥缺，为了保住这个肥缺，徵瑞在嘉庆元年（1796年）和珅的妻子去世的时候，给和珅送了二十万两白银，作为吊礼，档案记载："彼时和珅意存见少，欲伊增至四十万，是以未收。而从前曾送过和珅二十万，当经收受。"（《国朝耆献类征》卷九十六）就是说，和珅认为你才随二十万两的份子，太少，你这样的情况，至少应该随我四十万两，所以没收他的。你看，为了保官，而不是升官，就需要四十万两。

在这种情况下，和珅就成了名副其实的二皇帝，也成了清代历史上第一大贪官。

关于和珅家产到底有多少，流传最广的说法是和珅贪污了八九亿两。比如徐珂在《清稗类钞》中说，和珅"籍没家产，所得凡值八百兆有奇"。就是说，八亿多两。当然还有更离奇的说法。比如晚清学者丁国均在《荷香馆琐言》说，"有数可稽者"，就达到一百亿两。

按常理推断，这是不可能的。据著名经济学家彭信威所著的《中国货币史》，清代乾隆年间白银的总流通量是三亿六千万两。就是说，那个时候，整个中国，用来当货币的白银，才三亿六千万两。和珅一家的钱，怎么可能比全国的货币总流通量还多出三倍甚至是三十倍呢？和珅确实是清史上第一大贪官，不过贪污的数量没有这么多。严肃的历史学家研究的结果，认为数量应该是一两千万两，而不是八九亿两那么多。

那么，几亿两离谱的说法是从哪里来的呢？主要是源自一份流传甚广的野史资料，叫《和珅犯罪全案档》，许多非专业的清史爱好者认为，这个全案档是研究和珅家庭财富的正史依据，也是第一手材料。为什么呢？因为这个《全案档》来头很大，它藏于中国第一历史档案馆。我们知道，中国第一历史档案馆是专门保管明清两朝中央政府和皇室档案的中央级国家档案馆，其资料基本上都来自清宫旧藏。所以从这个存放地看，似乎是一个很权威的资料。

但实际上，这份档案，任何有一定历史知识的人，只要稍微一细看，就会发现，它绝不可能是官方正式档案。为什么呢？因为它破绽百出，内容非常杂乱，既包括嘉庆皇帝的上谕，也包括和珅小妾的诗文，可谓一个名副其实的大杂烩。这份档案，字体粗陋，许多用词和称谓非常不专业，比如其中管抄家的官员叫什么八王爷、十一王爷等，而在清代政府的公文中，称呼亲王郡王，要叫封爵的全称，是绝不可能出现这些民间称呼的。而且这个档案当中，凡是遇“宁”字，都缺了一笔，就是没有下面的勾。这说明什么呢？说明它根本不是嘉庆朝查办和珅时所写原始档案，而是到了道光年间才出现的一份野史资料。为什么这么说呢？因为道光皇帝名字叫旻宁，遇宁字少写一笔，说明是在避道光皇帝的讳，所以说它是道光年间才出现的野史。

因为是野史，所以这份资料里，有很多常识性错误。比如说和珅家里有多少黄金呢？按今天的单位换算，二百多吨。要知道，乾隆年间全国的黄金年产量，也不超过十吨。一个人家里，藏了全国二十年的黄金总产量，这可能吗？再比如，这份资料说，抄和珅家的时候，抄出大东珠六十余颗，每颗重是二两。二两重的珍珠，得有鸡蛋那么大吧？你问任何一个从事珠宝行业的人，都会告诉你，珍珠长这样大，是不可能的。所谓“七分为珠，八分为宝”，直径十一毫米的珍珠已经难得了，根本不可能长到二两重。

所以从这些地方看，这份《和珅犯罪全案档》只是一份民间传抄的野史大杂烩。那有人问了，它怎么会进中国第一历史档案馆这样重要的地方呢？很有可能是道光年间，某个好事的太监，从外面民间抄来这本野史，大家传看，就留在了宫中，所以后来被中国第一历史档案馆所收藏。

所以，专门研究和珅问题的清史专家冯佐哲先生，经过多年研究，综合《清实录》《清史稿》以及其他正史、档案的资料记载，得出的结论是，和珅家的现金、土地、房产，总价值当在一二千万两之间。当然所藏古玩、字画没包括在内，因为这些无法准确估价。

因此我们介绍乾隆一朝所创的诸多历史纪录里，到现在又出现了一个：乾隆朝的大贪官数量，以及这些官员所贪污的钱财数量，也创了清代的历史之最。

面对一桩桩出乎意料的贪污大案，乾隆皇帝仍然不愿意清醒过来。终于，在乾隆朝的大臣之中，有一个人看不下去了，他挺身而出，大声疾呼，由此引发了乾隆晚年一桩朝野瞩目的离奇的“君臣赌局”。

第十八讲
君臣赌局

乾隆皇帝晚年，官场纪律败坏，大案层出不穷。但是乾隆皇帝本人却没有认识到问题的严重性，而沉迷于一件很好玩的事。什么事呢？搞皇帝吉尼斯排行榜。什么叫皇帝吉尼斯排行榜？就是乾隆把中国历史上的所有皇帝按照各项指标进行比较，来证明自已的英明伟大。

比如以前我们讲过，乾隆四十五年，他写了一篇文章，叫《古稀说》。在这篇文章中，乾隆说，他是大清开国以来所有君主中第一个活到了七十岁的人。努尔哈赤活了六十八岁，皇太极五十二岁，顺治二十四岁，康熙六十九岁，雍正五十八岁。现在，清代皇帝的寿命，他是第一。

那么放眼整个中国历史，他也名列前茅。在他之前，活到七十岁的皇帝，一共才六个人。汉武帝、梁武帝、唐玄宗、宋高宗、元世祖、明太祖。而跟他相比，这六个人统治上都有缺陷，都不完美，比如宋高宗是偏安之帝，唐玄宗晚年闹了安史之乱，所以只有他乾隆的统治，完美无缺。因此在中国皇帝排行榜中，他的综合排名，可以稳居第一。

到了乾隆四十九年，乾隆皇帝又宣布，他创造了一个新的历史纪录。什么纪录呢？这一年他得了第一个玄孙，这说明乾隆已经五代同堂，成了古往今来第一个五代同堂的皇帝。

乾隆皇帝立刻写了一首诗：

飞章报喜达行轩，欢动中朝及外藩。曾以古稀数六帝，何期今复抱元孙。（《御制诗全集》）

就是说，一封喜报送到了我的行宫，一个激动人心的消息传遍中原和外藩。我以五世同堂的成绩，把中国历史上的所有皇帝都甩在了身后，成了古往今来最有福气的皇帝。

到了乾隆五十年，乾隆又宣布，他创造了另一个历史第一：在活过七十岁的七位皇帝当中，他的在位时间最长，达到五十年。

所以他又写了一首诗：

七旬登寿凡六帝，五十纪年惟一人。（《御制诗全集》）

乾隆五十五年，他八十大寿，更是来了个年龄、儿孙和在位年代综合比较，结果更是证明自己的历史第一地位不可动摇。

他说：

八旬开袠春秋永，五代同堂今古稀。
古稀六帝三登八，所鄙宋梁所慕元。
惟至元称一代杰，逊乾隆看五世孙。（《御制诗全集》）

就是说，中国历史上年过古稀的皇帝有六个，其中只有三个活到八十岁，这三个里，宋高宗和梁武帝是废物，不值得一提，只有元世祖忽必烈武功赫赫，挺了不起。不过这元世祖仍然不如我，因为我乾隆五世同堂，他没做到。

所以乾隆四十五年到五十五年的十年间，大清王朝所发生的最重要的事只有三件，那就是乾隆的七十大寿、七十五大寿和八十大寿。这三次整生日办得一次比一次隆重，一次比一次热闹。乾隆皇帝的志得意满，骄傲自大，是一天比一天严重。

乾隆五十五年八月二十二日，刚刚过完八十大寿庆典不久，乾隆皇帝正在批阅奏折。生日庆典过完了，贺寿的折子仍然源源不断而来，内容呢，无非是祝贺皇帝生日，颂扬皇帝恩泽普照，老百姓感恩戴德，等等。虽然千篇一律，乾隆却看得津津有味，对这类文章，他总是百看不厌。

不过，翻到其中一篇奏折的时候，乾隆的表情突然严肃起来。他的身子突然坐直了，眼睛紧盯着奏折，眉头是越皱越紧。

是什么样的奏折，让皇帝突然不高兴了呢？

原来是内阁学士尹壮图上的一道折子。这个尹壮图是云南蒙自人，乾隆三十一年中的进士，乾隆三十九年升为内阁学士，一直在北京当着京官。

那么这道折子是什么内容呢？尹壮图说，目前实行的议罪银制度弊端甚大，应该废止。

我们在以前讲过，和珅创造性地建立了一个议罪银制度。所谓议罪银，就是有些大臣犯了错，皇帝想继续用他，不愿把他拿下，就罚一笔银子了事。尹壮图说，这个制度问题极大，因为它实际上助长了大臣们的违法乱纪之风。目前很多地方政府都出现了巨额的财政亏空，就与议罪银制度有关。很多地方官胆大妄为，随意花用公款，造成巨额财政赤字，却并不当回事，反正日后查出来，罚点银子赔上就完了。所以现在地方财政上，亏空越来越多，大清的国库差不多已经被掏空了。因此尹壮图请求皇帝，“永停此例”。

大臣向皇帝反映负面情况，这在乾隆朝前期经常出现。不过，在乾隆朝中期之后，随着大清进入极盛，这种刺耳之言已经多年没有出现了。所以尹壮图这段话在乾隆看来非常意外，也让他感觉很不舒服。

但是乾隆毕竟自认是一个圣明的皇帝，所以他的第一反应是提醒自己，不要生气，不要存拒谏之成见，不要像那些庸主一样，见了批评就暴跳如雷。为了表明这个姿态，在看了尹壮图折子的第一段后，乾隆提笔批道："不为无见"，也就是说，还算有点见地。

其实乾隆皇帝很清楚议罪银制度确实容易产生弊端。凡事都罚款了事，这其中难保没有一两个原本应该重处的漏网之鱼。那么乾隆为什么还要坚持这种制度呢？

这是因为乾隆皇帝自有其苦衷。他的零花钱，大部分都是从这些议罪银中来的。他南巡路上的花用，日常生活中的赏赐，等等，用的都是这些议罪银。没有这笔银子，他的手头马上就会紧起来。更何况，一项制度的好坏，关键是看执行。乾隆皇帝认为凭自己的英明，能够把这个制度的弊端降到最低程度。

所以乾隆笔锋一转，下一句又批道："朕以督抚一时不能得人，弃瑕录用，酌示薄惩。"（《清高宗实录》）人才难得，所以采取了这个办法，也是不得已而为之。

在自我辩解完之后，乾隆又提出一个问题。乾隆说，大臣上书言事，一定要有理有据。你尹壮图在奏折中说各地普遍出现财政亏空，这是你尹壮图的主观臆测呢，还是有什么确凿的证据？现在大清正当全盛之世，怎么可能出现普遍亏空呢？这不是开玩笑吗？

所以乾隆接下来在奏折上又批道："壮图即为此奏，自必确有见闻……令尹壮图指实覆奏。"（《清高宗实录》）也就是说，你尹壮图说的这些，到底是道听途说，还是有什么真凭实据？你一定要给我说清楚！

乾隆的这道谕旨，引出了一场朝野瞩目的君臣赌局，这场赌局，不光引起了当时政坛所有人的关注，而且在一定程度上决定了大清的政治走向。

这道谕旨当天就用快马发给了尹壮图。第二天，乾隆就收到了尹壮图的回复。这尹壮图不回复还好，一回复，让乾隆更生气了。乾隆拿着这第二道奏折，一边读，一边气得手发抖。

尹壮图在奏折里究竟都写了些什么，把乾隆气成这样呢？

应该说，一般人看到乾隆皇帝在奏折上的那些批复，就会知道皇帝已经不高兴了，所以最聪明的办法应该是及时转舵，回复说自己并无证据，建议也确实荒唐，经过圣主教育已经恍然大悟，等等。这样一说，虽然丢了面子，却可以保住官位。

但是这个尹壮图却与众不同。他在覆奏当中说，自己之所以提出这个建议，事出有因。前一段时间，他回了一趟云南老家，一往一返几千里，穿越了大半个中国。这次回老家，他发现了一个严重的问题：经他一路了解，现在全国各省几乎都有财政亏空。每个省的国库和粮仓，账面上的数字和实际的数字都对不上。一旦发生灾荒或者战争，国家拿不出银子和粮食，后果不堪设想。

而且更重要的是，这次旅行使他发现，如今的大清官场，从上到下，已经腐烂透了："臣经过直隶、山东、河南、湖广、江浙、广西、贵州、云南等省，但见商民半皆蹙额兴叹，而各省风气大抵皆然。"也就是说，我这一路上接触到的人，几乎没有一个不在跟我诉说当地官员如何贪污腐败。每个省都这样。如今咱们的大清天下啊，已经非常危险。不过，作为一个京官，他没有时间，也没有权力，在地方上一一调查取证。

"若问勒派逢迎之人，彼上司属员昏夜授受，外人岂能得见？臣自难于一一指实。"就是说，人家行贿受贿，我也不在现场，那些具体账目，我也不是当地管事的官员，没法儿一一指出实据。

不过尹壮图说，如果皇上您不相信我的话，那么您可以派一个信得过的满洲大臣，和我一起去各地密查一番，相信真相会马上水落石出。

看到这里，乾隆气得浑身发抖。他提着颤抖的笔，在一旁批了一句话："竟似居今之世，民不堪命矣！"（《清高宗实录》）也就是说，竟然好像在我堂堂大清盛世之中，老百姓都活不下去了！这不是胡说八道吗？

说起来也难怪乾隆如此怒火中烧，他即位五十五年来，天天勤奋工作，没有一天不坚持批阅奏折，为了大清王朝的发展可以说是殚精竭虑，所以大清才进入极盛之世。他认为，如果说当今天下一两个省有亏空，一两名官员存在腐败行为，这本在意料之中，因为天下事不可能十全十美。不过这是一个指头和九个指头的关系，是局部与全局的关系。但尹壮图居然在奏折中将大清各省一网打尽，说所有地方都“吏治废弛”，这岂不是用一个指头取代了九个指头，将大清政局描绘得一团漆黑，完全否定我五十五年的统治成绩吗？

情绪激动的乾隆当天就下达了长篇谕旨，说他绝不相信尹壮图的话，因为自己统治五十五年来，“自谓勤政爱民，可告无愧于天下，而天下万民亦断无泯良怨朕者。”（《清高宗实录》）就是说，我五十五年来勤政爱民，尽心竭力，老百姓都特别拥护我，不可能有人昧着天良埋怨我。

对于这个尹壮图，乾隆的印象原本是不错的。他原本觉得尹壮图是个老实人，虽然才干不算特别突出，但勤勤恳恳，认真负责。因为有点书呆子气，不太会来事，所以中了进士后，始终在礼部主事、郎中这些闲职上晃来晃去。还是乾隆皇帝开恩，几年前特意把他提拔为内阁学士并兼礼部侍郎衔，让他享受侍郎级待遇。按理说，这个人对皇帝应该是感激涕零，何以在皇帝八十大寿这样喜庆的时候跳出来，对大清政权进行这么荒唐透顶的攻击呢？乾隆真是百思不得其解。

在上谕中，乾隆对尹壮图的动机进行了公开的分析。他说尹壮图之所以做出这样荒唐的举动，应该是自揣学问平庸，官升不上去了，所以想借这道奏折，出出名，获得一个为民请命的名声，又可借盘查仓库的机会，沿途进行勒索，名利双收。

乾隆皇帝于是决定，就按着你尹壮图所说的那样，我派人去查仓库。他命令户部侍郎，也就是户部主管各地仓储事宜的大臣庆成，带着尹壮图前往直隶、山西等省，盘查仓库。乾隆要公开和尹壮图打一个赌，要看看大清天下的仓库到底是满的还是空的。如果果然像尹壮图所说，都是空的，那么我就承认我这五十五年都白干了，承认我是个傻瓜，所有的大臣都是在欺骗我。但是，如果是满的，你尹壮图所说不实，那么也要“自蹈欺罔之咎”，就是说，你也逃不了欺君大罪！

这道谕旨一下，整个大清官场都立马精神了起来，所有人都睁大眼睛，看着乾隆和尹壮图的这个赌，到底会有什么结果。

乾隆皇帝自降身份，和尹壮图公开设这个擂台，打这个赌，并不是人老糊涂，而实在是因为尹壮图的奏折，关系到如何判断大清帝国的政治形势，如何评价乾隆五十五年的统治成绩这样一个根本性的问题。乾隆与尹壮图生活在同一个时代，对形势却做出了截然相反的判断。那么，乾隆五十五年的政治局面究竟是什么样的呢？

其实尹壮图并没有说谎。

在乾隆四十五年之前，大清王朝确实基本上像乾隆说的那样，处于极盛之世：国势稳定，政治清明，经济发展，人民安居乐业。人口从一亿多翻了一番，形势一片大好。

不过到了乾隆五十五年，情况已经大不一样了。

让我们先看一下外国人是怎么看当时的形势的。乾隆五十五年，朝鲜国有一队使臣访问了中国。

回国之后，这些使臣这样向朝鲜国王描绘大清朝的情景：“（清国）大抵为官长者，廉耻都丧，货利是趋，知县厚馈知府，知府善事权要，上下相蒙，曲加庇护。”及至乾隆六十年，他们的评价是：“货赂公行，庶官皆有定价。”（《朝鲜李朝实录》）就是说，大清王朝此时已经腐败透顶，官员们廉耻丧尽，只知道买官卖官。每个官职，都有公开标价。

这是外国人的说法。乾隆本朝人的说法更具体。

学者洪亮吉描述乾隆晚年腐败的普遍程度说，当时大臣中洁身自爱者与贪污的人之比，是一比九或者二比八。“即有稍知自爱及实能为民计者，十不能一二也，此一二人者又常被七八人者笑以为迂，以为拙……而大吏之视一二人者亦觉其不合时宜……是一二人之势不至归于七八人之所为不止。”（《洪亮吉集》）也就是说，这一两个洁身自好的人，会被别人笑话，说他太迂腐，太笨，觉得他太不合时宜，因此这一两个人最后搞得也不得不同流合污。

所以说，事实上，尹壮图之所以上疏，完全是出自一片拳拳忠君爱国之心。在京城当官的二十年间，他一直听信朝廷的宣传，认为大清王朝蒸蒸日上，正处于历史最好的时期。虽然经常听到和珅专权纳贿的传闻，他也认为这不过是局部现象。但是这次回老家的所见所闻却粉碎了他头脑中的思维定式。一路上不论是与乡绅故旧在酒桌上闲聊，还是与贩夫走卒们在路上交谈，几乎所有的人都在咒骂朝廷，咒骂官员。所以他一回到京城，就马上上了这道折子。那意思是和皇上说，皇上啊，不得了了，你必须得管一管了。

如前所述，乾隆晚年，腐败已经发展到了触目惊心的程度，乾隆却一直没有一个清醒的认识。这是为什么呢？

这是因为，越到老年，乾隆的心理定式越强化：在他的统治下，大清形势总是大好的，成绩总是主要的，问题总是局部的。他多年经营的大清江山，是铁打不破的。虽然乾隆晚年连续爆发多起贪污大案，但这些不过是一个指头的问题，不影响大局。

按理说，乾隆皇帝一直很英明，智商很高，为什么别人都看得清清楚楚的问题，他却视而不见呢？一个重要的原因，是晚年的乾隆成了彻头彻尾的“洞穴人”。

什么叫“洞穴人”呢？有一位学者说过：“长期执政的人容易形成一种‘权力幻觉’……权力成为一个洞穴，而这个权势人物就成为穴居人。他是自己权力的俘虏。他看到的、听到的，都是支撑权力的正面信息，负面的信息都作为错误的信息被清洗掉了。在他的周围形成了一个机制，它自动地过滤掉错误的信息，输入正确的信息。在此情况下，这个领袖往往无法正确地看待自己和世界，他甚至都无法对自己的力量形成恰当的符合实际的判断。”（《“倒萨战争”与萨达姆的结局》）

中国古代的皇帝特别容易变成“洞穴人”，因为他周围聚集着大量专门窥测他的心思的人。乾隆早年非常精明，因此大臣们一般也不敢在他面前说假话。然而到了晚年，他却越来越喜欢听好话，听奉承话，大臣们自然也就窥测风向，越来越报喜不报忧。在大量的“正面报道”包围下，他对尹壮图这个“负面报道”，才如此意外，如此愤怒，所以他才要与尹壮图打一个擂台。他要证明，目前大清的形势是史上最好，不是小好而是大好，而且还会越来越好，好得不能再好。

擂台已经摆下了，整个大清王朝都拭目以待。但是，这个擂台有一个严重的问题：乾隆所制定的游戏规则，是不公平的。

如果要戳穿“极盛之世”的纸糊外衣，办法很简单，那就是暗访一下，那些仓库里到底有没有存银存粮，一下子就查出来了。尹壮图也是这样想的。

然而乾隆却不给他这个机会。乾隆皇帝明确拒绝了尹壮图密查的要求，理由是什么呢？是“无此政体”，也就是说，没有这个先例。不但不允许密查，乾隆还规定尹壮图每到一处，朝廷先派快马提前五百里通知地方官。

乾隆为什么这么干呢？因为他虽然不愿意听到批评，但是他心里也很清楚，当今天下难保没有一两个省真的存在仓库亏空。如果真的派尹壮图进行暗访，查出亏空，他的面子往哪里放！乾隆皇帝和尹壮图的分歧点并不在于亏空的有无，而在于，乾隆皇帝认为，这些现象是局部的、可控的，尹壮图却认为这是普遍现象。因此，乾隆才拒绝尹壮图“密往查访”。

在如此明查之下，结果可想而知。

所以，尹壮图还没有出发，这个赌局事实上胜负已定。但是，擂台已经摆下了，皇帝命令已经下了，形式还不得不走。于是第二天，户部侍郎庆成就带着尹壮图上路了。

因为怒火中烧，乾隆皇帝就变得特别刻薄。他在谕旨中还特别加了一条，说庆成是因公出差，一切费用国家报销；你尹壮图是自愿前去盘查，自找多事，所以不能给他提供差旅路费，一路花销银子，由他自己负责，皇帝说，这样是以示国家大公。

于是，庆成坐着八抬官轿，在前边走，尹壮图骑着匹骡子，孤零零跟在后面，第一站来到了山西大同。

山西官员好几天前就接到了通知，做了充分的准备，检查的结果当然毫无悬念。地方官员领着两位检查官，一个个打开粮仓银库，一本本核对账目，果然仓库银两“丝毫并不短少”，所储粮食“石数亦皆相符”。

再不知趣的人到这个时候也知道应该怎么办了。老实的尹壮图终于学会说谎了。他用极为认真的语气，详细汇报了检查过程以及检查结果。然后，他无比沉痛地总结说，自己以道听途说的材料来“冒渎圣听”，实在是丧心病狂，“戆愚”之至。经过皇帝的圣旨和事实的双重教育，他深刻认识到自己对大清天下的判断是彻底错误的。当今天下府库充实，政治清明，形势大好。他恳请立即回京治罪，让皇帝早些把自己投入大牢，好省下心思来办别的大事。

尹壮图的汇报终于满足了乾隆的期望。乾隆五十六年正月初十，皇帝发表长篇上谕，说，查访的结果已经出来了，事实证明他的判断是正确的，尹壮图在事实面前，不得不认罪了。

“庆成带同赴山西、直隶、山东、江南等省，盘查仓库，俱无亏短，是尹壮图逞臆妄言，其罪已无可逭（huàn）。……”（《清高宗实录》）

乾隆皇帝还说，事实证明，尹壮图这么做，只是为了自己出名，不择手段往上爬，“其希荣卑鄙之念，朕早已灼见其肺肝”（《清高宗实录》）。对他肚子里的那点小算盘早已经洞若观火。尹壮图污蔑国家，证据昭然，其罪甚大。

不过不知为什么，乾隆皇帝总觉得尹壮图这桩罪过虽然“甚大”，却还是不足以服众，不足以让天下百姓认为尹壮图是个坏人。他还要继续寻找尹壮图的过错。

经过严密调查，乾隆终于发现尹壮图的另一个错误。原来尹壮图的老母已经七十多岁，仍在故乡云南生活，尹壮图没把她接到京城来养老。乾隆皇帝说，孝道乃人伦之首。既然你不能将老母接来北京，就应辞职回乡供养。你尹壮图二者都不选择，一个人在京做官，把老母亲扔在云南，“恋职忘亲，弃之不顾，尚得谓之人类乎？尹壮图不但无君，而且无亲……立交刑部治罪。”（《清高宗实录》）无君无亲，你还算是个人吗？罪过还有比这更大的吗？

这么大的罪，应该如何处理呢？大臣们开了好几次会，最后决定按照“挟诈欺公，妄生异议律”，提出应该将尹壮图判处死刑，立即执行。（《清高宗实录》）

乾隆五十六年二月，乾隆皇帝对此案做了终审判决。出人意料，乾隆说，虽然大家对尹壮图的量刑是十分正确的，尹壮图所犯大罪，即便不杀头，也应该充军。但是皇帝特别仁慈。他尹壮图虽然卑鄙无耻，但皇帝我肚量如海，风格很高，对批评，一直是有则改之，无则加勉。因此“著加恩免治其罪，以内阁侍读用，仍带革职留任”。（《清高宗实录》）

乾隆皇帝处理尹壮图，为的是证明自己的一贯正确，为自己争取人心，所以他要摆出高姿态。定性从重，处理从轻，因此让尹壮图去当了内阁侍读。

不过千密一疏，乾隆忘了一件事。说来有趣，乾隆定尹壮图罪的时候，一个重要理由是尹壮图不回家供养老母。但是处理结果，却是让他继续在京任职。乾隆的这种做法，当然是自相矛盾的。

倒是尹壮图十分知趣，一通感激涕零之后，他以侍奉老母为由，申请辞职回家。辞呈一上，乾隆发现这个理由无法反驳，只好放他走人。乾隆五十七年八月，尹壮图领了圣恩，卷了铺盖卷，回老家养母去了。

一场史无前例的君臣赌局，就这样落幕了。乾隆晚年一次正视现实、解决问题的机会，就这样失去了。本来，如果乾隆能够虚心一点儿，那么尹壮图的奏折就可以替他揭开大清盛世的漂亮外衣，让他看到败絮其中的实质。不幸的是，晚年的乾隆，已经自大到失去了最基本的反思能力的程度。

回顾乾隆的一生，从早年的明智到晚年的颟顸（mān hān），从早年的勤政到晚年的懈怠，从早年的谦虚到晚年的自大，这种剧烈的变化，确实令人惊讶。不过回过头来想，乾隆这个人，从乾隆元年，到乾隆四十五年，基本上保持了勤政不懈。而乾隆四十五年之后，也仍然能每天按部就班地工作，批阅大量奏折，应该说，这差不多已经达到了人类意志力的一个极限，历史上其他皇帝是很难做到的。乾隆在登上皇位后四十五年才出现懈怠，被大臣们捧了四五十年才开始得意忘形，到了老年，才开始走向自己的反面，其实已经很不容易了。乾隆的变化，只能说明，没有制度的保证，只靠个人的自觉，任何一个人都会走向自己的反面。

那么，到了乾隆晚年，所谓的康乾盛世，实际上已经只剩下一层华丽的外衣，里面已经是百孔千疮。那么，在乾隆晚年，老百姓的生活水平又是什么样呢？说来也巧，就在尹壮图回云南老家那个月，也就是乾隆五十七年八月，有一艘英国战舰从英国朴次茅斯港出发，驶往中国。这些英国人，将在中国看到什么，又对乾隆盛世留下什么评价呢？

第十九讲

来叩门的英国人

截至上一章，我们大致讲述了乾隆一朝由极盛转为衰落的过程。以前我们所讲的这些，都是内政。内政和外交，是国家治理的两个方面，不可偏废。因此，不讲外交，我们对乾隆一朝的了解就不够完整。那么，乾隆一朝的外交有什么成功和失败之处呢？从这一章开始，让我们以英国马戛尔尼使团访华事件为切入点，来看一下乾隆朝的国际形势。

马戛尔尼

乾隆五十七年，也就是公元1792年的秋天，乾隆皇帝接到了两广总督郭世勋送来的一封紧急奏折，说是，有一个名叫“英吉利”的国家，想派人前来进贡。

郭世勋说，这个消息是英吉利国在广州的“商业总管”，一个名叫“百灵”的人，告诉他的。奏折后面还附上了翻译成中文的百灵的一封“禀文”。

这封禀文什么内容呢？

它的中文译本是这样说的：

> 英吉利国总头目官管理贸易事百灵，谨呈天朝大人，恭请钧安。我本国国王……闻得天朝大皇帝八旬大万寿，本国未曾着人进京叩祝万寿，我国王心中十分不安。……今本国王命本国官员，公、辅国大臣吗嘎尔呢，差往天津。倘邀天朝大皇帝赏见此人，我国王即十分欢喜，包管英吉利国人与天朝国人永远相好。……（《掌故丛编》）

注意，这里的辅国大臣吗嘎（gā）尔呢，就是后来我们常说的马戛（jiá）尔尼。这两个字的区别就是一个带口字，一个不带口字。在外国人名或者国名边上尽可能加上一个口字旁，这是清代翻译的惯例，意思是说，这些蛮夷都是些只重视口腹之欲的“兽类”，这种做法当然反映了当时清代人天朝上国的傲慢文化心态。

回过头来我们再接着说这封禀文，乾隆读了这封禀文，非常高兴。因为你看，这英吉利国的语气是多么“恭顺”！意思是说，前年乾隆皇帝八十大寿，他们知道信晚了，没赶上，没进贡，他们国王居然就“心中十分不安”。因此今年就巴巴地赶来给乾隆皇帝庆生日，如果皇帝肯赏脸见他，那么他们国王就会“十分欢喜”，看来这个英吉利国还真是懂得礼数。

另外，英吉利国这个名字，乾隆以前还没听说过。现在这样一个陌生的国家要来进贡，说明大清国的属国名单上，又将添上一个新的名字，乾隆想到这儿就更高兴了。

那时候英国国王叫乔治三世，虽然他在历史上不太有名，没有维多利亚女王那样有名，其实也挺了不起，他在七年战争中带领英国战胜了法国。七年战争是欧洲历史上一场非常重要的战争，是英国带领普鲁士等国家，和法国带领的奥地利等国展开的一场大战，主要冲突集中于1756年到1763年，也就是乾隆二十一年到乾隆二十八年。战争的目的，就是夺取殖民地和争夺世界霸权，所以战场不光有欧洲大陆，还打到了北美、中南美、印度和菲律宾这些地方，打得是非常惨烈，所以后来的英国首相丘吉尔认为，这才是真正的第一次世界大战。

战争的结果，是英国胜利了。英国从法国人手里夺取了加拿大、佛罗里达以及印度的大部分地区。从此英国成了海上殖民霸主，被称为日不落帝国。换句话说，这场战争标志着，英国成了世界第一军事强国。

那么世界上新兴的第一强国派人来祝贺乾隆八十大寿，为什么会被乾隆皇帝理解为是要归顺大清，做大清的属国呢？

在过去，中国传统王朝和周边国家的关系，基本上是一种“朝贡体系”。在这个体系中，中国自认为是位居天下中央，是文明之邦，所谓“天朝上国”，而四周的国家都是蛮夷之国。蛮夷之国，还分为两类，一类是明白事的，“倾心向化”，愿意派人进贡，表示臣服，学习先进文化，这类国家就叫属国，或者叫藩属国、进贡国。另一类呢，是没开化，不懂得向“天朝上国”学习的重要性，因此不进贡的，这些叫“化外之国”。打个比方，在传统时代，古人心目中存在三个世界。中国是唯一的第一世界，属国是第二世界。那些不进贡的国家，则是第三世界。在今天看来，这种世界观当然是主观的、错误的，但当时却是天经地义的。

所以，包括大清王朝在内的中国传统王朝，并没有什么平等外交的观念。历代王朝都没有今天外交部这样的机构，在古人看来，中国与属国的关系是君臣关系，是礼法关系，所以大部分朝代，外交事务主要是由礼部来管。只要你到中国来，我们就认为你是来向我们进贡的，把你一厢情愿地称为属国。因此在清代属国名单中，有一个很有意思的现象，不但有朝鲜、琉球这样的真正的属国，还有一些向中国派过使臣的欧洲国家，比如从康熙朝开始，就把和清政府打过交道的俄罗斯归为西北陆地属国。由海路而来与中国发生过外交往来的荷兰、葡萄牙、西班牙、罗马教皇厅（即意大利），都被清朝划为海上属国。当然，这些国家也许并不知道自己已经上了大清王朝的属国名单了。

乾隆时代的西洋钟表

历代中国王朝都特别重视属国的数量，因为“万国来朝”“四夷宾服”向来是中央帝国统治成功的重要标志。乾隆皇帝引以为自豪的一个重要成绩，就是在他的治下，清朝的属国数量创了历史纪录，达到二十多个。现在，又有一个叫英吉利的国家主动前来纳贡。这难道不是一件大喜事吗？所以乾隆大喜过望。

不过，高兴过后，乾隆也有一点儿疑惑。那就是，这个英吉利国从来都没有听说过，究竟在哪儿呢？它离中国多远？是个什么样的国家？

乾隆皇帝命人搬来一本世界地图，找了半天，虽然找到了传教士们常说的什么法兰西、罗马教皇厅，却没找到英吉利三个字的影。于是乾隆命人把宫中的西洋传教士叫过来，问问英吉利国是怎么回事。传教士们果然知道，告诉他，“该国在西洋之北，在天朝之西北”，与法兰西国大致同一个方向，是个特别善于制造器械的国家，以前皇帝玩的自鸣钟什么的，很多就是那儿生产的。一听这个，乾隆皇帝更高兴了，因为一向喜爱收藏的他非常喜欢的东西之一就是西洋钟表。

有人可能奇怪：乾隆皇帝不知道有英吉利这个国家，难道英国在乾隆朝以前就没和中国打过交道吗？

当然不是。事实上，在乾隆朝以前，英国已经和中国做了将近二百年的生意。而到了乾隆朝，英国更是中国第一大贸易伙伴国了。

据《闭关与开放——中国封建晚期对外关系研究》一书介绍，18世纪末，英国对中国的贸易输入值已占西方国家总值的百分之九十左右，输出值则占百分之七十以上。英国早已经是中国第一大外贸出口国，也是第一大外贸进口国。

就是说，中国出口到欧洲的东西，百分之七十都出口到英国了。而从欧洲进口的产品，更是百分之九十都来自英国。那么，为什么乾隆不知道英国的存在呢？这是因为，英国和中国贸易开始于明朝晚期，那时明朝官员对世界不了解，以为欧洲只有一个叫荷兰的国家。因为荷兰和中国做生意的历史最悠久，所以明朝官员知道荷兰这个国名，当时人管荷兰人叫“红毛番”。所以他们一看英国人，红头发蓝眼睛，就以为他们也是荷兰人，也管他们叫“红毛番”。到了清朝，这个叫法延续下来了。所以乾隆以前没有听说过英吉利这么个国家。

那么，为什么和中国做了将近二百年生意，英国都没想到与中国建立外交关系，唯独到了乾隆晚年，突然要派人来呢？

这是因为，此时的英国早已经不是二百年前的那个名不见经传、躲在荷兰身后的小国了。现在的英国，早已经战胜荷兰、西班牙、法国等昔日海上强国，成了新一代海上霸主。他们认为自己已经是世上最强大的国家，有底气来和大清王朝这个东方巨人握握手了。

事实上，在这次出使之前，有一位英国将军，就是在七年战争中带领英军打败了法国，征服了全印度的克莱夫勋爵，曾经提出一个重要建议，建议英国趁着征服北美和印度的余威，干脆把中国也灭掉算了。不过，当时的首相是老皮特，他比较谨慎现实，认为中国远比印度强大，是亚洲第一强国，还是握手谈谈再说。所以英国人派出了使团。

那么，派出使团和中国人谈什么呢？谈怎么扩大外贸。英国人迫切需要增加和中国的贸易量，因为过去的一百年，是英国经济发展特别迅速的一百年。从1698年至1775年，英国进口的商品增长了百分之五百，出口的商品增长了百分之六百。特别是从1733年，也就是乾隆即位的前两年开始，英国开始了工业革命，英国的纺织品、钢铁产品及其他工业制成品的质量迅速提高，行销全世界。但是，这些东西到中国，却卖不动了。英国从中国的进口增长是很快的，短短五十年间，英国从中国进口的茶叶增长了三倍。但是出口却没什么变化，除了卖给清朝皇室几座自鸣钟之类外的玩意儿，英国本土出产的东西，很少能在中国打开销路。

因此，当时来到广东的英国商船，船上只有百分之十是货物，另外百分之九十以上都是银子。英国人只能用现金来买中国的茶叶。中英贸易发展非常不平衡。

那么，在全世界都受欢迎的英国工业品，为什么在中国打不开销路呢？英国人认为，是清朝的贸易体制，给了英国商人太多的束缚。

那么，在清朝的英国商人要受到哪些束缚呢？

清代对外商的束缚主要有三个方面。

第一方面，生活上非常不方便。

清代实行一口通商，全国只有广州一个城市可以接待外商。外商每年只有在贸易季节，就是每年的五月到十月，才可以待在广州。另外半年，他们或者回国，或者待在澳门，不许停留在广州。而且待在广州期间，不能携带家属。

在广州，他们也不能住到广州城内，只准住在城外一条叫“十三行街”的街里头。这条十三行街两头都派人把守，禁止外国人随意出入。外国人只能在每月初八、十八、二十八三天，由清方组织，外出到指定地方参观学习一次，平时就得在街上老老实实干熬着。

而且外商出门，只能步行，不许坐轿，以示他们社会地位低人一等。特别是清政府严禁他们同普通中国人交往，不许外国人学汉语。中国人要是敢于教外国人读书，那是死罪。比如乾隆二十二年，两广总督李侍尧发现一个叫洪任辉的英国商人，不听清政府的命令，擅自到宁波去做买卖，抓起来一查，这个英国人不光会说汉语而且还会读汉字。李侍尧大吃一惊，当成一个大案要案来查，最后发现是一个叫刘亚匾的中国人教他汉语。于是李侍尧最后以“教授夷人读书”罪，把刘亚匾砍了头，把洪任辉关了三年，期满后驱逐出境。所以后来直到嘉庆年间，英国传教士马礼逊来到广州，想找个中国人学习汉语，还要把棉被蒙在窗子上，挡住灯光，来保护他的中文教师。这是生活方面的诸多限制。

除了生活方面，更大的不方便是外贸体制方面的。

清朝政府不但没有外交部，也没有专门管理外贸事务的政府机关，大清王朝的所有外贸事务，都委托十三行这个民间机构进行管理。

那么什么是十三行呢？所谓十三行，是清朝政府指定的十三家中国商行，专门负责与外国人做生意。外国商人到了中国后，所有的货物都只能先卖给十三行，由十三行再去转卖。不管这十三行给的价格多低，你都得卖他们。采购所有东西，都必须经过十三行，不管他们给的价格多高。如果他们在中国遇到什么困难，也不得直接找清朝政府反映，只能通过十三行提出请求。外商居住广州，一举一动都要接受十三行的管理。嘉庆二十一年，有一个英国商人感觉在广州生活太受气了，自己偷偷跑进广州城，想直接找地方官员反映情况，结果地方官不由分说，把他捆起来，送交十三行处理。所以十三行就成了一个半官半商的不伦不类的机构，经常欺负外商。

与此同时，广州海关还经常对外国商人敲诈勒索。

我们刚刚说过，清朝政府不屑于与外商发生关系。不过，清朝官员对外商带来的银子却非常感兴趣。清代的广州海关是众所周知的肥缺，为什么呢？因为他们的贪污腐败，非常厉害。外国商船到了广州后，要想靠岸，每条船就要交给各级官员以下礼金：

官礼银六百两；

通事礼银一百两；

管事家人丈量开舱礼银四十八两，小包四两；

库房规礼银一百二十两，贴写十两，小包四两；

稿房规礼银一百一十二两，掌按贴写四两，小包二两八钱；

单房规礼银二十四两，贴写二两，小包一两；

船房丈量规礼银二十四两，小包一两；

总巡馆丈量楼梯银六钱，又规银一两；

…………（海关监督尤拔世所订《粤海关改正归公规例册》）

这些钱，加一起，总计一千九百五十两白银。

清朝的广州海关为什么敢这么明目张胆地勒索外商呢？原因很简单，就是我们刚说过的，外商不得直接与清朝政府发生联系，必须通过十三行，这实际上就取消了外商反映问题的权利。所以外商在清朝海关官员眼中就成了一只只待宰的肥羊，无论他们怎么样被痛宰，都无法发出声音。

说到这里，可能有人比较奇怪。清政府为什么把外商管成这样呢？

这里面有两方面的原因。一个是自古以来的轻商观念所致。古人认为商人是四民之末，外夷又是人类之末，官员直接出面与外商打交道，就失了天朝上国的体面。

另一个更根本的原因是清代的外贸体制，不是为了发展经济，而是为了政治目的。所以清政府一方面与外国开展贸易，另一方面，很重视“华夷之防”，要把外贸规模控制在最少限度之内，以免给自己的铁打江山添任何麻烦。

清政府的这种对外防范心态在当年的“红溪事件”中表现得很明显。乾隆五年，在印尼发生了荷兰殖民者屠杀巴达维亚——今天的雅加达——中国华侨的“红溪事件”。那一年九月，荷兰士兵疯狂屠杀巴达维亚华侨，纵火焚毁华侨住宅，抢劫华侨财物，大屠杀持续了半个多月，杀死了一万多名无辜华侨。鲜血把巴达维亚城的所有溪流都染得通红，所以人们把这次惨绝人寰的屠杀事件称为“红溪之役”。

第二年，福建巡抚把这个事报告给了朝廷，请示朝廷怎么处理。那么乾隆皇帝是什么态度呢？

乾隆下了一道圣旨，说："内地违旨不听召回，甘心久住之辈，在天朝本应正法之人，其在外洋生事被害，孽由自取。"就是说，这些华侨本来都是在国内不安分的人，他们违法私自出洋，本来就是应该被处分的，所以在国外被屠杀是自找倒霉，我不管。

清政府对外一贯是这种态度，因此才从严控制商业，以免影响国内稳定。然而，这种想法，与英国的国力崛起形成极大反差。

在这个背景下，英国政府决定向中国派出使团。英国人认为，乾隆皇帝是一位伟大的东方君主，因此应该是一个通情达理的人。也许这么多年来他一直被广州海关所欺骗，一旦了解了真相，英明的乾隆皇帝应该会下令改革外贸体制。

所以英国此次遣使的第一个目的，是请求清政府改革外贸体制。

第二个目的，英国期望能劝说乾隆皇帝开辟更多新的更方便的港口来进行贸易，比如开放珠山、宁波和天津。

第三个目的呢，如果前两项要求都能顺利达到的话，他们还打算蹬鼻子上脸，再提出一个更过分的要求：请清政府像当初明朝把澳门给了葡萄牙一样，也给英国人一个小岛，让英国商人堆放货物，并长年居住。

此外，还有一个秘而不宣的任务："在不引起中国人怀疑的条件下，使团应该什么都看看，并对中国的实力做出准确的估计。"（阿兰·佩雷菲特《停滞的帝国——两个世界的撞击》）

也就是侦察一下中国的国力。

那么，英国使团这次访华进展得顺利与否呢？英国人能否实现这些目的吗？英国人认识到，要实现上述目标，他们就要进行充分准备。多年来跟中国人打交道，英国人非常了解清朝政府的骄傲自大。他们知道，如果以外交谈判的架势前往中国，很可能被拒之门外，所以他们找了一个非常好听的借口——向乾隆皇帝祝寿。万里迢迢来给皇帝祝寿，肯定能受到乾隆皇帝亲自接见。

要祝寿，当然就要准备寿礼。为了出使顺利，在准备礼品过程中，英国人确实动足了脑筋，费尽了心思。他们通过大量的调查研究，发现乾隆皇帝从小就特别喜欢自鸣钟之类的西洋机械制造品。

我们通常有一个误解，说清代闭关锁国，因此清代的统治者与外界毫无接触。事实上，虽然在体制上清朝与外国没有太多的接触，但是在奢侈品享受上，清朝皇室却一点儿也不落后。在清代中期，巴黎或者伦敦流行什么玩意儿，往往不久后就会随着商船或者传教士传入北京，因为清代皇帝都很喜欢西洋玩意儿。

比如雍正皇帝，大家都认为他是一个工作狂，成天没日没夜地工作，其实业余时间，他也是一个相当摩登的玩家。现在故宫博物院里还保留着他好几张穿西装、戴假发的画像。

乾隆皇帝受他的影响，从小就特别喜欢里面有很多机关的西洋玩具。他登基之后，西洋传教士西澄元专门为他研制了一头“自行狮子”。这头机器狮子体量大小与真狮子差不多，肚子里藏着发条，上足了发条，这头狮子能走上一百步。乾隆皇帝非常喜欢，没事就把这只狮子拉出来遛遛。（《乾隆皇帝大传》）

英国人从这些信息判断，乾隆皇帝应该是一个对科学技术和工业产品很感兴趣的人，而这些正好是英国的强项啊。英国人知道，其他国家的教士们已经向中国传播了一些欧洲科技，不过那都是一百年前的技术了。

所以英国人要选择那些最新的技术和产品，准备让乾隆皇帝大吃一惊。英国人在他们准备的礼品单的开头，写了这样一段：

> 如果赠送一些只能满足一时好奇心的时髦小玩意儿，那是有失礼貌的。因此，英王陛下决定挑选一些能显示欧洲先进的科学技术，并

能给皇帝陛下的崇高思想以新启迪的物品。（阿兰·佩雷菲特《停滞的帝国——两个世界的撞击》）

那么英国人到底准备了些什么好东西给乾隆皇帝呢？

第一件，是一个太阳系的模型，叫天体运行仪。从这个仪器上可以看到太阳运行的轨道，可以看到带着四颗卫星绕着太阳转的木星，以及带光圈及卫星运转的土星，等等。这个仪器能非常准确地模仿地球的各种运动，模仿月球绕地球的运行，所以这架天体运行仪能够推算出一千年内的所有日食。可以说，这是代表了当时欧洲天文学和机械制造学最高水平的一件产品。英国人对这个东西非常自豪，认为一定可以引起乾隆皇帝的注意。

另一件礼物是“赫斯色尔”（F.W.Herschel）望远镜。1668年，也就是清朝康熙初年，二十六岁的牛顿制成人类历史上第一架反射望远镜。到了18世纪后期，另一位英国科学家赫斯色尔又对反射望远镜加以改进，并用它在人类历史上第一次发现了一颗新行星——天王星。他还用大型反射望远镜证实了银河系的存在。他的发现在整个欧洲都引起了轰动，欧洲各国国王都跑到英国来参观赫斯色尔望远镜。所以，英国人也给乾隆皇帝准备了两个望远镜。

英国人送给乾隆这些东西，显然是要展示他们在基础科学方面的世界领先地位。

英国人带的另一个大件是为乾隆皇帝特制的一个巨大的地球仪。它上面不但标出了地球各大洲的各个国家，更重要的是，英国人还在上面标出了英国的海外殖民地，英国远征地球的航海路线。很显然，英国人是想以这件东西，向乾隆显示英国的军事实力。

与这个地球仪相配合，英国人还送给乾隆一个战舰的模型。英国人在说明中说：“欧洲其他国家都承认英国是世界上最强大的海洋国家，因此英王陛下想在给皇帝陛下派遣使团的同时派遣几艘最大的船只，以示敬意。但鉴于黄海里有暗礁，而欧洲的航海家又根本不熟悉这段航路，英王陛下不得已派遣一些较小的船只。另外，英王陛下赠送给皇帝陛下英国最大的、装备有最大口径的火炮110门的‘君主号’战舰的模型。”（阿兰·佩雷菲特《停滞的帝国——两个世界的撞击》）

这件礼物当然是想向乾隆暗示英国海军的实力。

除了这些大件之外，英国人带的另一类礼品是武器，其中有榴弹炮、迫击炮，还有卡宾枪、步枪、连发手枪。送乾隆这些，为的是表现英国在武器制造业上的绝对优势。

英国人相信，这些全人类文明的最新成果一定会让乾隆皇帝大开眼界，目瞪口呆，充分认识到大英帝国的实力。

为了达到这个目的，英国人组织的这个使团规模也非常庞大。

使团团长，是英国国王的亲戚、著名外交家马戛尔尼勋爵。他是英国的一个资深外交家，担任过英国驻俄公使、加勒比总督和印度马德拉斯总督，走遍了全世界。副使叫乔治·斯当东，也是一位外交老手，一直在做马戛尔尼的副官。使团人员加上水手，一共七百人，这是英国历史上规模最大的外交使团，在此之前从来没有过。除了外交官，使团中还有英国的学者、医生、画家、音乐家，以及大量工程技术人员。英国人甚至还带去了一个热气球驾驶员，如果乾隆皇帝感兴趣，就可以坐着英国的热气球到天上转一圈。那样的话，他就会成为东半球第一个飞上天空的人。

带着这些礼品，1792年9月，马戛尔尼使团分乘战舰狮子号、印度斯坦号和护卫舰豺狼号，从英国南部的朴次茅斯港出发了。

在出发之前，英国人先通过十三行，给两广总督发了封公文。这就是开头我们看到的所谓百灵的禀文。

禀文除了我们开头所引的内容，最后还有这样一句，说是：马戛尔尼即日扬帆前往天津，带有进贡贵重物件，内有大件品物，冀早日到京。

（《清高宗实录》）

就是说，英国人知道，依清朝政府规定，海上到达的外国使臣一律要由广州上岸。但这次英吉利人请求破例由天津登陆，因为他们带着这么多贵重的礼品，其中有许多体积庞大，如果由广州登陆，陆路行走过远，很容易把这些贡品给磕了碰了。

晚年的乾隆，沉溺于享受生活，物质欲望越来越强烈，对奢侈品，对各种精巧新奇之物是越来越感兴趣，所以乾隆皇帝看到这句话，更高兴了。英国人成功地吊起了乾隆的胃口，他回复两广总督郭世勋，破例批准英国人的请求。

乾隆说："阅其情词极为恭顺恳挚，自应准其所请，以遂其航海向化之诚。"（《清高宗实录》）就是说，英国人既然这么恭顺恳切，就不妨破个例，满足他们倾心向化的一片热诚之心。

马戛尔尼使团一行三艘大船，七百人，经过在海上九个月的漫长行驶，终于抵达了中国。1793年7月底，他们到了天津。

那么，英国人这次出使，是否达到了他们预定的目标？他们带来的这么多礼物，又是否让乾隆皇帝大吃一惊，认识到世界科技发展的潮流呢？

第二十讲
英国人的礼物

公元1793年，英国使臣来到大清王朝，带来了大量的礼品。

英国人的这种做法，确实吊起了乾隆的胃口。所以马戛尔尼一行人一到天津，就发现乾隆早已经派人等候在那里了。清朝官员一上英国大船，开口就问你们到底带了些什么好东西，所以马戛尔尼赶紧把事先准备好的礼品名单，以及详细的说明书交给了这两名官员，让他们转交给乾隆皇帝。

乾隆皇帝这时候在哪里呢？在承德。七月份嘛，他在承德避暑山庄避暑，他的生日庆典下个月也将在这里举行。天津官员赶紧以最快的速度把礼品单送到承德，当然，中国翻译把它翻成了“贡单”。乾隆皇帝一看“贡单”，虽然看不太懂，但是能看出这都是非常新奇的东西，所以很高兴，他指示，既然贡品有大有小，有的便于运输有的不便运输，那么把其中体积比较庞大的八件，就留在北京安装，等他回到北京再看，省得运到承德弄坏了。其余那些小一些的，要随“贡使”一起，运到承德，让他先睹为快。乾隆指示，这些英国使臣不远万里来给他祝贺生日，因此一路上要给英国使臣最好的招待，好吃好喝，不要让他们受了委屈。

中方官员收到乾隆的指示，赶紧把它传达给马戛尔尼。马戛尔尼看到乾隆这个反应，很高兴，也很兴奋。于是他们在北京短暂地休息一下之后，日夜兼程，赶往承德，希望早点见到乾隆皇帝。

经过长途跋涉，马戛尔尼一行人终于到了承德。马上要见到最伟大的东方统治者乾隆皇帝了，英国人心中非常期待。然而这个时候，谁也没想到，双方却产生了一场严重的冲突。特别是对于事先自认为已经做足功课，做好了各种准备的马戛尔尼来说，这件事情更是出乎他的意料。出了什么事呢？

原来，中方官员把英国使臣安排住下之后，和他们提起了一件事：过几天，你们就要见皇帝了。你们见皇帝，得三跪九叩。这三跪九叩到底怎么个叩法，你们会吗？咱们先拿出几天来演礼，也就是先演习一下怎么叩头吧！

马戛尔尼一听，愣住了。什么？三跪九叩？那可不行！你们把我们英国人当什么了？我们来这里，是想和你们建立平等的外交关系，怎么能让我们三跪九叩呢？

清朝官员一听，也傻眼了。什么？平等的外交关系？我们天朝上国，和你们怎么可能有平等的外交关系？你们不是来给我们皇帝进贡称臣来了吗？

马戛尔尼一听急了，什么进贡称臣，我们是世界上最强大的国家，殖民地遍布全球，怎么可能给你们进贡称臣！

清朝官员一听，把之前我们提到的英国的商业总管百灵写的那封禀文拿出来了，说，你看，这不是你们写的禀文吗？你们在禀文里表现得多么恭顺啊，怎么到这儿又不听话了呢？

确实，我们提到过的所谓英国商业总管百灵的禀文，语气非常恭顺。当然，我们说的是翻译过来的汉语。英国使团团长马戛尔尼叫过自己的翻译，把这篇汉语翻译的禀文研究了一遍，发现问题了。原来英国人的禀文用现代汉语翻译过来应该是这样的：

仁慈的英王陛下听说：贵国皇帝庆祝八十万寿的时候，本来准备着英国住广州的臣民推派代表前往北京奉申祝敬，但据说该代表等未

> 能如期派出，陛下感到非常遗憾。为了与贵国皇帝树立友谊，为了改进北京和伦敦两个王朝的友好交往，为了增进贵我双方臣民之间的商业关系，英王陛下特派遣……作为全权特使代表英王本人谒见中国皇帝，深望通过他来奠定两者之间的永久和好。（斯当东《英使谒见乾隆纪实》）

这封信的语气本来是礼貌诚恳，不卑不亢的。然而，在清代，所有的外国文件，都要由官方的翻译翻出，而这些翻译很清楚朝廷和官员的心理，翻译时经常添油加醋，把外国来文的语气加工得十分“恭顺”。所以翻译们在汉文中添加了“谨呈天朝大人，恭请钧安”“虔叩天地保佑天朝大人福寿绵长”等原文中根本没有的“惯用语”。还说什么“倘邀天朝大皇帝赏见此人”，他们就不胜感激，等等。同时，把“为了改进北京和伦敦两个王朝的友好交往”等表达平等交往意图的文字，一律删去了。所以乾隆皇帝一读，就以为英国人是前来进贡的。

马戛尔尼弄明白了是怎么回事，气坏了，说，我们不是这个意思，我们在英国，除了对上帝，从来不会双腿下跪。所以想要我们三跪九叩，没门儿。

清方官员一听，也气坏了。以前他们接待过无数外国使臣，也包括一些西洋的使臣，从来没有人拒绝下跪的，怎么到你们这儿就不行了？

于是两国官员就这样僵持不下。

这个事震动了整个朝野。我们知道，中国是一个极为重视礼法的国家。在传统社会，礼仪意味着秩序，意味着纲常，是天大的事，绝对不能让步。所以乾隆马上派他认为最能干的大臣和珅亲自去谈这个事。

英国人记载，在谈判的场合，清朝官员都非常生气：“和中堂接见公使的时候坐在正中一个铺着绸的高椅上，两旁有四个大臣。”“他们见了我们也不起立，态度冷漠，语气傲慢专横。”（斯当东《英使谒见乾隆纪实》）

为了到底跪还是不跪，和珅和马戛尔尼谈判了许多回。双方谁也不肯让步，对清朝官员来说，这关系到清朝的天朝上国地位；对马戛尔尼来说，这涉及大英帝国的尊严，没法儿退步。但是双方又都不想谈崩。对英国使团来说，万里迢迢来到东方，最后因为这样一个小小步骤见不到乾隆，实在可惜。而对乾隆皇帝来说，英国人前来进贡的消息已经传遍全国，如果最后把英国人赶跑，脸上也不好看。所以谈到最后，还是办事圆滑的和珅给出了一个解决方案，双方各退一步，英国人同意在各国使臣都行礼的时候，他们混杂其中，单膝跪地，随众俯首，跪三次，俯首九次，中方也不再勉强他们非要把头碰在地上。这样在在场的人看来，英国人也算是行了三跪九叩礼了，顶多行得不是很规范而已。晋见因此勉强得以举行。

所以公元1793年，也就是乾隆五十八年八月十三日凌晨，隆重的“万寿”庆典活动在承德避暑山庄正式举行。这一天一大早，英国使臣随着其他各国使臣一起进了帐篷，见到了这位地球上统治着最多人口的著名君主。英国使团团长马戛尔尼回忆说：

> 我仔细观察乾隆皇帝，发现他的精神气质不错，很像我们英国的老年绅士，精神健旺，八十多岁了，看上去不过六十多。（斯当东《英使谒见乾隆纪实》）

使团的礼品总管约翰·巴罗，在他回忆录中的记述更为传神：“八十三岁的乾隆毫无一丝龙钟老态，有着一个身体健壮、精神矍铄的六十岁人的外表。他的眼睛漆黑，目光锐利，鼻子鹰钩，即使在如此高龄，面色仍相当红润。我估计他身高约五英尺九英寸，腰板极其挺拔。他的精力充沛，一生的操劳都没能令其衰弱。”（约翰·巴罗《我看乾隆盛世》）

英国使臣按着约定，混杂在贺寿的队伍里面行礼如仪，大家并没有发现什么异常，乾隆皇帝当时也并没有流露出任何不悦。

不过，庆典结束后，马戛尔尼发现，清朝政府对他们的接待标准迅速降低。每天送来的饭菜数量只有以前的三分之一，而且远远不如以前可口。显然，清朝官员想通过这种方式表达对“不懂事的英国蛮夷”的愤怒。马戛尔尼也知道，行礼事件，降低了出使成功的可能性。

不过，英国人对于此行还抱有希望。为什么呢？因为乾隆皇帝将在生日过后第二天，观看他们带来的部分礼品。在从战争中崛起的英国人看来，国家力量主要建立在军事及物质实力之上。虽然带到承德的只是部分礼品，但是其中有一些武器，这些武器展示了英国在军械制造上远比清朝领先。

确实，英国人在典礼上的傲慢，并没有影响乾隆皇帝对英国礼品的好奇。庆典后第二天，乾隆就命人把英国礼物拿过来，一一观看。

然而这一见，却完全没有达到英国人设想的效果。对这些英国人精心准备的礼物，乾隆皇帝并没有感觉有什么了不起。为什么会是这种结果呢？

首先我们得介绍一下，运到承德的这批礼物都包括哪些呢？

乾隆皇帝看到的这批礼品体积都比较小，内容如下：

两百匹呢料；两台大望远镜；两支气枪；两支漂亮的猎枪，其中一支嵌金，另一支嵌银；两对加长了像步枪的马枪（可一次连射八发子弹）；两箱爱尔兰特产波纹绢，每箱装七匹；两箱高级英国手制华贵地毯；还有一大批英国贵族和名人的肖像。

乾隆细细观看了这些“贡物”，有点失望。他没看到类似“自行人”“机器狗”那样巧夺天工的玩具。他并不需要呢料，在他的印象中，英国的呢子除了做帽子外没什么别的用处。至于英国人认为非常厉害的枪械，乾隆感觉也没什么了不起。虽然这些英国枪支做工很别致，但他拿到手上，感觉不太习惯。英国人认为只要上手一试，开上几枪，乾隆就会发现这些英国枪支的准确性比清朝土产的要强很多倍，但是乾隆认为大生日的舞刀弄枪不太适合，所以他也没试用。至于英国人非常重视的赫斯色尔反射式望远镜，在乾隆看来，也没有任何新奇。英国人说得那样天花乱坠，结果不就是“千里镜”吗？千里镜这东西，在康熙年间就传到过中国。这两架大的望远镜他看了半天，除了别的望远镜是从正面看，这是从旁边看之外，似乎没有什么本质上的区别。虽然英国人在写礼品清单时，十分强调这架望远镜的特殊之处，还特意强调了它是大科学家牛顿所发明。可是中方翻译图省事，翻译得非常简单。

说明书原文是：“它不同于一般普通的望远镜。普通的望远镜通过镜头直接透视观测目标，这样望远的程度是有限的。它是从旁观透视观测目标在镜头上的反射。这（望远镜）是我国大科学家牛顿所发明，其后又为我国天文学家赫斯色尔所改进。这两个人在科学上的重大发明创造值得将他们的名字上达贵国大皇帝的听闻。”

中方翻译是怎么翻译的呢？说明书被翻译成这样的内容：此镜规矩不是正看是偏看，是新法。乃名赫汁尔之天文生所造的。将此人姓名一并禀知。（《第一历史档案馆档案》）

你看，这样翻译，根本没有说出要害，所以这些东西让乾隆皇帝感觉兴趣索然。

真正让乾隆皇帝感兴趣的是那批英国贵族的肖像，他觉得这些肖像画得很好、很逼真。不过，对于西洋画法，宫中的西洋画师郎世宁早已经向乾隆展示过了。所以乾隆认为，这也算不上什么新奇。总之，对于送到承德的这些礼品，乾隆皇帝感觉相当失望。

不过对于留在北京的那八个大件，乾隆还是充满期待的，可能那些好东西都在北京吧。为了早点见到这批礼品，乾隆甚至取消了每年生日之后都要举行的狩猎活动，提前返回北京。回到北京后，他连北京城都没进，而是直接跑到圆明园去看贡品。

然而乾隆皇帝对这些大件的反应，仍然不是很好，英国人对天体运行仪寄予了很大希望。清朝人的宇宙观还停留在天圆地方阶段，而英国人已经通过仪器，直观地展示了地球是如何围绕太阳运动的。可惜，在清朝官方翻译过来的清单中，这个仪器到底是干什么的，都没弄清，翻译说它叫“天文地理大表”，说它是用来测算节气的。乾隆一听，我们中国几千年前就会测节气，根本用不着你们英国人弄这样一个笨重的大表。乾隆皇帝命人打开这个大表，看看是不是与以前见过的钟表有什么不同。

但是清朝的官方工匠打开大表，向乾隆汇报说：连日留心看得大表内轮齿枢纽运转之法，并无奇巧，与京师现有钟表做法相同。（《第一历史档案馆档案》）

乾隆皇帝因此对它就没了兴趣。

至于地球仪，乾隆更看不上眼，因为这东西康熙的时候就传到中国来了，宁寿宫、乐寿堂里的地球仪已经放了上百年了。我们提到过，英国人在地图上标出了他们的海外殖民地，并且画出了他们军舰的航海路线，想要展示英国海军的力量。但是翻译没有表达出这样的意思。

他们把内容翻成：“天下万国四州山河海岛，都画在球内。亦有海洋路道，及画出红毛船只。”（《第一历史档案馆档案》）

因此英方的意思，乾隆根本没有领会到。

在诸多礼品中，英国人最希望能引起乾隆重视的是“君王号”战舰的模型，这是一艘装备着一百一十门大炮的战列舰，是英国舰队中最厉害的一艘战船。确实，乾隆皇帝走到它前面的时候，被它吸引了片刻。但是这样的模型，只有专业的讲解才能说明它厉害的地方。可惜，虽然马戛尔尼跟着乾隆回到了北京，但是因为他不愿意在乾隆面前下跪，乾隆就没让他陪同参观讲解。所以乾隆皇帝自己围着战船模型看了半天，也没看出什么名堂。

乾隆皇帝感觉很扫兴地走了。不过他后来还是补看了一下英国迫击炮的演练，想看看英国大炮有什么厉害之处。不过很不幸，乾隆没有用英国专门派来的炮手，因为乾隆担心他不给自己下跪。而清方的炮手根本不知道英国新式火炮如何施放，他用的是清朝自己的炮弹，因为炮弹与炮筒对不上，炮弹飞出没多远就落地了。乾隆很不高兴，认为英国人骗了他。总的来说，乾隆皇帝认为英国人爱吹牛。这些东西货不对板，空欢喜了一场。

出现这样的结果，当然有很多偶然因素，比如因为乾隆生日，所以他不想大生日的试用手枪，比如他没听到英方专业人员解讲和翻译，但更主要的是因素，是乾隆对自然科学，缺乏基本素养。乾隆皇帝曾经写过一首诗自嘲：

> 皇祖精明勾股弦，惜吾未习值髫年。而今老固难为学，自画追思每愧旃（zhān）。（《御制诗全集》）

就是说，我祖父康熙对几何数学都很精通，可惜我上学的时候没学这些知识。如今老了，也学不动了，想到这些，感觉有点可惜。

确实，康熙皇帝对西方还是比较了解的，他那时候已经知道西方人绕了地球一周，完成了地理大发现，所以他说出一句著名的话："千百年后，中国恐受其累。"（《清圣祖实录》）

就是说，西方的科学技术发展很快，千百年后，可能要给中国造成麻烦。

不过，乾隆可没有康熙这样的见识。乾隆虽然喜欢收藏西方的钟表机器，但他只是作为娱乐，理解不了这些机器背后的科学价值。所以乾隆皇帝对英国礼物的这种反应，也在情理之中。

听说自己的所有礼物，都没能引起乾隆的兴趣，马戛尔尼也很失望，他们不懂是怎么回事。不过马戛尔尼还保留了最后一丝希望，因为英国使团还准备了最后一样东西。这东西虽然不是什么高精尖产品，但英国人认为它肯定会在中国打开销路，成为对华出口的主要货品。这就是英国马车。

英国人一到中国，就发现中式马车实在太不舒服了。中国的马车从汉代开始就没有大的变化。车轮是木头制造的，座位正好位于轮子上方，又没有弹簧等减震设备，因此人坐在上面，颠得非常难受。连乾隆皇帝坐的马车也是一样的不舒服："皇帝轿后有一辆二轮马车，式样笨重，又无弹簧座位，同中国的普通马车相差无几。"（约翰·巴罗《我看乾隆盛世》）正好，英国以制造最精良的马车闻名，英国国王这次也赠送给乾隆皇帝一辆马车，英国人认为，清朝的马车"同英国赠送的舒适、轻便、华丽的马车比较起来，简直无法比拟"。

马戛尔尼对这辆马车寄予了最后的希望，然而事实证明，这又是一厢情愿。英国国王送的马车，乾隆根本连看都没看见，因为车子的形制不合清朝的规矩："所有礼物当中，那辆哈切特制作的漂亮马车最叫中国人伤脑筋了。"

西式马车车夫的座位位居车厢的前面，且高高在上，车夫背对皇帝，不合清朝的礼制。

英国礼品总管巴罗说："那个老太监跑来问我，听说那个漂亮的高座是给车夫坐的，皇帝的座位在车厢里面，他面带讥笑地问道，难道我认为大皇帝会容忍有人坐的比他还高、把背冲向他吗？他想知道，我们是不有办法把那个驭座拆下来，移到车厢的后面去。"（约翰·巴罗《我看乾隆盛世》）

巴罗回答说，这个设计是为了保证车夫的视线，无法更改。太监说，那这辆车只能"束之高阁"，根本连让皇帝看看都不敢。英国人的最后一线希望落空了。

讲到这件事，就很容易让人想到乾隆的重孙媳妇慈禧太后的时候发生的另一件事：1898年，外国人送给慈禧太后一辆德国生产的第一代奔驰轿车。这辆大奔慈禧只坐了一次，就扔到一边不用了。为什么呢？因为这辆车里，司机坐在太后的前面，这让慈禧感觉很生气。所以后来这辆大奔就一直闲置在颐和园内，直到十年动乱期间，被扔进了废品堆。

英国人不愿意痛快地下跪，送的礼品又让乾隆不太满意，所以乾隆皇帝对英国使团非常反感。而马戛尔尼偏偏在这个时候，又通过和珅向乾隆送来了一封信。英国使团来大清，是干什么来的？可不是真的只为了给乾隆皇帝过生日，他们还有正事没办呢。他们在信中，正式提出了英国的几项主要要求。

一直到见到马戛尔尼的这封信，乾隆皇帝才明白了英国人的真正目的。即使是英国人痛快地给他下了跪，乾隆皇帝也绝对不会同意这些要求，何况他现在心情不好。乾隆皇帝当天就给英国使团下达了一道长长的谕旨，逐条驳回了英国人的请求。

关于英国人想与大清互派使节，乾隆皇帝说：

> 至尔国王表内恳请派一尔国之人住居天朝，照管尔国买卖一节，此则与天朝体制不合，断不可行。……岂能因尔国王一人之请，以致更张天朝百余年法度？（《清高宗实录》）

就是说，你们说派一个人长驻大清，照顾本国利益，这与我们天朝上国的体制不合，绝对不行。怎么能因为你们一国的请求，就改变我们百多年的法度？

关于开放珠山、宁波、天津，乾隆皇帝说：

> 向来西洋各国，前赴天朝地方贸易，俱在澳门，设有洋行收发各货，由来已久，尔国亦一律遵行，多年并无异语。……皆不可行。（《清高宗实录》）

就是说，一口通商这么多年，一直很顺利，所以不能更改。

关于英国人想“获得”一个小岛，放置货物，乾隆皇帝说：

> 天朝尺土皆归版籍，疆址森然，即岛屿沙洲，亦必画界分疆，各有专属……岂能各应所求。且天朝亦无此体制，此事尤不便准行。（《清高宗实录》）

就是说，我大清每一寸土地，都有明确的主权，这个事尤其不能答应你。

至于让生活在广州的英国商人，获得更大的自由这个小小的要求，乾隆皇帝同样断然拒绝。英国商人希望能住进城里，并且说，他们在广州期间，应该能骑骑马、打打板球，从事从事体育运动。但乾隆皇帝认为，这个问题过去早有过定制，不容更改。

关于改革广州贸易体制并公开关税税率，防止海关关员索贿，乾隆皇帝的态度也是向有定例，不容更改。

总之，马戛尔尼的所有要求，一字不落，全部被否定。

乾隆的这道谕旨，等于向世界宣告了通过和平方式打开中国大门的不可能。乾隆根本不知道，自己犯下了一个多大的错误，会带来多么严重的后果。

对乾隆皇帝的做法，我们应该从两方面去看。

一方面，他坚决拒绝英国人要求划给他们一个小岛的请求，维护了大清领土主权的完整，这毫无疑问，是正确的，维护了国家利益。

但是另一方面，乾隆不了解当时世界的大势，缺乏与时俱进的应变能力。他完全不了解当时的西方世界已经开始全方位超越中国，不久将对中国构成严重威胁。英国人送给他的礼物，实际上是西方世界对他进行的一次明显的警告和示威，一向精明的乾隆皇帝居然麻木不仁，毫无察觉。我们说，乾隆也算是一个军事家，指挥过许多战争，自己对武器也比较精通。如果说对科学技术缺乏了解不怪他，那他起码应该通过英国人所送的武器了解到英国人的军事实力，但是沉溺于生活享受的他对此却不愿意投入精力。应该说，在这方面，乾隆是失职的。长期以来的顺境，辉煌的统治成就，让乾隆皇帝过于傲慢自大，失去了对外部世界的敏感。本来，他几十年的努力，就是为了让大清江山永固，杜绝对大清的一切威胁，可惜到了晚年，最大的危险来临，他却没能发现。

马戛尔尼使团的到来对大清王朝产生的最大影响只不过是在天朝的朝贡国名单中多了一个名叫英吉利的海外番国。根据史料记载，在嘉庆十六年（1811年）开始重修的清代第三部《一统志》中就增加了“英吉利”一条。

虽然英国人拒绝下跪，惹得乾隆生了一肚子气，但精明过人的老皇帝仍然不愿意放过利用这次英国使团来访的机会标榜自己的统治。他把英国人所送的这些礼物，在宫门进行展览，组织大臣分批参观，以显示他外交政策的成功，使“内外大臣共知声教覃（tán）敷之盛”。（《清高宗实录》）

展览完毕，英国人的礼物被乾隆分别处置。那几样最大最精美的礼品，比如那个“大表”，被乾隆皇帝当成了装饰品，分别陈列在了圆明园及大内。至于小件礼品，大都随意处置了。英国人礼品中有一批金属刀具，本来是为了展示英国金属加工工业的发展水平。这些刀具，削铁如泥，质量非常好，副使斯当东乐观地认为：“将来东印度公司的船假如能开到天津，英国伯明翰和设非尔德的货品（五金器具）只在北京一个地方就可以销很多。”（斯当东《英使谒见乾隆纪实》）而乾隆皇帝是怎么处理的呢？《第一历史档案馆档案》记载，当年十月二十九日，乾隆皇帝把它们当成“铁家伙”赏给了造办处的工匠们使用。

那些代表了当时最高水平的军火，比如迫击炮、步枪，还有那驾没法儿被皇帝看见的马车则在1793年年底被锁进仓库，再也没有人关心过。直到1860年英法联军火烧圆明园时，在园中抢劫的英国人又找到了六十多年前他们进贡来的东西。“在金库旁边，就有一座较大的库房，里面放着马车和大量的器物，这些器物都是成套的，几乎不是镀金，就是镀银，非常精美。蒙托邦将军一眼看出，这是一个车马库，存放的都是欧洲货，有公元1793年英使马戛尔尼代表英王乔治三世，敬送给83岁高龄的乾隆皇帝的豪华大马车，还有公元1792年在英国伍尔维奇皇家军事学院制造的杀伤力极高、制作精致的榴弹炮以及炮弹、炮架和牵引马车等全套装备，还有马戛尔尼私人敬送的礼品。令众人惊讶的是，这些进献之物，竟然全都原封未动，丝毫没有碰过的痕迹，上面落满了灰尘。”（《故宫国宝宫外流失秘笈》）

英国人很奇怪清朝人为什么放着这么好的武器不用，而一直以自己那笨重过时的火绳枪与他们较量。英国人重新把这些东西又运回了伦敦。

英国要与清朝建立平等外交关系的努力落空了，英国使团的所有目的几乎都没能达到。只有一项，那就是想了解清朝社会这一项，完成了。那么，英国人眼中的大清社会，是什么样的呢？

第二十一讲
鸦片战争的种子

英国人出使中国的目的全都落空了。不过他们此行也有收获，那就是借这次出使的机会，对大清王朝进行了全方位的观察和了解，为以后侵略中国做了大量的准备工作。

一般我们提到清代历史，往往有一个印象，就是清朝康熙、乾隆这些皇帝，都很厉害，所以创造了康乾盛世。而到了晚清，比如道光、咸丰、光绪，就一个不如一个，所以才丧权辱国。但是如果我们仔细阅读历史，就可以发现，其实鸦片战争的种子，恰恰是在乾隆时代种下的。

为什么这么说呢？这是因为，马戛尔尼这次出访，在五个方面，为后来的鸦片战争埋下了伏笔。

哪五个方面呢？

第一方面是对大清帝国整体国力进行了深入的评估。

原来欧洲人，包括英国人，对大清王朝是非常敬畏的。但是通过这次访问，英国人发现大清帝国其实远不如他们想象的那么强大。

为什么这么说呢？

我们讲过，英国使团团长马戛尔尼是资深外交家。在出使中国之前，他已经走遍了全世界，该玩的玩过了，该见的见过了，所以早就想退隐泉林，安度晚年。所以英国国王乔治三世给他安排了好几个很高的职务，他都拒绝了。但是当乔治三世对他说想派他出使中国的时候，他立马就答应了。为什么呢？因为他一生最向往的就是去中国。他是一个中国迷，对中国的所有事物都很感兴趣。

有人可能感觉非常奇怪：当时的英国人里，居然还有中国迷？确实如此，在英国使团里，绝大多数人对当时的中国都抱着强烈的好奇心，都是中国迷。为什么呢？因为从明代晚期开始，很多传教士陆续抵达中国，把四书五经和中国历史典籍翻译到欧洲。欧洲人看了这些书，形成了这样一个印象：中国几千年来一直由孔夫子的伟大思想所指导，由仁慈的皇帝们统治着，君君臣臣，父父子子，是一个大一统的国家，社会富庶而和平，人民勤劳而礼貌。而相比之下呢，欧洲小国林立，战乱不休，远远不如中国。所以有一股热潮，叫“中国热”，就迅速燃遍欧洲。当时欧洲许多的大学者都对中国文化如醉如痴，谈论中国是最时髦的话题。著名启蒙思想家伏尔泰在他的小礼堂中供奉上了孔子画像，他赞扬中国是“举世最优美、最古老、最广大、人口最多和治理最好的国家”。（周宁《西方的中国形象史研究：问题与领域》）

马戛尔尼就是在这样的氛围中成长起来的，他对中国文化充满崇拜之情，所以他很愿意出使中国。

那么，到了大清帝国，马戛尔尼他们的印象如何？应该说，和书本上很不一样。

哪些方面不一样呢？

第一是他们感觉大清王朝远不如传说中的富庶。《马可·波罗游记》说中国非常富庶，遍地都是黄金，还说中国是“尘世可以想见的最繁华的地方”。然而马戛尔尼他们到了中国却发现，虽然大清王朝市井确实很繁华，上层社会的生活也很奢侈，但是大部分普通老百姓都生活在贫困之中。

如前所述，英国使团刚到天津的时候，受到了大清帝国慷慨的礼遇，乾隆皇帝指示地方官送了一大批食物，包括活的猪鸡牛羊。因为送来的东西太多，吃不过来，并且有些猪鸡牛羊在运输过程中已经挤压碰撞而死，天又热，已经有点变味，所以英国人就把它们扔到海里了。这个时候发生了一件英国人想象不到的事：当时岸上聚集了许多看热闹的大清老百姓，这些老百姓一看船上扔下死鸡死猪，就争先恐后，冒着生命危险跳到海里，去捞这些东西，拿回家去吃。

英国人眼中的乾隆时代

这是英国人对大清王朝老百姓生活的第一个印象，生活很不富裕。

除了送食物，清政府还雇了许多老百姓来到船上，给英国人端茶倒水、扫地做饭，为他们的生活提供服务。英国人注意到这些人都非常消瘦，在他们中间，很难找到类似英国普通市民那样的啤酒大肚或英国农民那种喜气洋洋的笑脸。这些盛世之中的中国百姓的可怜样，让英国人感觉很意外。

在天津登陆后，英国人沿着运河坐船北上。他们充满好奇地观察着一路所见到的一切。他们发现，运河两岸的民居，和英国的普通民居比起来，实在是太简陋了。

约翰·巴罗在回忆录中说："房屋通常都是泥墙平房，茅草盖顶。……事实上，触目所及无非是贫困落后的景象。"（约翰·巴罗《我看乾隆盛世》）

这是英国人的另一个印象。

我们以前提到过，乾隆一朝口粮总量是历史最高的，为什么英国人看到的却是一片贫困的景象呢？

这是因为，与中国历史上其他盛世不同，乾隆盛世是一个饥饿的盛世。

中国历史上的其他盛世，老百姓都吃得很饱。比如大唐开元盛世，"稻米流脂粟米白，公私仓廪俱丰实"。汉朝的文景之治也是非常富裕。据说文景之治的时候，老百姓家家户户出门都得骑马，而且全得骑公马，谁要是骑母马或者小马，都会被人嘲笑。而乾隆年间，你在史料中绝对找不到类似的记载。

这是为什么呢？是清朝人比汉朝人和唐朝人懒惰了吗？显然不是。马戛尔尼说，他们来到中国，第一印象就是中国人非常勤劳，比欧洲的农民勤劳多了。他说："在整个路途上．我没有见到一块土地不是用无限的辛劳来加以耕作，来生产它能够生长的每一种粮食和蔬菜。""中国人一定是世界上最好的农民。"（转引自《中英通使二百周年学术讨论会论文集》）。

与此同时，乾隆皇帝也可以说是中国历代帝王中对农业最重视，也最有办法的帝王。根据学者研究，秦汉时我国的粮食亩产量为二百六十四市斤，唐代是三百三十四市斤，明代为三百四十六市斤，而清代的亩产量则达到了三百七十四市斤，是历史上的最高值。（吴慧《中国历代粮食亩产研究》）

如此高产，乾隆朝老百姓生活为什么还那么穷呢？

是人口增长吞没了农业发展的成果。乾隆年间的口粮总量虽然创了历史最高，但是人口却翻了一番还多，所以平均下来，人均产量却处于历史最低水平。

据相关学者的研究，历代粮食人均占有量，秦汉为九百八十五斤，隋唐为九百八十八斤，宋代为一千四百五十七斤，明代为一千一百九十二斤，而乾隆年间仅为七百八十斤，是秦始皇以来的历代最低水平。（吴宾等《论中国古代粮食安全问题及其影响因素》）因此，乾隆盛世不可避免地是一个饥饿的盛世。

那么，当时欧洲人的生活水平如何呢？

1808年，英国一个普通农民家庭，一日三餐的食谱如下：

早餐是牛奶、面包和咸猪肉；午饭是面包、奶酪、少量的啤酒、腌猪肉；晚饭是面包和奶酪。星期天可以吃上鲜猪肉。除此每天还有二点三加仑脱脂牛奶，黄油和糖各半磅，还有一英两茶叶。

18世纪，一个普通英国农民家庭，年收入是一百三十七英镑，约合当时清代的四百七十二两白银，除去各种花费，每年能有十一镑的剩余，约合三十八两白银。而乾隆年间，一个普通中国农民家庭，年收入是多少呢？全部收入也不过三十二两，不到英国农民年收入的十分之一，而全年的平均支出却是三十五两，也就是说，辛苦一年，还要负债三两，才能过活。所以一旦遇到饥荒，就得卖儿卖女。

以上我们说的是乾隆时代经济上的贫困。虽然乾隆皇帝对他发展农业的成绩非常自负，但是他并不知道，和欧洲当时的生产水平比起来，他治下的大清王朝已经远远落后了。

除此之外，比经济上的落后更令英国人惊讶的，是乾隆朝国家治理手段的落后。

当时的欧洲学者，都一致赞美中华帝国的和平、稳定和井井有条。到了中国，英国人发现，和传说中一样，大清帝国的社会秩序确实十分井然。

斯当东说："自进入中国境内以来，在这样大的地面上，一切事物都这样

整齐划一，这在全世界是无与伦比的。”（斯当东《英使谒见乾隆纪实》）

英国人认为，大清帝国的社会治安的良好胜于欧洲：“皇权的铁掌威慑着一切不守秩序破坏法纪的行为，全体使节团成员感到绝对的保障。”（斯当东《英使谒见乾隆纪实》）

英国人原来担心自己带来的礼品，因为数量众多，体积巨大，在陆地运输过程中一定会损坏几件。然而，在大清官员的有力组织协调下，整个运输任务完成得非常顺利，六百多件包裹，多次装卸、转运，到了北京，全都完好无损。英国人感觉非常惊讶，他们说：“的确，这儿一切似乎只要朝廷一声令下就都能办成，最费力的事也能随时得到执行。”（约翰·巴罗《我看乾隆盛世》）

不过，大清帝国塑造这样良好秩序的手段，却与英国人的想象不同。

英国人本来认为，中国是按着孔夫子的原则治理的。也就是皇帝是一国的父亲，他慈祥地爱护着整个国家，而各省总督则像各省人民的父亲一样，关心老百姓的生活。所以大学者伏尔泰说，东方帝国的父权统治合乎自然，充满了仁慈与孝顺，根本不需要什么棍棒和监狱。

然而亲临其境的英国人却发现，事实不说与此截然相反，但也是大相径庭。英国人到中国，第一站到的不是天津，因为不熟悉海路，所以他们到达的第一个登陆点是浙江沿海城市定海。到了定海之后，英国人需要找一个熟悉海路的领航员把他们领航到天津去，他们就找到当地总兵提出了这个请求。定海总兵因为知道乾隆皇帝对英国人的来访很重视，所以很痛快地答应了英国人的请求。不过英国人以为总兵应该会花钱，花高工资雇人给英国人领航，但是总兵却没这样做。定海总兵的办法是派出士兵，把所有从海路去过天津的老百姓都抓来。

约翰·巴罗在回忆录中说：总兵派兵，很快就抓回一大群人。这些人见了总兵，一个个双膝跪地，浑身战抖。总督一个个审问他们。审来审去，找出两个人去过天津。不过这两个人不愿意接受这个任务，因为他们早已经转行不再航海，现在都在做生意，不想放下生意再到海上冒险。所以他们跪在地上，苦苦哀求着免除这趟劳役，但是总兵丝毫不为所动，强令他们立刻动身。

这种事其实在中国古代是司空见惯的，英国人却觉得不可想象。英国人说："迫使一个诚实而勤劳的公民、事业有成的商人抛家离子，从事于己有害无益的劳役，是不公正和暴虐的行为。"（约翰·巴罗《我看乾隆盛世》）英国人由此认为，大清王朝的治理手段是比较落后的。

总之，英国人这次造访大清王朝，迅速打破了传教士们在欧洲建造起来的中国处处领先的神话。可以说，欧洲人第一次直观地了解了大清王朝。他们对中国的敬畏之心，不再存在了。所以马戛尔尼通过这次访问，为后来的侵华战争做的第一个准备，就是对大清社会和大清国力的全面考察。

英国人为后来侵华埋下的第二个伏笔，是军事上的考察。

对这次英国人的来访，乾隆皇帝应该说准备是非常细致的。他不但指示在接待英国人时要热情、周到，而且还命令各地地方官，英国人来的时候，要组织士兵，列队迎接。

乾隆五十八年正月，乾隆皇帝指示各省长官：

> 著传谕各该督抚等，如遇该国贡船进口时，务先期派委大员多带员弁（biàn）兵丁，列营站队，务须旗帜鲜明，甲仗精淬。（《清高宗实录》）

也就是说，凡英国人经过之处，都要多组织士兵，全副武装，用最好的装备，最好的精神状态，来列队迎接，向英国人展示天朝强大的武力。

这是为什么呢？因为乾隆皇帝虽然老了，但他毕竟还是一个精明的统治者，他想到这些西洋蛮夷远道而来，谁知道他们心里头有没有什么图谋不轨的想法呢？因此要通过展示武力，吓唬吓唬他们，让这些落后的野蛮人开开眼，对天朝的强大有所敬畏。

乾隆皇帝对他领导下的军队是非常自信的。我们知道，乾隆皇帝最自豪的统治业绩中有一项，叫作“十全武功”，就是他亲自指挥的十次大规模战争。在乾隆皇帝的设想里，一连串的军事检阅一定会向英国人证明大清军队的军纪严明、装备良好。各地官员深入领会乾隆的指示，英国人每到一地，他们都派出最好的军队，进行列队迎接。那么，大清军队给英国人留下了什么样的印象呢？

英国人记载，他们每到一地，都会看到一队士兵。他们有弓箭手、火绳枪手和大刀手。他们一个个挺胸叠肚，全力向英国人展示东方人的武勇。然而这种展示没有使英国人感到任何敬畏，相反，让他们感觉很可笑。英国人发现，世界已经进入火器时代，而大清军队仍然停留在冷热兵器混用的时代。他们的战阵战法和精神面貌，则停留于中世纪。

巴罗这样描绘他见到的大清军队：“在一些地方，士兵列队出来迎接英国特使。……如果我们的到访是出其不意，他们总是一片慌乱，匆忙从营房中拿出节日礼服。他们穿上这些服装后，与其说像战场武士还不如说是跑龙套的演员。他们的绣花背心，缎面靴子和蒲扇看起来笨拙不堪又女气十足，与军人气质格格不入。”（约翰·巴罗《我看乾隆盛世》）

对于大清的武备，英国人更是极为轻蔑：“他们的大炮为数很少，仅有的几门炮都破旧不堪。”（约翰·巴罗《我看乾隆盛世》）

那么，当时欧洲军队的装备怎么样呢？应该说，确实比大清帝国的先进许多。清军当时最主要的装备是弓箭、大刀、长矛，火器主要是火绳枪。而当时欧洲军队主要使用的是燧发枪，有些军队已经用上了滑膛枪。乾隆朝军队的装备，和明朝末年相比并没有什么变化，和英国相比，落后了差不多一百年。

所以，乾隆皇帝引以为豪的军事展示，在英国人眼里，就成了一个笑话。

回到英国后，马戛尔尼的一段话迅速传遍了世界，他说：

> 中华帝国只是一艘破败不堪的旧船，只是幸运地有了几位谨慎的船长才使它没有沉没。它那巨大的躯壳使周围的邻国见了害怕。假如来了个无能之辈掌舵，那船上的纪律与安全就都完了。
>
> 只需几艘三桅战舰就能摧毁其海岸舰队。（斯当东《英使谒见乾隆纪实》）

可以说，这次访华，英国人在军事方面收获非常巨大。除了对清帝国的军队进行整体评估外，他们还对大清王朝的具体防务进行了考查。马戛尔尼他们沿途专门有人负责测量搜集各种数据，比如城墙的高度、厚度，水道的深度等，因此从浙江到北京这一路，他们初步探明了海路和运河的航道，对北京、通州、定海等中国城市的防卫设施进行了细致观察，为英国后来入侵北京提供了大量的军事资料。

今天，我还没有找到特别直接的史料来证明，马戛尔尼拿到的这些数据，在后来的1840年鸦片战争中到底起到了怎么样的作用。但历史事实是，公元1840年，道光二十年，鸦片战争爆发，英军不选择这儿也不选择那儿，而是偏偏选择了一个不起眼的小城定海来攻打。而马戛尔尼到中国后，第一个进入的城市也是定海，这难道说仅仅是一种巧合吗？所以，军事上的考察，是第二个伏笔。

那么三个伏笔是什么呢？鸦片战争之所以叫鸦片战争，是因为英国人入侵和鸦片贸易有关。而英国人大量地向中国输入鸦片是什么时候呢？恰恰是在马戛尔尼访华之后。

如前所述，乾隆时代的中英贸易，是非常不平衡的，英国商品在中国打不开销路，所以英国人只能用白银换取中国的茶叶。但是，英国的白银毕竟是有限的。眼看着所有的白银都要用光了，英国人心急如焚，他们千方百计寻找打开中国市场大门的办法。

想来想去，他们想到了一个邪恶的东西，那就是鸦片。

“鸦片”这个词是怎么来的呢？是英语opium一词的音译。我们一般一听到鸦片，就想到鸦片战争。其实，早在唐代，中国人就已经接触到这种药品。当时有一个中国高僧叫义净，跑到印度去取经，同时就带回了鸦片，所以中国人用鸦片的历史是很悠久的。不过，在清代中期以前，鸦片从来没有成为一个危害，因为清中期以前，人们主要用它来做药材。

雍正年间，用鸦片枪烧鸦片的吸法从东南亚传入中国。这种吸法很容易让人上瘾，鸦片就变成毒品了。所以早在雍正年间，已经出现鸦片烟馆了，雍正皇帝也曾经颁布圣旨，禁止人们吸食鸦片。不过，由于当时鸦片进口量很小，所以并没有成为一个严重的社会问题。

鸦片真正成为一个严重威胁，恰恰就是在乾隆年间。乾隆初年，英国人偷偷把印度的鸦片贩运到了广州。他们在印度买一箱鸦片，花两百五十印币，而运到广州，就能卖一千六百印币，一赚就是五倍多。英国人喜出望外，终于发现了从中国换回银子的方法。

所以从1773年，也就是乾隆三十八年起，英国人在印度执行了一项罪恶的计划，就是在印度大面积种植鸦片，然后卖到中国。当然，乾隆对英国人的这个计划是一无所知。

不过，乾隆皇帝还是感觉到了鸦片贸易的不正常发展，因为从乾隆中期开始，社会上吸食鸦片的人越来越多。事实上，英国使团的成员一到大清帝国，也立刻发现了这一点。

巴罗在书中这样描述乾隆晚年鸦片的流行程度：上流社会的人在家里沉溺于抽鸦片……广州道台在他最近颁布的一份公告中指出了吸食鸦片的种种害处……可是，这位广州道台每天都从容不迫地吸食他的一份鸦片。（约翰·巴罗《我看乾隆盛世》）

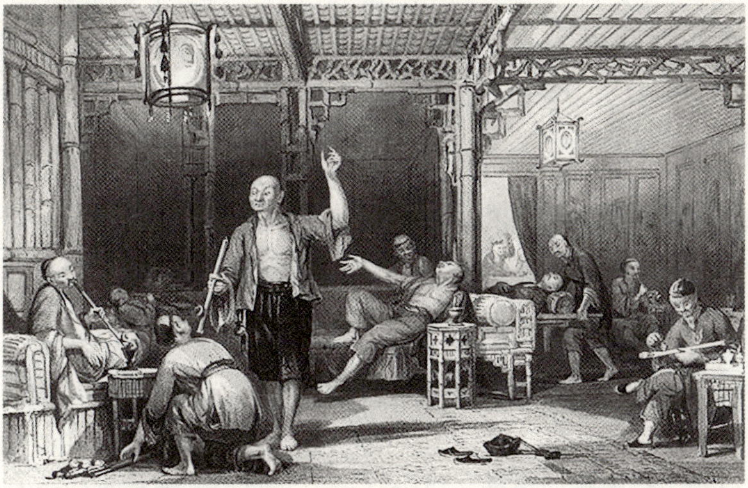

吸食鸦片的人

当然，对这种坑人的买卖，英国人也心存忐忑。英国人也不全是天生的恶棍，一开始，他们把这桩罪恶的生意当成病急乱投医的救急措施，并没有打算长期进行下去。他们还是寄希望于马戛尔尼出使成功，打开中国市场，这样就可以用正常的贸易来换回白银。但是马戛尔尼出使失败，使他们这一希望破灭了。东印度公司一不做二不休，干脆又进一步扩大了在印度的鸦片种植。据统计，1775—1797年，中国平均每年走私进口的鸦片数量是一千八百一十四箱。而1798—1799年，也就是马戛尔尼访华失败几年之后，鸦片贸易数量迅速增长到每年四千一百一十三箱，增长了一倍还要多。

这样一来，中英贸易，就从以前的顺差一下子变成了逆差，白银大量从中国流向英国。到鸦片战争前夕，大清帝国每年的白银流出量至少达一千万两，也就是大清政府每年财政收入的四分之一，都跑掉了。在这种情况下，道光皇帝如果不禁烟，大清财政就垮掉了。一禁烟，没想到英国人却发动了鸦片战争。

所以这是马戛尔尼访华失败和后来鸦片战争的另一重关系。

除了这三大方面以外，这次英国人出使，还为后来的鸦片战争，埋下了一个直接的伏笔。

在英国发动鸦片战争的过程中，有一个人起了决定性的作用。他的名字叫小斯当东。

1840年4月7日，也就是鸦片战争爆发的大约两个月前，英国的下院进行了一场激烈的辩论，辩论的议题就是要不要发动鸦片战争，要不要侵略中国。双方势均力敌，不赞同出兵的人还稍占上风。后来，一位叫小斯当东的议员打破了这种平衡。在他发言的时候，全场鸦雀无声，人们听得异常认真，小斯当东以果断的口吻说，通过他对中国统治者性格的了解，可以断言只有战争才能打开中国的市场。“我很了解这民族的性格，很了解对这民族进行专制统治的阶级的性格，我肯定：如果我们想获得某种结果，谈判的同时还要使用武力炫耀。”（阿兰·佩雷菲特《停滞的帝国——两个帝国的撞击》）

小斯当东的发言对议员们的决定的影响是至关重要的。发言结束后，进行投票，主战派两百七十一票，反战派二百六十二票，只有九票之差。也就是说，没有小斯当东这篇发言，也许鸦片战争就不会在那个时候爆发了。

那么，这个小斯当东是个什么人物呢？为什么他的话这么有威信呢？说起来有意思，他就是当时马戛尔尼使团中的副使斯当东的儿子。他也跟着父亲访问了中国，而且马戛尔尼觐见乾隆皇帝那天，十二岁的小斯当东还负责为特使提斗篷的后沿，因此也见到乾隆皇帝，而且还和乾隆用中文聊过天。

原来在这次旅行的过程中，小斯当东闲来无事，学起了中文。小孩子学习语言的能力很强，学了很多中国话，所以在觐见乾隆的时候，和珅向乾隆介绍说，这个英吉利的小家伙会说中国话。乾隆听了很高兴，把小斯当东叫到面前，和他聊了好几句，完事还赏了小斯当东一个荷包。小斯当东感到很荣幸，这个荷包后来他一直保存着。

乾隆与小斯当东

这次中国之行奠定了小斯当东一生事业的基础，也奠定了他对大清帝国的反感情绪。回到英国后，小斯当东继续刻苦学习中文，成了一个中国通。这样一个人在对华事务当中当然最有发言权。所以他的讲话，得到了其他英国议员的重视，也改变了历史的走向。

最后一个伏笔是，马戛尔尼访华时提出的要求，和鸦片战争后英国人提出的要求，几乎一模一样。换句话说，英国人在乾隆五十八年跪着乞求乾隆而没有得到的东西，后来他们在道光二十年通过战争，一条不少地得到了。我们拿《南京条约》和马戛尔尼要求乾隆皇帝的内容一对比，就会发现，几乎完全一致。

1793年马戛尔尼提出希望中国增加通商口岸数量的要求；1842年的《南京条约》规定，开放五个城市为通商口岸。

马戛尔尼要求清政府指定一个小岛给英国人使用，鸦片战争后，清政府将香港岛割让给英国。

马戛尔尼要求清政府改革外贸体制，结束十三行的垄断，而《南京条约》取消了十三行。

马戛尔尼要求清政府公开固定的关税税率，不要滥收其他费用。而《南京条约》规定，关税固定，关税之外不再有任何加派。

马戛尔尼要求改善英国商人在华待遇这一点，也在《南京条约》中得到体现。《南京条约》中说，大清皇帝“格外施恩”，恩允英国人来大清经商时可以携带自己的妻子。这一条在诸多条款中，是唯一一条道光皇帝主动同意的条款。这是为什么呢？原来负责谈判的清朝官员耆（qí）英对道光皇帝解释说，鸦片战争以前，我们不许外国人携带家眷住在广州，这一规定确实有弊端。因为外国人之所以难于控制，正是因为他们在中国没有家庭的温暖，脾气比较暴躁。如果允许英国人在中国带着老婆一块儿住，那么他们就会听话得多，因为“英夷重女轻男，夫制于妇，是俯顺其请，即以暗柔其性”。（《鸦片战争档案史料》第六册）说英国重女轻男，家里都是女人说了算，所以可以用妇女的温柔约束英国男人的性格，以后就好打交道了。这番高论令道光皇帝拍案叫绝，立马就批准了。

总之，乾隆处理英使访华事件的失误，为后来的鸦片战争全面埋下了伏笔。如果鸦片战争在乾隆晚年打响，结果也许不会有太大的不同，因为晚年的乾隆，过于保守，又沉迷于物质享乐，失去了反思能力，和青年时代，已经完全不同了。

到了晚年，乾隆就面临着一个非常现实的问题：怎么选择继承人。乾隆皇帝选择接班人也经历了一个非常复杂的过程。他曾经多次秘密立储，最后到了晚年，才选中了嘉庆。选中之后，他做了清代历史上其他皇帝从来没有做过的事情，那就是生前就把皇位传给了儿子。那么他为什么要在生前传位？传位后他的生活又是什么样的呢？

第二十二讲
接班和传位

乾隆晚年，面临着一个非常现实的问题：接班人的选择问题。

乾隆四十三年，乾隆皇帝巡视东北，回来途中，走到锦县的时候，有一个叫金从善的秀才跑到御路边上给皇帝上书。上书说什么呢？请求乾隆皇帝立太子。

原来，这一年乾隆皇帝已经六十八岁，年近七旬，在古代，这已经是很老了。可是这时候，大家还不知道他的接班人是谁。所以金从善替天下人着急，说自古以来，储位问题都是关乎天下安危的重大问题，可是从来没听您在这方面有什么安排。您要是有个三长两短，天下可怎么办呢？于是上了这样一道书。

收到上书，乾隆非常生气。接班人问题，岂是普通老百姓可以主动和皇帝讨论的？于是他将金从善以“狂诞悖逆”的罪名斩决了。

杀掉了金从善，乾隆感觉有必要和天下万民解释一下他在接班人问题上的想法，于是他下达了一道上谕，说我大清立储的原则，和历代不同：

> 朕历览诸史，今古异宜，知立储之不可行……盖一立太子，众见神器有属，幻起百端……至于立嫡立长，尤非确论。汉之文帝最贤，并非嫡子……唐太宗为群雄所附……明永乐亦勇略著闻。（《清高宗实录》）

就是说，我熟读历史，认为立太子这个办法不好。因为一立太子，别的兄弟往往就琢磨着把太子弄下去，容易酿成大祸。至于立嫡立长之说，更是不好。为什么呢？因为嫡长子往往不是最能干的。比如汉文帝、唐太宗、永乐帝，都很厉害，都不是嫡长子。

其实乾隆这里所说的，是他后来的想法。乾隆早在刚刚登基的时候，可是一门心思想立嫡立长。

乾隆一生，许多方面都创了历史第一，不过在皇子数量上，他可不是第一。他的祖父康熙共有过三十五子二十女，而乾隆一生共育有二十七个子女，十七男十女，其中五子五女早殇，长大成人的是十七人。这个数量在清代排名第二。

在十七个儿子当中，乾隆最喜欢的，当然是结发妻子孝贤皇后所生的两个嫡子了。我们以前提到过，乾隆皇帝和孝贤皇后感情非常好，爱母及子，这是第一个原因；另一方面，也是这两个嫡子确实出众。乾隆评价第一个嫡子永琏，说他“聪明贵重，气宇不凡”，评价第二个嫡子永琮则是“出自正嫡，聪颖殊常”，喜爱之情溢于言表。

刚即位的时候，乾隆元年，他就把第一个嫡子，年仅七岁的永琏封为太子。当然，因为雍正皇帝立下了秘密立储的先例，所以他是亲书密旨，当着诸王大臣的面，将其缄密封固，藏于乾清宫“正大光明”匾之后。

乾隆为什么那么早就密立太子呢？那个时候，乾隆年轻气盛，对接班人问题还没有考虑得特别成熟。他认为，大清王朝建立以来的一个最大遗憾是没有一个皇帝是以嫡长继位的，不符合传统文化嫡长为贵的原则——从周朝开始，历代王朝都认为立太子的时候，应该以嫡长为先。所以立志事事超越前人的乾隆在即位之初就暗下决心，“必欲以嫡子承统，行先人所未曾行之事，邀先人所不能获之福”（《清高宗实录》）。一定要在接班人问题上做到比祖先都完美。

然而，天有不测风云，密旨下了两年后，永琏就不幸得病死了。乾隆皇帝大受打击。不过他还不死心，又打算立第二个嫡生的皇子永琮为太子。不料还没有来得及亲书密旨，这个孩子就在两岁头上夭折了。孝贤皇后也因此悲痛过度，于次年去世。乾隆皇帝立嫡子的愿望，至此落空了。

元后嫡子相继去世，对乾隆皇帝是极为沉重的打击。非常相信天命的乾隆认为这是上天对他欲挑战天命的报应。他后来在谕旨中说：

> 复念朕即位以来，敬天勤民……未敢稍有得罪天地祖宗，而嫡嗣再殇，推求其故，得非本朝自世祖章皇帝以至朕躬，皆未有以元后正嫡绍承大统者……似此竟成家法。乃朕立意私庆，必欲以嫡子承统，行先人所未曾行之事，邀先人所不能获之福，此乃朕过耶！（《清高宗实录》）

也就是说，我即位以来，做事没有得罪天地祖宗的地方，但是嫡子一再夭折，实在不可理解。我想来想去，可能是本朝以庶子继统是上大为大清规定的家法，挑战不得。我一心想超越祖宗，行上天不允行的事，所以受到这样的报应。

乾隆这个想法当然是很迷信的，但是从此之后，他就断了想立嫡子的想法。那么，接班人问题怎么办呢？这个问题是天下所有人都关心的。不立嫡子，那就得立庶子。孝贤皇后在乾隆十三年去世时，庶出皇子当中，有两个比较年长：皇长子永璜（huáng）二十一岁，皇三子永璋十四岁。接连两个嫡子去世，显然使他们两个继承皇位的机会大增。

乾隆这个人，在政治上戒心比谁都重，所以他对皇子们管束极为严厉。直至乾隆三十一年前，他的皇子，不论年龄多大，结没结婚，都只能规规矩矩待在宫内成天读书，不得到宫外去住，更不能与外界任意交往，犹如高级囚徒。乾隆朝皇子的限制之严、待遇之低，超过了中国历史上任何一个时期。为什么呢？我们讲过乾隆的政治原则是“防微杜渐”，防止任何人威胁到自己的权力。所以有时候，他对儿子的提防到了神经过敏的程度。所以永璜、永璋这两个人，虽然他们在皇后的丧礼中行礼如仪，中规中矩，乾隆却怎么看都不顺眼。乾隆认为，他们一定认为，嫡长子死了，皇位最有可能就是他们的了，因此在心里偷着乐，所以怎么看他们，怎么觉得他们的悲痛是装出来的。

皇后丧期刚满百日，乾隆当着满洲王公大臣的面痛责大阿哥对嫡母之死“并无哀慕之愧”，三阿哥“于人子之道毫不能尽”。乾隆皇帝杀气腾腾地挑明说，大阿哥三阿哥这样不孝，绝不能成为太子人选：“大阿哥、三阿哥如此不孝，朕以父子之情，不忍把他们诛杀。但朕百年之后，皇统则二人断不能承继!大阿哥、三阿哥日后若心怀不满，必至弟兄相杀而后止，与其让他们兄弟相杀，不如朕在之日杀了吧!”

这一番训斥，其实只是乾隆在皇后死后情绪反常而已。然而他这通火，却把大阿哥给吓坏了。大阿哥永璜因为这番惊吓，竟然患了重病，并于乾隆十五年忧惧而死，离乾隆批评他不过一年零九个月。

闻听大阿哥惊惧成疾，从皇后之丧中清醒过来的乾隆也十分后悔。弥留之际，乾隆亲临皇子寝处视疾。为弥补心灵上的不安，皇帝追赠永璜为定安亲王，终其一生，乾隆对皇长子一支都给予了特殊的关爱。

虽然因为防范过甚痛失亲子，乾隆此后却并没有在防范子孙方面有丝毫放松，而是真的做到了防微杜渐。清代规定，皇族不得结交官员。乾隆四十一年，皇长孙绵德与一个礼部郎中私下“相见送礼”。按理说，皇孙与京城官员见个面，接受个小礼物，不算什么大不了的事，然而在皇帝眼里却是无法原谅的。老皇帝严厉处分，革了绵德的王爵，废为庶人，罚他去守泰陵。正是乾隆皇帝的严厉果断，使诸子诸孙十分注意约束自身的行动，终乾隆一朝未发生争储之事。

自从连丧两个嫡子后，二十多年间，乾隆皇帝没有再提立储的事。不过，皇帝不提，不等于天下人不想。在那些以天下为己任的读书人看来，

“储位空虚”是国家之大危险。皇帝一旦有故，则天下必然动荡。所以金从善拦路呈词，提出了这个问题。

那么乾隆也借着这个机会，向天下人公布了自己的接班人计划。乾隆皇帝说，这个问题，我早已经有所安排。早在乾隆三十八年冬，他就已经秘密立储。不过此事他只告诉了几个军机大臣，没有向天下公布，所以天下人才会产生这样的误会。

乾隆皇帝本以为这样一说，天下就太平了，大家就安下心来，不再操心储位问题了。没想到，这道谕旨一下，关于谁是继承人的猜想在民间进行得更热烈了。为什么呢？因为乾隆相当于给大家出了一个谜语，让大家猜，他的这些儿子当中，谁是下一个皇帝。对于市井小民来说，这当然是极好的谈资。

那么，这个谜怎么猜呢？说难则难，说简单也很简单。

乾隆三十八年之时，十七个儿子中，已经死去了十个，只剩下七个。七个人里头，十二阿哥因为他的生母是那拉皇后，也就是被乾隆废掉的皇后，因此根本没资格被列为皇储人选。四阿哥和六阿哥被乾隆过继给别的亲王为后代了，因此也没机会被立为皇储。皇帝真的要决定立储大事，就只能在八、十一、十五和十七阿哥这四个人中做一抉择。

八阿哥永璇（xuán）年龄最长，他文才不错，但是为人轻躁，做事颠倒，所以他希望不大。

十一子永瑆（xīng）更具文艺天分。他诗文精洁，尤工书法，在清代与铁保、翁方纲、刘墉，并称四大家。但是这个人武功不行。乾隆皇帝对接班人要求文武双全，他很讨厌满洲贵族当中那些沾染汉族文化人习气的人，所以他希望也不大。

至于十七阿哥永璘恐怕是兄弟几个中最不成器的。这个老儿子从小就不喜欢读书，年纪稍长，就常常溜出宫禁，一身便服去外城狭路曲巷寻花问柳，所以他根本没戏。

那么希望最大的，只有十五阿哥永琰（yǎn）。

永琰出生于乾隆二十五年，也就是1760年，乾隆五十岁那一年。他的生母魏氏，是汉军出身，系内务府包衣，身份并不高贵。但这个孩子有其他几个不及的优点，“以勤学闻名”。学起习来异常用功，三九寒冬，深更半夜，还经常手不释卷。而且他品格端方，为人勤勉，生活俭朴，待人宽厚。朝野之间，绝少关于他的负面传闻。当时出使天朝的朝鲜使臣回国后，向他们的国王汇报见闻时多次说：“第十五子嘉亲王永琰，聪明力学，颇有人望”，“皇子见存四人，八王、十一王、十七王俱无令名，唯十五王饬躬读书，刚明有戒，长于禁中，声誉颇多”。（《朝鲜李朝实录》）和其他三个皇子比起来，皇十五子永琰不是最聪明的一个，却是缺点最少的一个。

所以年过花甲的乾隆最终选择了他。乾隆三十八年冬，六十三岁的老皇帝又一次亲书密旨，密立十三岁的永琰为储。

密立之后，乾隆还一直观察这个孩子，看他能不能担当大任。随着时间的流逝，这个孩子的表现，越来越得到乾隆的肯定。在乾隆心中，为这个接班人打了八十分。

让乾隆皇帝满意的有四点：

第一，从性格上看，皇十五子少年老成，自制力强，富于恒心和毅力。这是最让乾隆欣赏的。

第二，此人品质“端淳”，待人真挚，富于同情心，善于为他人着想。

第三，从学业上看，永琰的成绩非常突出。武功骑射成绩虽然比不上他的父亲和曾祖父，但在兄弟当中也是首屈一指。

第四，从外表看，他也是清朝历代皇帝中长得最端正、最上相的一位。我们看画像，永琰中等身材，不高不矮，不胖不瘦。他皮肤白皙，五官端正，骨肉均停，一副雍容华贵的相貌。脸型介于方脸和圆脸之间，显示出他性格的平衡和理智。经过从小就开始的仪表训练，他在出席大的场合时，总是举止高贵，镇定自如。

所以在对永琰的观察期过了之后，乾隆做出了一个惊人的决定。什么决定呢？活着就把皇位交出去。他说，早在刚刚登上皇位之际，他就已经向上天默誓，只当六十年皇帝，而把在位时间最长的纪录留给祖父康熙：

> 朕此举天下臣民无由共闻，未尝无窃议朕为贪恋宝位，不肯立储。不知朕践阼（zuò）之初，曾焚香告天云：昔皇祖御极六十一年，予不敢相比，若邀穹苍眷佑，至乾隆六十年乙卯，予寿跻（jī）八十有五，即当传位皇子，归政退闲。（《清高宗实录》）

就是说，天下人也许会窃窃议论我贪恋宝位，不肯立储。岂不知我登基之初，就曾焚香祷告上天说：我皇祖在位六十一年，我不敢相比，如果我能统治六十年，一定会在八十五岁时传位皇子，自己退休下台。

乾隆的这个决定，让天下人都很意外。因为清代还没有一个皇帝是“禅让”的。我们知道，“禅让”当然是一个很好听的词，因为尧舜都以禅让闻名。中国古代皇帝一般都是终身制，那么你要是禅让了，就说明你风格很高，不贪权不恋位，当然是好事。但是禅让这个事也是很有风险的。我们看历史书，除了传说中的尧舜之外，自古以来，大部分禅让其实都是被迫的，绝大部分太上皇下场都很惨：

唐高祖李渊还没当够皇帝，就被儿子李世民用刀逼下了皇位，当了九年寂寞的太上皇之后，悄无声息地死去；唐玄宗成了太上皇后，日日在儿子的猜忌中胆战心惊地生活，身边的大臣和朋友一个个被流放，最终自己被儿子软禁，郁郁而终。中国历史上的另几个太上皇，比如宋徽宗、宋高宗、明英宗，也无一不是悲剧人物，下场都十分悲惨。

那么，精明的乾隆为什么偏要这样做呢？

他有两方面的考虑。第一，他想在自己活着的时候，就解决继承人问题，可以把权力交接的震动降到最低，使大清王朝的稳定不受任何威胁。权力交接一直是中国专制政治制度中一个难以解决的问题。终身制下，权力交接必然出现在统治者病危或者死亡之时，这个时候临终者的手已经无力有效挥动手中的权柄，在交接过程中十分容易出现意外。所以，中国历代以来权力交接之际，经常是血雨腥风，雍正皇帝接班的时候就是这样。所以乾隆这样做，就把历代王朝权力交接之际的风险降到了最低。

第二，这样可以博得空前的美名。

禅让这个事，我们知道，是尧舜时代的事。我们一说起中国历史上的伟大君主，就说他像尧舜一样。这说明什么？说明尧舜是君主的最高榜样。如前所述，乾隆皇帝是史上雄心最炽、最自负的君主，他时时处处，要超越历史，创造纪录，把自己大大地写在历史上。在举行传位大典之前，乾隆皇帝终于得意扬扬地说出了他的心里话：秦始皇以后，禅让都是徒有虚名。三代之时，虽然有过尧舜禹禅让的盛事，但是授受者都是异姓，充其量可称为“外禅”。只有他举行的禅位大典，是空前绝后的“内禅”，“以视尧舜，不啻过之”，比尧舜都厉害。他因为这个举动，超越了尧和舜。因此，归政之时，乾隆皇帝直言自己“今明足授受，为千古第一全人”。乾隆认为，这一举动，标志着他已经成为中国历史上，不，世界历史上，最最最伟大，最最最光荣，最最最有福气的皇帝，是古今中外独一无二的完人。

所以本来应该有的乾隆六十一年，被改成了嘉庆元年。这一年正月初一日，乾隆举行了禅位大典。上午九点整，头戴玄狐暖帽，身穿黄色龙袍衮服、外罩紫貂端罩的乾隆，坐上了太和殿宝座。老皇帝那双慈祥中透着威严的炯炯有神的眼睛缓缓扫向殿前广场。殿前广场上，翎顶辉煌、朝服斑斓的上千名王公大臣在庄重的“中和韶乐”中，如潮水一般拜兴起跪。九时三十二分，随着坐在宝座上的乾隆把手中那颗宽三寸九分、厚一寸的青玉大印“皇帝之宝”微笑着递到跪在他面前的嘉庆皇帝手中，中国历史上一个空前的纪录诞生了：中国历史上最平稳的权力交接顺利完成。

那么，传位之后，乾隆的太上皇生活过得怎么样呢？他是否像其他太上皇一样，落入囚徒境地呢？

当然没有，虽然号称“禅让”，但是精明的乾隆事先已经做了无数准备：在退位之前，他就明确宣布，自己只将那些接待、开会、祭祀、礼仪之类的日常工作交给皇帝，至于“军国大事及用人行政诸大端”，他“岂能置之不问，仍当躬亲指教，嗣皇帝朝夕听我训导，将来知所遵循，不至错误，岂非天下之福哉”。（《清高宗实录》）

在退位之后接待朝鲜使臣的时候，他又明确向各国宣称：“朕虽然归政，大事还是我办。”

他规定，退位之后，他仍称朕，他的旨意称“敕旨”，文武大臣进京陛见及高级官员赴任前都要请示他的恩训……

嘉庆皇帝

一句话，虽然退了位，他还是处处昭示自己仍然是一国之主。

握了一辈子权柄的老皇帝对权力爱如自己的眼睛，防卫过度，眷恋到了近乎失态的程度。他既要禅让之名，又要权力终身之实。

事实证明，太上皇乾隆过虑了。直到真正禅让了皇位之后，乾隆才发现他选的这个接班人选得太对了。

正当盛年——三十六岁，血气方刚的嗣皇帝嘉庆远比乾隆想象的还要聪明，他十分清楚自己的地位和角色。他十分恭谨地做着大清国的皇帝，每天早睡早起，勤勤恳恳地阅读所有奏折，准时上下班，认真出席每一个他应该出席的活动，却从来不做任何决定，不发任何命令，不判断任何事情。他十分得体地把自己定位为老皇帝的贴身秘书，所有的事情，他都是一个原则："听皇爷处分。"

朝鲜使臣的记述里，把嘉庆韬光养晦的状貌描绘得跃然纸上："（嘉庆帝）状貌和平洒落，终日宴戏，初不游目，侍坐太上皇，上皇喜则亦喜，笑则亦笑。于此亦有可知者矣。"赐宴之时，嘉庆"侍坐上皇之侧，只视上皇之动静，而一不转瞩"。（《朝鲜李朝实录》）《清史稿·仁宗本纪》也记道："初逢训政，恭谨无违。"

儿子如此"懂事"，乾隆的心很快放了下来。整个大清朝也很快明白，所谓"嘉庆元年"，不过就是"乾隆六十一年"。所以乾隆太上皇，一方面人权仍在，另一方面，没有繁杂的日常事务，比以前轻闲多了。那么乾隆在忙着做什么呢?

他有更多时间从事他喜欢的收藏与鉴赏活动。

乾隆皇帝对文学艺术都非常感兴趣，他从十九岁开始学画，功底不错，他的生母崇庆皇太后每年过生日，他都要画上几幅画。乾隆元年初临御天下时，他曾经画过题为《松竹梅》《桂菊》《牡丹》《梨花白燕》《栀子花》和《凤仙石竹》的六幅花鸟彩图。从这些画来看，乾隆还算是个不错的画家。

乾隆帝秋景写字图

在书法上，乾隆也下了很多功夫。他最崇拜王羲之的书法，称其《快雪时晴帖》为“千古妙迹”，日理万机之余，临仿不下千百回。同时也临过许多董其昌的书法。乾隆的字有自己的风格，方圆兼备、刚柔相济，但是总体来说，水平一般，算不上书法家。不过乾隆这个人特别喜欢题字，现在我们到许多古迹，都可以看到他的题字。

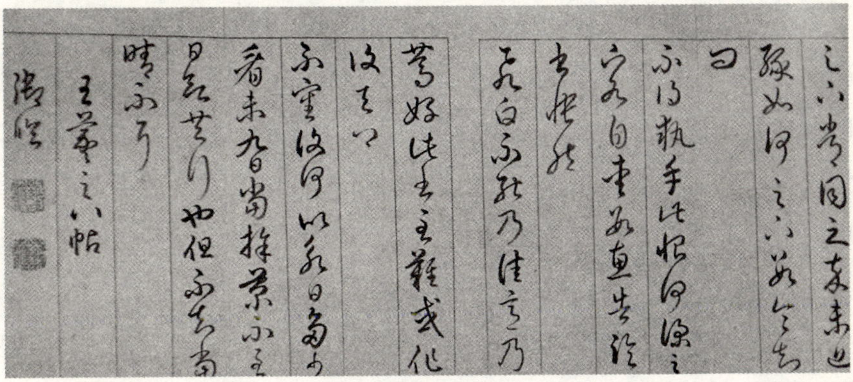

乾隆帝《临工羲之贴》

虽然算不上杰出的书法家和画家，但乾隆肯定能称得上清代最大的收藏家。乾隆朝经济繁荣，他手里有很多钱，所以他一生所搜集的稀世珍品数量之巨，是其他时代无法比拟的。晚年乾隆最喜欢的事，就是鉴赏书画。把一幅幅稀世珍品一一打开，细细观赏，然后在上面加盖“乾隆御赏之宝”“三希堂精鉴玺”等印章，有的上面，还题上字。所以我们现在看很多古画，上面都有乾隆那并不太漂亮的题字。乾隆还把自己的收藏品，分门别类，编为目录，编印成书。所以现在收藏界很重要的一些经典书目，都是他编的，比如古铜器目录集《西清古鉴》，古砚目录集《西清砚谱》，历代书画目录集《石渠宝笈》，都是乾隆编的。乾隆皇帝最引为自豪的，当是对书法名帖的搜集。他把王羲之《快雪时晴帖》、王献之《中秋帖》和王珣《伯远帖》收集到一起，收藏在养心殿西暖阁内，把这间屋子改名为“三希堂”。就是说，这里有三件稀世之宝。所以乾隆刻的一部书法名帖集，就叫《三希堂法帖》。

乾隆在文物鉴赏上，确实有一定的眼光。紫禁城内所藏古玉器甚多，过去的皇帝和专家，已经给它们分了等，标上甲、乙、丙三等。有一天，乾隆把玩古器，在仓库角落里发现一枚土渍尘蒙的玉斧，标列“丙等”。乾隆一看，感觉形制古朴，很不一般，遂命人洗去尘垢，一看，是上古精品。从这件事，可以看出乾隆对玉器鉴赏非常有眼光。

除了收藏之外，乾隆朝皇家造办处制造的艺术品，现在也很有名。乾隆朝的玉器、瓷器等，现在是屡创拍卖价格新高。确实，乾隆朝内务府制造的奢侈品，在整个清代水平是最高的，因为乾隆一是有艺术修养，二是不惜血本。比如现摆设在故宫博物院乐寿堂后间的“大禹治水玉山”，就是由内务府下属养心殿造办处与内廷如意馆合作设计，然后将蜡样、玉料运往扬州制作，这座玉山重一万零七百多斤，堪称玉器之王。

乾隆朝瓷器也很有名，乾隆瓷盛行锦上添花、大红、大绿、金银辉耀，在风格上反映出盛世之中人们喜欢热闹富丽的审美情趣。乾隆瓷器的造型在我国陶瓷史上达到登峰造极的地步，小到“二寸”“三寸”之瓶，大到“五六尺”之瓶，无论大器小器都不惜工本、精益求精。乾隆御窑厂制作的瓷器在数量和质量上都达到了清代最高的水平，所以也成为今天收藏家追捧的对象。

乾隆皇帝收藏之富，制作之精，确实是前无古人，后无来者。乾隆朝留下的这些文物，可以说是乾隆时代特有的产物，它不仅体现了乾隆朝国力的强盛，也深深打上了乾隆皇帝追求宏伟气象、追求超迈古今的审美情趣的烙印。

当然，除了享受生活、欣赏艺术，在生命的最后阶段，乾隆也有很多遗憾和烦恼。最大的遗憾是陷入了一场没能取胜的战争，那就是平定白莲教起义之战。

白莲教起义其实是乾隆朝社会危机的一个集中体现。

陕西、四川、湖北的交界处，有一片著名的原始森林，称南巴老林。

乾隆中叶起，大批流民涌入这片森林，伐树造屋，开荒种地。这些流民来源极广，不但有四川、陕西、湖北三省的人，还有广东、湖南、安徽、江西之人。大批移民的出现，说明了乾隆中叶人口压力的严重程度。

流民杂居之地，向来是民间宗教的温床。在其他地方被乾隆严厉打击的白莲教迅速在这里滋生起来。乾隆在嘉庆元年正月初一刚刚完成禅位大典，宣布自己成为“千古完人”，正月初七，就爆发了白莲教起义。起义在陕西、四川、湖北的交界处爆发，迅速蔓延到川、陕、鄂、豫、甘五省，共涉及府、州、县、厅、卫等二百零四个。

所以在当太上皇这几年，乾隆除了欣赏书画，享受生活，其他精力就都用在了镇压起义上。仅三年时间，动用的军队已经有十万，花掉饷银已经七千万两。虽然“犹日孜孜”，一日不停地调兵遣将，起义的烈火却越烧越旺。

原来，上至军机大臣和珅，下至小小吏员，厕身这场战争的每一个人，都把战争当成了捞钱的机会。军队贪污腐败非常厉害，已经没有什么战斗力了。掌握权力六十年来，乾隆还是头一次这样一筹莫展。野史记载，一日早朝已罢，嘉庆帝和和珅入见。“至，则上皇（指乾隆太上皇）南面坐，仁宗（指嘉庆帝）西向坐一小机，每日召见臣工皆如此。珅跪良久，上皇闭目，若熟寐然，口中喃喃有所语，上（嘉庆帝）极力谛听，终不能解一字。久之，忽启目，曰：‘其人何姓名？’应声对曰：‘高天德、苟文明（皆白莲教首领姓名）。’上皇复闭目，诵不辍。移时，始麾之出，不更问讯一语，上大骇愕。他日密召珅问曰：‘汝前日召对，上皇作何语？汝所对六字又作何解？’珅对曰：‘上皇所诵者，西域秘密咒也，诵此咒则所恶之人虽在数千里外，亦当无疾而死，或有奇祸。奴才闻上皇持此咒，知所欲咒者必为教匪悍酋，故竟以此二人名对也。”（《春冰室野乘》）

戴逸先生点评说：一个叱咤风云的英明君主，晚年对农民起义无可奈何，独自念咒，意欲制敌于死地，这种行为典型地反映出一个意志昏瞀的孤独老翁的心理状态，别人几乎不能理解。

这次起义，彻底撕掉了“盛世”的最后一层面纱，宣告了乾隆盛世的无可争议的结束。大清王朝在这场战争中元气大伤，从此一蹶不振，再也没有了往日的荣光。

第二十三讲
乾隆身后事

乾隆皇帝的太上皇生活中，最烦恼的一件事是白莲教起义迟迟不能平定。

就是在这场战争中，乾隆的生命一天天走向终点。

嘉庆三年腊月底，八十九岁的太上皇乾隆得了轻微的感冒。感冒不是什么大事，当时又新年将至，事务繁杂，所以朝野上下，谁也没有在意。嘉庆四年正月初一，嘉庆皇帝和大臣们来给乾隆拜年时，乾隆还挺正常地登上御座受礼。不料，到了大年初二，乾隆突然病情加剧，陷入昏迷。虽然具有无限的权力，但是乾隆大帝也无法阻止死神的来临。初三上午七时，就在太阳刚刚升起的时候，乾隆大帝停止了呼吸。

就在去世前一天，乾隆还作了《望捷》一诗，就是期盼平定白莲教的捷报早日到来。

中国历史上最有福气的大皇帝乾隆终于告别了这个世界。他是中国历代统治术的集大成者，一直在酣饮权力的美酒，直到生命最后一刻。他的一生，既有辉煌的成功，也有惊人的失误。他既创造了一个史上最繁荣的盛世，又在临走前亲手毁掉了这个盛世。在为大清江山清除了许多旧隐患的同时，他也为子孙后代埋下了许多新的隐患。乾隆皇帝带着“十全老人”的荣耀光荣地进入了历史，他积累起来的一系列深层次的结构性矛盾，却像定时炸弹一样，在嘉庆任内一个接一个地爆炸。那么，这些爆炸的后果，是不是非常严重呢？要回答这些问题，我们不得不再来讲讲乾隆皇帝的身后事。

乾隆的去世，应该说，在大清帝国，并没有引起什么震动。因为年近九十岁的老人，随时有可能去世，所以他的去世大家并不意外。真正让全国臣民感兴趣的、充满好奇的，是新皇帝——嘉庆皇帝，到底是怎么样一个人。

到乾隆去世时，嘉庆已经当了三年多的皇帝了。按理说，对于已经领导了自己三年多的国家元首，这个国家的人应该多少有些了解了。可是在全国人的心目中，这个嘉庆皇帝还几乎是一个谜。除了他那张总是带着和蔼微笑的脸，和几道例行公事、没有个性的圣旨之外，人们对他一无所知。这个人心中到底在想什么呢？他到底是在装傻，还是真的没什么主见？他到底有没有领导这样一个庞大国家的能力呢？人们对此确实充满好奇。不过，大家普遍认为能够确定的一点是，这个新皇帝性格是比较温和、稳健的，因此朝廷大政，短时间内不会有什么大的变动。

然而，事情的发展出乎所有人的预料。乾隆去世的第二天，也就是初四上午，嘉庆皇帝就发布了一条让全国人都大吃一惊的谕旨：免去乾隆皇帝驾前第一宠臣和珅兼任的军机大臣和九门提督之职，命令他守在太上皇帝灵前，一心办理丧事，不得任自出入。

朝廷上下，因此一片惊疑。

初四下午，嘉庆皇帝又下了一道意味深长的谕旨，谈太上皇帝晚年，白莲教起义之所以迟迟不能荡平，是因为有奸臣当道，做贪腐官员的总后台。

因此，初五初六这两天，刘墉等三位大臣先后上疏，开始举报和珅的种种不法之事。

到了正月初八，嘉庆皇帝发下谕旨，宣布正式逮捕和珅，并且开始抄家。

然后，到了正月十八日，也就是仅仅十天之后，对和珅的审判已经完毕，嘉庆皇帝发来一条白练，赐令和珅自尽。

这一切，就如同一部情节紧张环环相扣的电影，让人目不暇接。一场重大的政变，在新皇帝嘉庆的谈笑之间就完成了。当初康熙爷诛鳌拜，尚且准备了七七四十九天，嘉庆帝诛和珅，只动了动小指头。新皇帝的这场权力战役，实在是打得既干脆又漂亮。

所以举国上下，对这个以前像影子一样悄无声息的新皇帝，开始刮目相看。可以说，诛和珅是嘉庆皇帝处理政治危机能力的一次成功展示。

那么，嘉庆皇帝为什么迫不及待地在老爸尸骨未寒的时候就处理和珅呢?

这是因为，嘉庆和和珅，既有私仇，也有公恨。

嘉庆和和珅有什么私仇呢？原来和珅在乾隆做太上皇期间总揽大权，飞扬跋扈，根本不把嘉庆当回事。我们知道，和珅有个外号，叫二皇上。乾隆是大皇上，和珅是二皇上，那么真正的皇上嘉庆往哪儿摆？所以这早已经把嘉庆气坏了。和珅的致命错误，就在于低估了外表柔弱的嘉庆皇帝的智商。嘉庆皇帝登基后一直装傻，他就以为嘉庆是真傻，在乾隆活着的时候，和珅有事从来不找嘉庆请示汇报，而且他还打算在太上皇去世以后，继续玩弄嘉庆帝于股掌之上。这当然是嘉庆不能容忍的。如果不把和珅除掉，他就不能真正掌握权力。

因此把和珅抓起来后，嘉庆帝公布了和珅的二十大罪状，劈头第一条便是：

> 朕……蒙皇考册封皇太子，尚未宣布谕旨，而和珅……即在朕前先递如意，漏泄机密，居然以拥戴为功。（《清仁宗实录》）

也就是说，在我被封为太子前一天，和珅就偷偷送我一只玉如意，说明在我还不知道自己成了太子的时候，他已经知道了。这说明什么？这说明和珅是想暗示，说我被立为太子，是他大力推荐的结果。这是什么意思？这分明是说，我这个皇帝的位子，不是我爹爹给的，是他和珅给的，这不是天下第一大罪吗？

这是和珅和嘉庆之间的私仇。

那么，除了私仇之外，更主要的是公恨。嘉庆皇帝对和珅的愤怒，实际上代表了他对乾隆后期朝政的极度不满。在嘉庆看来，乾隆晚年以来朝政日非，和珅是总根子。在和珅主政下，仅仅十余年间，乾隆朝就完成了从前期政治纪律严明到后期贪腐无孔不入的转变。包括这次白莲教起义，为什么迟迟镇压不下去，也是因为和珅。在这次战争中，和珅利用太上皇的宠信，不停地“弄权舞弊”，通过任命将领、贪污军费，大肆聚敛钱财。在和珅的带领下，几乎每一个军官都大肆贪污。所以嘉庆在乾隆去世后第二天发布谕旨说：“平定白莲教，经历数年之久，花费军费数千万两，却不见成效。究其原因，带兵大臣及将领们，全不以军务为事，他们琢磨的，只有贪污受贿，捞取钱财。”（《清仁宗实录》）

乾隆活着的时候，和珅作得再厉害，嘉庆也一个字不敢说，但是他心里已经憋了太多火了。所以老爹一咽气，他就立刻把和珅抓起来了。

应该说，诛和珅这步棋，是非常高明的一着政治大棋，抓住了当时局势的关键。白莲教为什么起义啊？“官逼民反”，官员们贪污腐败太厉害了。要刹住腐败之风，就要从和珅抓起。

诛和珅，当然只是嘉庆新政的第一步。以诛和珅为开端，嘉庆皇帝开始展露真容，树立了很多比较清新的政治作风。比如亲政后不久，嘉庆发布谕旨，宣布今后皇帝出宫拜谒东西陵，随行的人员大幅削减，皇后和嫔妃不再同行，这样，每次出行，费用减少了百分之五十。这是针对乾隆时期屡次南巡劳民伤财做的一项整改。

几天之后，嘉庆再次发布谕旨，禁止大臣们向他进贡古玩字画。这是针对乾隆晚年大臣们争着向皇帝进贡这一风气而做出的决定。这道谕旨刚刚发布，新疆的办事大臣就向他汇报说，上年年底，就是乾隆还活着的时候，他在新疆发现了一块特大的，重达两吨、品相特别好的玉石，价值连城，现在正从叶尔羌解送入京，走到半路上。现在您说不让进贡，那这东西怎么办？

嘉庆皇帝发下了一道让全国人都目瞪口呆的谕旨：

> 接奉此旨，所解玉石，行至何处，即行抛弃。（《清仁宗实录》）

就是说，随便扔哪儿吧，不要了。玉石虽美，无益国计民生，我皇帝并不喜爱。这道谕旨一时间轰动了大清帝国。看来这个新皇帝太俭朴了，太一心为民了。所以全国老百姓，都对嘉庆新政，产生了非常大的好感。

那么就在全国百姓的支持下，嘉庆迅速地开始惩治腐败。和珅时代大部分省一级高官被撤换，乾隆皇帝留下的十一个总督中，两年之内，有八个被撤换了，主要原因就是他们贪污。

当然，大事中的大事，还是白莲教起义。嘉庆非常清楚，这场起义之所以镇压不下去，主要原因还是贪污腐败。统兵的将领几乎没有一个人不滥支军费，有多少支多少。比如将军德楞泰统兵七千人，每月支饷九万两，其中四万两尽入他的私囊。因为军费都被将军们侵吞了，士兵们发不出饷，活都活不下去。河南军队赴陕作战，整整四十五天发不出粮食，吃不上饭，结果集体逃回河南。

嘉庆对这些情况很清楚，所以乾隆一死，他就把阵前最高统帅经略大臣勒保撤职查办。不查不知道，一查吓一跳，这个统兵大员居然在阵前带着戏班子，一边打仗一边喝酒唱戏，根本不把打仗当回事。嘉庆怒不可遏，把勒保判处死刑，把他手下的将领也成批撤换。通过惩办贪污和人事调整，镇压白莲教的军事行动终于出现了重大转机。到了嘉庆七年年底，镇压白莲教的战事终于取胜，嘉庆帝激动万分、热泪盈眶。他的新政，终于宣告初步成功。乾隆晚年以来不断恶化的政治局面终于出现了转机，朝中大臣一片欢欣鼓舞。大家对这个新皇帝充满了信心，他们希望嘉庆能够带领大家，带领大清重新驶上盛世的轨道。

那么，嘉庆能否完成这个任务呢？应该说，很难很难。

为什么说难呢？因为乾隆皇帝留给嘉庆的负面遗产，不仅仅是白莲教起义，白莲教起义仅仅是大清王朝深层矛盾的一个表现而已。

首先，大清王朝面临着前所未有的人口压力。我们讲过，乾隆朝早期，人口一亿多，乾隆晚年，增长到近三个亿，而到了嘉庆十六年，人口达到了三亿五千万。这么多人的吃饭问题，是中国历史上从来没有遇到过的。人口增长使得人口与耕地的矛盾激化，越来越多的人口脱离土地，四处游荡，这正是白莲教起义的主因。白莲教起义被镇压了，可是老百姓的吃饭问题仍然没有从根本上解决，下一场起义仍然有可能随时发生。这是第一个问题。

第二个问题，是大清王朝严重的财政危机。

由于人口增长，经济发展，粮食紧缺，再加上当时南美洲发现银矿，白银随着贸易顺差大量涌入，所以从乾隆朝到嘉庆朝，大清出现了一次漫长的通货膨胀期。到了嘉庆年间，全国物价已经比乾隆初年上涨了三倍。然而，由于大清财政体制的特点是“滋生人丁，永不加赋”，就是说，全国财政收入是一个固定的数，不能增长，所以物价涨了三倍而财政收入一分钱不涨，那么到了嘉庆时期，政府的财政收入实际上只有乾隆初年的三分之一。这样就形成了很大的财政危机。什么危机呢？就是各级政府经费严重不够用，都出现了巨额的财政亏空。几乎每省每县，都出现了财政亏空。为了维持政府运转，为了给官员开支，各地政府不得不四处借债，有的甚至向地下钱庄借高利贷。

财政危机就导致了另一个问题——乱收费问题。

为了弥补财政缺口，各地政府只能拼命向老百姓层层加码，于是各种千奇百怪的收费项目都出现了。农民承担的额外收费，比正式税收要多出数倍、十数倍。老百姓承受不了，起来反抗，所以大清王朝社会矛盾处于激化的边缘，不断出现小规模的冲突。

那么，面对这些根本性的问题，嘉庆皇帝怎么办呢？

他的第一个对策，是加大惩贪力度，对贪官发现一个撤换一个，绝不手软。所以从嘉庆七年到嘉庆十年，大清王朝几乎每个月都有重要的人事调整。全国的高级官员，几乎都被换了个遍。然而，腐败问题还是没有解决，不但没有解决，反而是越来越严重。各地官员，从上到下，从大到小，仍然无人不在收礼送礼，买官卖官。各地衙门仍然无处不懈怠昏庸，除了自身利益之外，对一切民间疾苦都漠不关心。官僚集团对腐败已经不以为耻，反以为常。甚至嘉庆皇帝亲手树起来的廉政模范，时间稍长，也一个接一个地陷入腐败之中，最典型的是当初率先揭发和珅的谏官广兴。此人因为揭发和珅，深得嘉庆信任，被委以掌管四川军需的重任。他不辱使命，清正自持，扫除贪风，每年为国家节省数百万两白银，嘉庆帝多次号召全国官员向他学习。然而，就是这样一个人，在就任兵部侍郎之后不久，也陷入贪污的泥淖，短短一年，就贪污了四万两之多。

不光是大官，小官的腐败也越来越厉害。直隶省布政使司承办司书王丽南，也就是直隶省财政厅的一个小小办事员，相当于今天的股级，按理说并没有什么权力。可是从嘉庆元年起，数年之间，居然贪污了三十一万两白银。他贪污的手段非常简单，那就是私刻了从财政厅长（布政使）、处长直到科长的一整套公章，然后任意虚收冒支，把国库银两大把大把装入私囊，近十年间，居然没有受到任何怀疑和调查。

这种形势完全出乎嘉庆皇帝的预料。他原来以为，把和珅一抓，把高级官员都换一遍，采取些激烈的手段，腐败问题就解决了，没想到，腐败反而是越来越厉害。

那么，怎么办呢？

经过长时间的反复思考，嘉庆皇帝拿出了一个执政思路，那就是采用“保守疗法”，慢慢来。看来自己太急于求成了，事情没有想象的那样简单。所以他宣布，他要停止激烈举动，采用“守成”的统治策略。什么叫“守成”呢？就是遵循列祖列宗的统治原则，从列祖列宗的遗训中去找办法。嘉庆皇帝写了一篇文章，叫《守成论》。在这篇文章中，嘉庆皇帝说，他多次阅读中国历史，感慨良多。他发现，一个王朝在建立之初，往往都建立起了十分完美的规章制度。但是到了王朝中叶，往往有大胆的子孙，自作聪明，任意变乱成法，想拆了祖先建起的大厦，自己另起炉灶。结果，旧房子拆掉了，新房子也没建起来。国家往往因此埋下了灭亡的种子。“亡国之君皆由于不肯守成也。”

因此他告诫满朝大臣，对于大清这样一个奄奄一息的病人，千万不能乱搬乱动，乱下药方。这样的重病病人，唯一可取的治疗方案就是“徐徐进补”“固本培元”，用温和的药物一点点滋润这具干枯的病体。这种疗法一需要极大的耐心，二需要对症的补品。对症的补品就是“祖宗心法”。

皇帝说，现在的大清，出现了许多问题。这些问题的根源不在于祖宗的办法不好，而是因为这些办法执行得不好。“间有一二庸碌官僚因循怠玩，不遵旧制”，把列祖列宗关于“勤政爱民”的教导忘于脑后，在贯彻规章制度时加入自己的私欲，致使政策变了样、走了形。

守成的大方向一定，那么，各种具体措施就应运而出。嘉庆皇帝每日早起洗漱之后，别的事放在一边，恭敬端坐，阅读先朝《实录》一卷，天天如此，寒暑不间。

针对腐败问题、财政问题、人口问题，他一一根据祖先们的遗训，提出了一套中规中矩的治理方案。

在惩贪失败后，嘉庆皇帝认识到，仅仅靠杀头已经解决不了问题。他把反腐的重心放到了教育上。他写了很多提倡清廉反对腐败的文章，让大臣们学习。

面对财政问题，嘉庆给出的办法是提倡节约。他说，钱不够用，是因为我们花得太多了。我们每个人都少花点，钱不就够用了吗？

面对人口压力、粮食问题，嘉庆给出的办法，是把那些流向工商业、采矿业的人口赶回到农村，让大家都去种地。人多力量大，大家都去种地，粮食不就能多打一些吗？

应该说，这些思路、这些办法，都是错误的。

为什么呢？

首先，嘉庆朝的腐败，不是因为教育不够。腐败的背后，是僵化的财政制度和失灵的监督体系，这才是根本原因。如前所述，从乾隆时期到嘉庆时期，由于美洲白银大量流入，大清物价上涨了三倍。按道理，物价上涨之后，官员俸禄起码也应该上涨三倍。然而乾隆和嘉庆都以“守祖制”为由，没有给官员们加过一次薪。乾隆五十八年马戛尔尼使团的副使英国人斯当东对此看得很清楚，他说：“最近一个世纪以来，大量白银从欧洲流入中国，因此中国物价显著提高。物价提高了，但官员们的薪金仍然是固定的，这就使他们的收入同应有的开支比例失调”，“中国官吏的薪金不高，使他们容易接受礼物的引诱”。因此，要解决腐败问题，就要与财政改革结合起来，摆脱祖制“不加赋”的桎梏，大幅增加财政收入，通过给官员加薪，把灰色收入变成白色收入。

然而，嘉庆皇帝坚决反对财政改革。

他害怕增加税收会造成社会不稳定。他熟读历史，知道明代万历皇帝为了战争加派“三饷”，剜肉补疮，动摇了大明帝国的根基。所以，清朝历代皇帝一再强调，要恪守“不加赋”的祖训。

那么要解决人口问题，按照我们今天的思路，一个重要的手段就是发展工商业。在当时的人口压力下，有大量人口涌入工商业、采矿业。很多地方，出现了许多矿山，应该说，这是农业社会的中国迎来工业文明的一线曙光。

然而，嘉庆帝是坚定的禁矿者。嘉庆四年四月十九日，他下旨说，开矿是一个很可怕的事情。为什么呢？因为开矿需要聚集众人，跑到穷山大川里面去。那么这些游民聚到一起，很容易破坏社会秩序，闹不好还会起义。历史上好多起义，就是这么起来的。所以听任老百姓自行开采矿山，是非常危险的。我皇帝坐天下，要提倡好义不好利的风气，怎么可以纵容不安分的老百姓穷搜山泽之利呢？所以嘉庆帝的这个决定，堵死了大批剩余劳动力的出路，加剧了社会动荡。

所以我们说，嘉庆皇帝他不了解历史大势，做出了很多错误的决定。事实上，站在康乾盛世肩膀上的嘉庆，所遇到的社会问题，已经超出了几千年间中国所有政治经验的范围。经济总量和人口总量的猛增使传统社会机制的承受能力达到临界点。要把这个盛世延续下去，唯一的可能就是突破传统政治经验的范畴，在“祖制旧法”之外寻找全新的出路。事实上，任何挑战，同时都是机遇。比如人口问题，世界许多国家的历史表明，人口与资源的紧张往往是推动农业文明迈向工业文明、传统社会迈向现代社会的第一步。欧洲国家正是通过大力发展工商业来吸纳过剩人口，以工业化和城镇化来解决人口压力，从而逐步走上了现代化的道路。如果中国能够顺应历史潮流，把发展对外贸易、发展工商业、发展海外殖民作为解决人口问题的方法，那么中国完全有可能搭上刚刚开启的全球化之车，使中国主动驶入从传统走向现代的大门。

因此，历史对嘉庆帝提出的要求，不是全面退守传统，而是主动大胆出击，全方位地对传统政治框架进行改革。那么，为什么亲政之初作风清新的他，却比任何皇帝都坚决地举起了守旧的大旗呢？

这有两方面的原因。第一是嘉庆帝这个人，性格上有弱点。

我们知道，嘉庆皇帝十三岁就被秘密立为太子，三十六岁才登基，他当了二十二年太子。嘉庆熟读中国历史，知道太子不好当，当太子，最主要的是，不能犯任何错误。因为自古至今，一帆风顺的太子非常少，大部分太子都是下场不好。我们就以大唐王朝的太子们为例吧：

大唐王朝第一个太子李建成死于弟弟李世民之手；李世民的太子李承乾也与父亲反目成仇，谋反被废，幽禁致死；唐高宗和武则天所立的前三个太子李忠、李贤、李弘，都被武则天杀掉；唐玄宗的太子李瑛先是被废为庶人，随即赐死；自宪宗以后，皇帝生前所立太子几乎无一能即位，大抵老皇帝一死，太子就被宦官杀害……

所以，做太子太危险了，可以说一失足就粉身碎骨。二十二年的太子生涯中，嘉庆皇帝养成了凡事四平八稳、面面俱到的性格，做事总是瞻前顾后，畏狼怕虎。诛和珅，完全是在镇压白莲教这个火烧眉毛的任务重压下采取的非常措施。白莲教危机一旦过去，他身上优柔寡断、忧谗畏讥的老毛病立刻复发了。

这是他采取守成办法的第一个原因。

第二个原因，是他的知识结构不行。清代皇子的教育，除了四书五经外，还有一个非常重要的内容，就是“祖宗旧制”。老师们教导他，祖先们留下的一卷卷实录和圣训，就是放之四海而皆准的真理，是永远取之不尽用之不完的智慧宝藏，一切问题，都可以从中找到答案。

嘉庆即位之时，已经三十六岁。人只有在青少年时期是学习能力最强的，过了这个时期，即使学习的欲望再强烈，外界刺激再鲜明，他的接受能力也已经大打折扣。所以刻板的儒学教育塑造了嘉庆，使他不论遇到什么事情，都只会按着固定的模式去思考和处理。传统的教育让他认为，“道之大原出于天。天不变，道亦不变。”国家政治中的所有问题，先祖们都已经给出了成功的答案。一个人活着，只要按照圣人和祖宗指示的无所不包的道理，一丝不苟地执行，则一切问题都会迎刃而解。

那么，这种守成式治理，成果如何呢？

我们看，嘉庆皇帝的守成，进行得是非常认真的。

如果综合评价起来，嘉庆帝可能是清代帝王，甚至中国历代皇帝当中私德最好的。他是个禁欲主义者，不给个人享受留一点儿空间。终其一生，我们看嘉庆皇帝从没有被声色、珍玩、不良嗜好所迷。

即使不说嘉庆皇帝是清代最勤政的皇帝，也得说是“之一”。他深得乾隆皇帝真传，生活起居如同钟表一样精确。在位二十二年，没有一天不早起。工作已经成了他的第一需要，一天不办公、不理政，就浑身不舒服。别的皇帝是“靡不有初，鲜克有终”，而嘉庆帝从来没有出现“倦勤”的情况。嘉庆皇帝在位二十余年中，始终未曾仿效其父南巡，也没有极尽奢华筹办寿筵，他展示给臣民的只有一道道崇俭去奢的谕旨。嘉庆的节俭在历史上留下了深刻的印记，名声已经达于外国。出使清朝的朝鲜使臣徐龙辅记载，嘉庆朝“大抵以勤俭见称。观于宫殿之多朴陋，可谓俭矣。”（《朝鲜李朝实录》）

然而，就是这样一个仁慈圣明的皇帝，御极二十多年，国家是越治越乱。

嘉庆十八年九月十六日黄昏，嘉庆皇帝正遵守祖训，在夏天结束后由避暑山庄返回北京。就在他刚抵达北京城外时，接到了一个惊人的消息：有二百多名天理教教徒，兵分两路，于昨天上午攻进了紫禁城。他们一直攻打到皇后寝宫储秀宫附近。幸好皇子绵宁，也就是后来的道光皇帝带领守卫部队全力抵抗，最终才把起义军歼灭。

嘉庆皇帝大吃一惊。起义军攻入皇宫之内，并且差一点儿攻到了皇后面前，这在中国历史上的太平年代，是从来没有出现过的，实在是“汉唐宋明未有之奇事”。这其实只是嘉庆朝种种离奇之事中的一件而已。

嘉庆晚期的一年，他去祭扫东陵，路上兵部尚书突然向他奏报，带在身边的兵部大印不知道被谁偷走了。嘉庆大惊失色，兵部大印失盗，不但不成体统，而且也极为危险。试想皇帝外出期间，如果发生意外，皇帝都没办法调兵遣将。嘉庆下令调查，调查的结果更让人吃惊：大印原来早在三年前就已经丢了，兵部的小官们不敢汇报，一直隐瞒了三年，直到这次兵部尚书偶然问到，才暴露了。嘉庆皇帝亲自主审此案，审了一大圈，最后也没查出来大印到底跑哪儿去了，此事最后不了了之。

嘉庆二十三年，武科考试后，按惯例，皇帝要为武进士举行传胪（lú）大典。这一天嘉庆皇帝起了个大早，早早就位，隆重的典礼按时开始，可是第一名和第三名，也就是武状元和武探花却怎么等也等不到，一直等到中午，这两位也没来，大典只好取消了。事后一调查，原来是太监这一天忘了开宫门，武状元和武探花四处找门，找了半天也没找到。

虽然嘉庆十八年发生过起义军杀入皇宫的事件，可是宫门门禁这个小小的问题怎么也解决不了。嘉庆二十四年四月，又有一个叫成德的普通老百姓，没事遛弯儿，走到紫禁城里了，一直走到内右门，就是走到皇帝住的养心殿边上，才被太监发现。

还有一次在圆明园的时候，嘉庆皇帝没事出门散步，发现大宫门外，居然有人在那儿放羊，这些羊群就在皇帝眼皮底下悠然自得地吃着“御草”。宫门口台阶之上，有人光着膀子乘凉闲坐，不远处树林里有小贩们举行野餐，席地喝酒吃肉。嘉庆皇帝一追查，原来这些羊是太监们养来换外快的，那些小贩都是太监们的朋友，想来看看皇帝住的地儿是什么样。

这种事一再发生，搞得嘉庆皇帝弄不明白，怎么他越励精图治，国家就越乱。他二十多年的统治，就在这一日日迷惑、痛苦、尴尬中过去了。

嘉庆二十四年，孔子后人，第七十三代衍圣公进京面圣，回来后把皇帝和他的谈话一丝不苟地记载下来。通过这份史料，我们得以直击这位皇帝晚年的精神面貌。嘉庆皇帝一见面就说，因为洪水泛滥，所以他想去山东祭礼，一直去不了：“我想到曲阜去，不能，你知道不？山东的水都过了临清了，这个怎么好，真没法儿。圣庙新修的，我等个七八年去，又残旧了，怎么了？”

过几天衍圣公辞行，皇帝又旧事重提，絮絮叨叨地说：“我登基已是二十四年，总不能去祭孔，是个大缺典。我从前虽然随着高宗去过两回，到底不算。我到你那里去容易，就是路上难，水路亦难走，旱路亦难走……你看河上水这么大，山东民情亦不好，到底怎么好？弄得真没法儿，了不得！”（《孔府档案》）

一口一句“真没法儿”“怎么好”“怎么了”“了不得”，这似乎已经成了嘉庆皇帝晚年的口头语，焦头烂额之态毕显。实际上啊，当皇帝这个事，对晚年的嘉庆皇帝来说，简直是一种刑罚。在最后告别这个世界的时候，我们想，嘉庆皇帝的最后一丝意识也许不是留恋而是获得解脱后的轻松。

从亲政初期的伟大，到谢幕时的尴尬，嘉庆的滑落曲线令人叹息。正是在嘉庆皇帝的统治下，大清王朝完成了走向万劫不复的衰败的关键几步。在全面盘点嘉庆皇帝的统治时，历史书给出的评价是“嘉庆中衰”，他二十多年的统治，前面连着“康乾盛世”，紧接其后的，则是“鸦片战争”。这个以英明、仁圣开头的皇帝，后来却作为一个彻底的失败者进入了历史。

所以，讲完了嘉庆朝的政治得失，我们才能更加清楚地看到乾隆皇帝一生的功与过。我们通过对乾隆皇帝一生政治功过的讲述，通过对乾隆盛世建立和崩坍的回顾，也许会得到以下一些结论。

第一个，中国传统盛世，难以保持，结局往往都是衰世。

中国历史上的三大盛世，唐代从贞观到开元的唐代盛世，汉朝从文景到汉武的汉代盛世，清朝的康雍乾三代盛世，都未能避免“盛极而衰”的结局。唐玄宗开元、天宝之际，号称“全盛”，繁荣景象史所未见，但安史之乱后，大唐王朝一下子衰败下去，进入到藩镇割据的乱局之中，再也没能强盛起来。

汉武帝前期统治是汉代统治达到的最高峰，然而汉武帝晚年，天下大乱，起义遍及关东地区，起义烈火几乎葬送大汉王朝。

康雍乾盛世也是这样，这个盛世本来是何等辉煌，但乾隆死前三年就爆发了白莲教大起义，清朝自此陷入了风雨飘摇、落后挨打的窘境，再也没能恢复昔日之荣光。

第二，人治的盛世不可能持久。

三大盛世，从盛到衰，如此迅速，究其原因当然是这些盛世的出现依赖的是人治，是个人素质，而非制度创新。中国历史上的这几大盛世，只在史书上留下了统治者手腕精明、人格强大的印迹，却没有留下太多制度性的成就。

虽然盛世君主都或多或少地推进过专制政治的制度微调，但是需要在制度上有更大的突破之时，这些盛世之君就故步自封，难以为继了。一个王朝在到达盛世阶段后，统治阶层都不可避免地进取精神消退，由奋发有为而转向享受升平。人们陶醉于眼前的繁荣，逐渐丧失忧患意识，忽视那些潜在的问题。盛世出现后，往往会出现制度僵化和制度衰败，各种问题逐渐滋生，从而导致衰世的来临。乾隆晚年的僵化就是一个明显的例子。

读行者

“读行者”是由中南博集天卷文化传媒有限公司精心打造的思想文化类图书品牌，主张“从阅读走进现实”，立意是为文本、作者和读者打造沟通交流平台，分享读书人对历史文化、现实人生的思考与感悟。以下为读行者出品的重点作品：

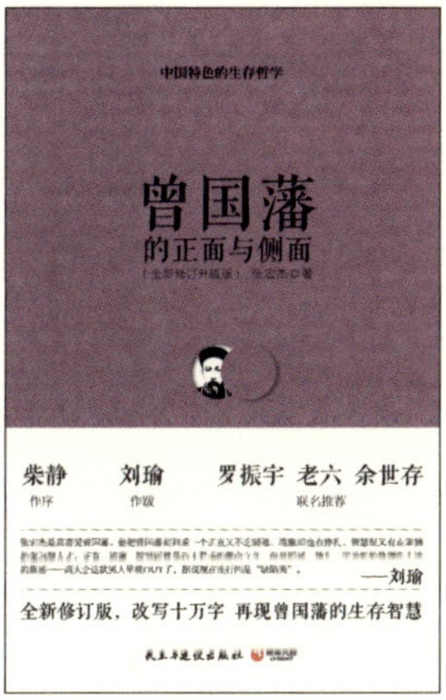

《曾国藩的正面与侧面》

（2014年5月上市）张宏杰/著

这是一部中国政治教科书
再现中国特色官场的生存哲学！

柴静作序、刘瑜作跋

罗振宇　老六　余世存　联袂推荐

曾国藩是正直、清廉、智慧的正人君子，又是深嵌体制核心的职业官员

通过他，可窥见中国传统官场微妙而复杂的“潜规则”

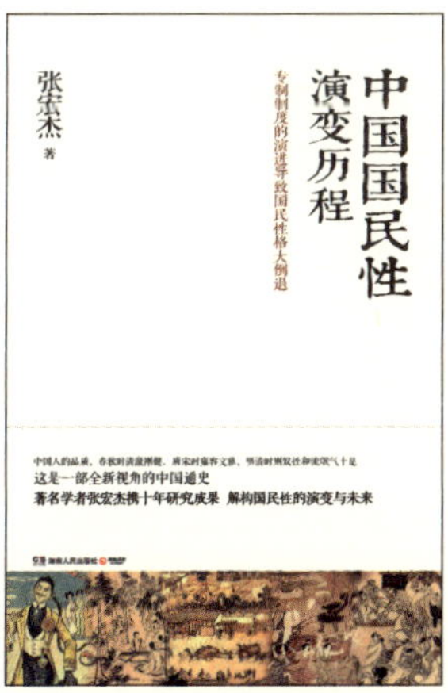

《中国国民性演变历程》

（2013年5月上市）张宏杰/著

这是一部全新视角的中国通史
中国人的品质，春秋时清澈刚健，唐宋时雍容文雅，明清时则奴性和流氓气十足

葛剑雄、秦晖、马勇、张鸣　四大学者　阅后诚挚推荐

著名学者张宏杰十年精心研究，详解专制制度的演进如何导致国民性格大倒退

读行者